아동 · 청소년을 위한 수용전념치료

ACT for Treating Children

New Harbinger Publications, Inc.
5674 Shattuck Avenue Oakland, CA 94609
www.newharbinger.com

상담자, 교사, 부모가 함께 읽는 ACT 핵심 원리와 상담 기법

아동·청소년을 위한 수용전념치료

ACT for Treating Children

Tamar D. Black 지음

송승훈, 한송이, 류은영, 김명지, 김민정, 진시영
ACT인지행동치료연구회 옮김

圖書出版 하나醫學社

이 책에 쏟아진 찬사

"아동을 위한 수용전념치료(ACT) 방법을 활용하는 모든 측면을 다루는 매우 포괄적이고 훌륭한 책입니다. 타마르 블랙은 새로운 자료와 아이디어의 보물 창고를 보여 줄 뿐 아니라, 전통적인 ACT 방법을 연령에 맞게 철저히 구축하고 알기 쉬운 방식으로 개발했습니다. 치료자들이 타마르의 안내를 따라 ACT에 관한 지식을 창의적이고 새로운 방식으로 적용할 수 있다는 점이 인상적입니다. 아동을 대상으로 하는 모든 치료자가 가까이 두고 보아야 할 변혁적인 책입니다."

– 스티븐 C. 헤이즈

네바다대학교 심리학과 교수, ACT 창시자

"타마르 블랙은 아동에게 ACT를 처음 사용하는 이들에게 도움이 되기를 바라는 마음으로 『아동·청소년을 위한 수용전념치료』를 저술했습니다. ACT에 갓 입문한 치료자뿐 아니라 경험이 풍부한 ACT 치료자에게도 반드시 필요한 책을 출간했습니다. 이 책은 매우 유익하고, 임상 팁과 실용적인 조언으로 가득 차 있으며, 처음부터 끝까지 흥미로운 내용이 가득합니다. 강력히 추천합니다!"

– 커크 스트로살

심리학자, ACT 공동 창시자

『우울증 치유를 위한 마음챙김과 수용 워크북』 공동 저자

"타마르 블랙은 이 흥미로운 책을 통해 아동이 자신의 마음을 이해하고 안정감을 촉진하는 능력을 기르도록 돕는 방법을 안내합니다. 특히 체험 작업에 대한 상세하고 명확한 설명이 큰 도움이 됩니다. 이 책에는 풍부한 아이디어가 명확하게 쓰여 있기에 ACT 치료자가 아니더라도 이해하기 쉬우며, 엄청난 가치가 있습니다. 아이들과 함께 일하는 모든 사람이 이 책을 통해 큰 도움을 얻을 수 있을 것입니다."

– 폴 길버트

임상심리학자, 자비중심치료(CFT) 창시자

『자비로운 마음』 저자

"『아동·청소년을 위한 수용전념치료』는 아동에게 ACT를 적용하는 데 필요한 명확하고, 철저하며, 깊이 있는 실용적인 안내서입니다. 이 책은 풍부한 임상 경험을 담고 있으며, 치료자들이 가질 수 있는 일반적인 질문을 예상하고 대답하는 방식으로 아이들에게 ACT를 활용하는 방법을 매우 세세하게 다룹니다. 아동을 치료하는 모든 치료자에게 훌륭한 자원입니다."

- 러셀 콜츠

임상심리학자, 이스턴워싱턴대학교 심리학 교수

『임상가를 위한 자비중심치료 가이드북』, 『분노를 관리하는 자비로운 마음 안내서』 저자

"정말 멋진 책입니다! ACT 트레이너이자 노련한 슈퍼바이저인 타마르 블랙이 혼동과 오해의 지점을 능숙하게 파악했다는 점이 참으로 감명 깊습니다. 이 책은 ACT와 치료적 입장에 대한 경이로운 입문서이자, 교육 과정에서 아동심리학자들과 공유하고 싶은 책입니다. 사례개념화에 대한 명확한 안내와 아동에게 적합한 평가 질문은 이 책의 장점입니다."

- 매슈 D. 스킨타

건강·임상심리학자, 루스벨트대학교 심리학 조교수

『성 소수자를 위한 맥락행동치료』 저자

"이 책은 발달적으로 적절한 사례개념화, 기법 및 관점을 이해하기 쉽게 설명합니다. 또한 매우 실용적으로 적용할 수 있고, 부모와 함께 작업하는 데 도움이 되는 유용하고도 훌륭한 예시들을 다룹니다. 함께 제공되는 기록지는 각 연령대에 필수적인 메타포 및 체험적인 작업을 구체화하는 데 도움이 됩니다. 프로토콜 형태의 이 책은 ACT를 처음 접하는 사람, 또는 청소년과 함께 ACT를 처음 사용하는 사람들에게 매우 유용할 것입니다. 적극적으로 추천합니다!"

- 에이미 R. 머렐

임상심리학자, ACT 트레이너, 맥락행동과학회 펠로우

『베카 엡스 시리즈』 저자, 『양육의 기쁨』 공동 저자

"이 책은 Kidflex에 관한 설명부터, 어떠한 내담자를 만나더라도 더 나은 치료자가 될 수 있도록 중요한 제안을 담아 놓은 기록지에 이르기까지 놀랍도록 실용적인 책입니다. 이는 아동에게 ACT를 처음 사용하려는 사람들에게 구원자가 될 것입니다. 아동과 함께 하는 작업에 ACT를 적용하고자 하는 사람, 그리고 기술을 연마하려는 경험 많은 ACT 임상가에게도 필수적인 안내서입니다."

– 크리스토퍼 맥커리

아동임상심리학자

『마음챙김과 수용으로 불안한 아동 양육하기』 저자, 『불안한 10대를 위한 마음챙김과 수용 워크북』 공동 저자

"오랜 기다림 끝에 드디어 출간된 『아동·청소년을 위한 수용전념치료』는 아이들에게 ACT의 핵심을 이해하기 쉽고, 친절하고, 매우 도움이 되는 방식으로 가르치는 단계별 Kidflex 모형을 제공합니다. 아동을 대상으로 일하는 당신에게 꼭 필요한 멋진 책입니다."

– 자니나 스칼릿

임상심리학자

『슈퍼히어로 테라피』 저자

"『아동·청소년을 위한 수용전념치료』에서 타마르 블랙은 아동 심리치료의 복잡한 작업에 ACT를 신선하게 적용했습니다. 타마르 블랙은 심리적 유연성 모형에 적용 가능한 이론적 각색, 즉각적으로 실행 가능한 기술, 치료자의 자세를 위한 따르기 쉬운 지침 등 잘 맥락화한 예시와 함께 실질적인 임상 경험을 제공합니다. 아동과의 작업에 변화를 주는 데 관심이 있는 모든 아동 치료자에게 도움이 될 것입니다."

– 에밀리 K. 산도즈

루이지애나대학교 심리학 교수

『폭식증 치유를 위한 마음챙김과 수용 워크북』 공동 저자

“ACT 전문가 타마르 블랙이 쓴 『아동·청소년을 위한 수용전념치료』는 아동에게 ACT를 활용하는 방법에 대한 포괄적인 안내를 제공합니다. 이 책은 ACT 관련 문헌의 부족한 부분을 채워 줍니다. 이 책을 읽으면서 나의 ACT 대처 기술이 크게 확장되었고, 독자들도 동일한 도움을 받게 될 것입니다.”

– 마이클 P. 투히그
임상심리학자, 유타주립대학교 교수
『단계적 ACT』 공동 저자

“드디어 포괄적이고 간단하며 재미있는 내용으로 가득한, 아동을 위한 ACT 안내서가 나왔습니다!”

– 크리스토퍼 윌라드
임상심리학자, 하버드 의과대학교 교수
『어떻게 아이 마음을 내 마음처럼 자라게 할까』 저자

열두 살 되던 해 처음 만났을 때 아동심리학자가 되는 데 영감을 준

사촌 몬티 마이어(Monty Meyer)를 추모하며

목차

기록지

추천의 글

솔직하게 고백하건데, 사실 저는 추천사 쓰기를 좋아하지 않습니다. 올해 초에 더는 추천사를 쓰지 않겠다고 선언했지만, 타마르Tamar Black 박사님이 제게 연락했을 때 도무지 거절할 수 없었습니다. 물론 거절할 수도 있었지만, 무엇에 관한 책인지 얘기를 듣고 나니 너무 흥분되어서 거절하고 싶지 않았습니다.

마침내 아동·청소년을 위한 수용전념치료[ACT] 관련 책이 나와서 얼마나 기쁜지 이루 다 말할 수 없습니다. 저는 수년 동안 아동·청소년을 위한 ACT에 관해 정말 실용적이고 단순하면서도 포괄적인 책을 누군가가 써 주기를 희망해 왔습니다. 이 책이 그 기대에 매우 부응한다고 생각하기에 기쁩니다. 타마르는 아이들과 함께 ACT를 사용하는 데 있어 세계적으로 유명한 전문가이며, 5~12세 아동과 유연하게 작업하기 위해 ACT를 어떻게 적용하고 수정했는지 잘 설명해 주었습니다. (우리는 같은 도시에 살며 오랫동안 알고 지냈기 때문에 저를 찾아오는 내담자에게 아이들을 타마르에게 데려가도록 종종 추천하기도 했습니다.)

이 책의 좋은 점은 ACT를 처음 접하는 사람이라도 기초를 빠르게 이해하도록 돕는다는 것입니다. 아이들과 함께 치료하는 거의 모든 사람이 도움을 받을 것이며, 이러한 기술들을 쉽게 실행에 옮기고 다른 모형들과 함께 사용할 수 있을 것입니다. 이미 성인 또는 청소년과 함께 ACT를 사용하는 방법을 알고 있다면, 이 책은 작업하는 방식을 효과적으로 적용하는 데 도움이 되는 아이디어와 전략이 가득한 보물 창고가 될 것입니다.

실제 현장에서 많은 치료자가 아이들과 함께 ACT를 하려다가 꼼짝 못 하게 낚이는 경우가 많습니다. 어떤 이들은 공식적인 방법으로만 적용하는 자신을 발견합니다. 즉, 항상 같은 순서를 따르고 같은 비유와 연습을 고수합니다. 어떤 이들은 단순히 '성인용 ACT'를 아이들의 언어로 번역하려고 노력합니다. 그럴 때 우리는 아이들이 ACT를 이해하지 못하거나 좋아하지 않는다는 것을 금방 발견합니다. 일부는 'ACT에 대해 말하기'(실제 체험 대신 ACT에 관해 논하기) 또는 '메타포 남용'(아이가 눈에 띄게 변화하기를 바라며, 끝없이 메타포 제공하기)과 같은 고전적인 치료자의 함정에 빠집니다. 그리고 많은 치료자가 발달적으로 부적절한 연습이나 과제를 내주는데, 이는 요리할 때 잘못된 레시피를 주는 것처럼 실패하는 확실한 방법입니다.

이런 일들을 경험해 봤다면 낙담하거나 좌절감을 느꼈을지도 모릅니다. 하지만 좋은 소식이 있습니다. 타마르가 이 모든 함정을 피하는 방법(혹은 함정에서 빠져나오는 방법)을 보여 줄 것이며, 내담자들과 유창하고 유연하게 작업하는 방식을 알려 줄 것이라는 점입니다. 이 책은 'ACT Kidflex'(심리유연성아동모형)로 춤을 추는 방법을 알려 줄 것입니다. 당신의 회기를 재미있고, 창의적이고, 효과적으로 만드는 방법을 보여 줄 것입니다. ACT를 활용해 경험적으로 일하는 방법을 배울 것이고, 그 과정에서 내담자들의 참여를 유지하는 방법을 배울 것입니다. 그리고 무엇보다도 아동의 발달 상태에 적합하게 맞춤식으로 개입하는 방법을 발견하게 될 것입니다.

아이들이 자신의 가치에 따라 살고, 두려움을 마주하고, 대처하기 어려운 생각으로부터 벗어나고, 힘든 감정을 위한 나만의 공간을 만들고, 자기-자비를 발달시키고, 효과적으로 행동하고, 삶에 완전히 참여할 수 있도록 더욱더 효과적이고 창의적인 방법으로 돕기를 원한다면 이 책이 도움을 줄 것입니다. 이 책은 그러한 목적을 달성하는 데 필요한 모든 지식을 제공할 것입니다. 이 책과 함께 ACT 여행을 즐기시길 바랍니다!

2021년 8월 29일, 멜버른

러스 해리스

추천의 글

이 책은 발달심리학자이자 아동심리치료자인 저자가 5세에서 12세 사이 아이들에게 수용전념치료(이하 ACT)를 활용하고자 하는 사람들을 위해 매우 실용적으로 집필한 안내서입니다.

ACT의 치료 방법과 기술을 아동·청소년에게 적용하고자 할 때 ACT 자료에 나오는 그대로 적용하는 것이 어렵게 느껴진다는 분들을 ACT 강의 현장에서 종종 만나게 됩니다. 아이들에게 ACT의 기술을 사용할 경우, 그 발달 수준에 맞는 방식으로 유연하게 적용할 필요가 있으므로 작업자의 유연성이 보다 필요한 것이 사실입니다.

이 책은 이와 같은 필요에 맞춰 아이들의 발달 수준에 맞도록 말을 바꾸고 응용하여 ACT 기술을 쉽고 단순하게 만들었기에 아동·청소년과 함께 ACT를 가지고 작업하기 원하는 분들에게 상당히 반가운 책입니다. 또한 ACT 기술을 유연하게 변형해서 사용하는 방안과 예시를 보여준다는 점에서도 상당히 참신합니다.

이 책에 나오는 ACT 기술이나 예시 중 많은 것을 12세 이상의 청소년이나 성인 내담자와의 ACT 작업에 사용하거나 조금 수정해서 적용할 수 있으며, ACT 패러다임의 토대 위에서 ACT 기술을 보다 창의적으로 만들 수 있는 힌트를 얻을 수 있습니다.

ACT 사용 방법을 이미 알고 있는 경우에는 이 책이 ACT를 보다 효과적으로 적용하기 위한 아이디어와 전략으로 가득 찬 보물선입니다. 다른 ACT 문헌에서 부족한 실제적인 적용 과정을 제시해 주고, ACT 기술을 보다 유연하게 창의적으로 사용할 수 있는 아이디어를 제공해 주기 때문입니다.

이 책에서는 심리적 유연성의 근력을 키우고 발전시키기 위한 ACT의 중요한 요소인 ACT Hexaflex를 아동·청소년 내담자들에게 맞춤형으로 적용한 ACT Kidflex로 제공합니다. ACT의 심리적 유연성 육각형의 수용, 탈융합, 현존, 맥락으로서의 자기, 가치, 전념행동의 개념을 아동·청소년 및 이들과 작업하는 심리사나 학교상담사, 또는 부모가 보다 쉽게 이해하고 사용할 수 있도록 평이한 용어로 바꾸어 사용한 것입니다. 즉, '그대로 두기', '내려놓기', '여기 머무르기'. '자기 알아차리기', '중요한 것 선택하기', '중요한 것 하기'와 같은 것이며, 아울러 ACT 연습의 기본 토대인 '자신을 친절하게 대하고 돌보기'를 추가했습니다.

이는 아이들과 부모가 ACT의 치료 요인을 더 잘 이해하도록 도울 뿐 아니라, 이들을 돕는 일에 종사하는 사람들이 ACT에 보다 가볍고 유연하게 접근할 수 있는 길을 보여줍니다. 따라서 이 책은 ACT를 익히고 활용하기 원하는 모든 사람들이 ACT의 패러다임을 보다 쉽게 이해하고 스스로 연습해서 삶에 적용하는 데 상당히 유익할 것입니다.

이 책에서는 체험적인 연습, 활동 작업, 자세한 사례 예시, 축어록, 기록지 및 회기 계획을 통해 아이들이 생각 및 감정과 함께 행동 변화를 주도할 수 있는 데 도움이 되는 자료들을 제시합니다. 또한 부모를 치료에 참여시키는 전략을 제공하는데, 이는 부모를 아동의 'ACT 코치'로 동원하고 협업하는 전략입니다.

이 책에 나오는 아동·청소년을 위한 각종 양식은 아동·청소년 작업은 물론 부모나 보호자와 함께 작업할 때에도 사용할 수 있습니다. 또한 아동·청소년 치료를 위해 아이와 부모의 관점에서 각각 사례개념화 하는 방식을 제시하는데, 아동과 부모의 대처 전략과 그 차이를 파악해서 아이의 부모에게 ACT식 대처 전략을 제공하는 데도 활용할 수 있습니다. 이처럼 이 책은 어린 내담자와 그 부모들에게 ACT를 효과적으로 제공할 수 있는 실질적인 정보와 도구를 제공하고 있습니다.

ACT 창시자인 헤이즈는 ACT가 기법이나 기술의 집합체가 아니고 패러다임의 변화를 목적으로 하며, ACT 기법은 이를 위한 수단이라고 했습니다. 그러므로 ACT 기술은 패러다임 변화를 토대로 얼마든지 창의적으로 만들어 사용할 수 있다고 했습니다. 사실상 ACT의 실제 작업은 치료자마다 스타일이 매우 다양할 수 있습니다. 이 책의 저자는 ACT 전문가들에게 배운 것들을 응용해서 자신만의 작업과 기술을 만들었으며, 우리도 그렇게 하기를 이 책을 통해서 격려하고 있습니다. 열린 마음으로 아이들과 작업하면서 아이들의 눈높이에 맞는 단순한 언어를 사용하거나 효과적인 수단을 동원하고, 유연하게 조정해서 자신만의 연습을 만들어 볼 수 있는 예시들을 이 책에서 제공하고 있습니다.

우리의 아이들이 두려움에 마주하고 갇힌 생각에서 벗어나며 힘든 감정을 위한 공간을 만들고 자기 친절을 발달시키며 자신의 가치에 따라 효과적으로 행동하고 삶에 온전히 전념하도록 돕는 데 창의적이고 효과적이기를 원한다면, 이 책에서 도움을 얻을 수 있을 것입니다.

이 책은 ACT의 기본 정신인 열린 마음과 유연함, 그리고 존중과 친절의 숨결이 느껴지는 책입니다. 이 책을 읽다 보면 우리가 본래 지니고 있던 선천적인 유연성이 살아나는 신선함을 맛볼 것이며, ACT 여행을 새롭게 즐기는 느낌을 받을 것입니다.

이 책을 번역하신 분 중 세 분은 제가 개인 상담을 은퇴하기 전 '마음사랑의 집'에서 ACT 수련 과정을 열었을 때 인연을 맺은 분들입니다. 바쁜 와중에도 북한산 자락까지 먼 길 오가며 ACT 수련 과정에 열의를 보였는데, 그 이후에도 ACT에 지속적인 관심을 가지면서 모여 공부하면서 이 책을 번역하기에 이른 것 같습니다.

아무쪼록 이 책이 자라나는 아이들과 그 부모들, 그리고 이들을 돕는 심리 종사자 및 인간의 마음 건강과 진화를 위해 ACT를 활용하고자 하는 모든 분들에게 널리 도움이 되기를 바랍니다.

마음사랑인지행동치료센터 ACT 교육수련 감독
문현미

감사의 글

저는 오스트레일리아 원주민 부족의 동맹체 국가인 쿨린Kulin의 분어룽Boonwurrung족을 제가 거주하고 일하며 이 책을 집필한 이 땅의 전통적인 소유자이자 관리자로 인정합니다. 저는 그들의 과거와 현재 그리고 미래의 원로들에게 경의를 표하며, 이 땅과 그들의 지속적인 관계를 인정하고 지지할 것입니다.

뉴하빙거New Harbinger 출판사의 훌륭한 팀에 감사드립니다. 특히 이 책에 대한 열정과 지도, 지원 및 도움을 아끼지 않은 테실리아 하나우어Tesilya Hanauer와 클랜시 드레이크Clancy Drake, 매디슨 데이비스Madison Davis, 케일럽 벡위드Caleb Beckwith, 에이미 슙Amy Shoup, 애널리스 수자Analis Souza에게 감사를 전합니다. 프리랜서 편집자인 로나 번스타인Rona Bernstein과 그레텔 헤이컨슨Gretel Hakanson의 격려와 노력, 인내에 감사드립니다. 이 책에 대한 피드백과 격려를 아끼지 않은 줄리언 맥날리Julian McNally, 기록지 삽화를 그려 주고 창의성과 직관을 발휘해 준 길라 블로흐Gila Bloch에게도 감사의 말씀을 전합니다.

ACT를 창시한 스티브 헤이즈Steve Hayes, 커크 스트로살Kirk Strosahl, 켈리 윌슨Kelly Wilson에게 개인적으로, 그리고 전문가로서 정말 감사합니다. ACT는 제 삶을 매우 풍요롭게 해 주었습니다. 만약 ACT를 활용하지 않았다면 이 책을 쓸 용기를 내지 못했을 것입니다.

아이들과 부모들에게 ACT를 사용하는 데 앞장서고 격려와 지지를 보내 준 에이미 머렐Amy Murrell과 리사 코인Lisa Coyne에게 감사합니다. 저를 첫 번째 박사과정 학생으로 받아 준 루이스 헤이즈Louise Hayes의 모든 가르침에도 감사드립니다.

그리고 ACT와 자비-중심 커뮤니티의 모든 분에게 감사드립니다. 그들로부터 많은 것을 배웠고 큰 영감을 얻었습니다.

용기와 결단과 기꺼이 하는 의지로 저를 고무시키고 놀라게 해 준 내담자 아이들과 부모님들, 그들의 여정에 함께할 수 있어 얼마나 감사한지 모릅니다.

저의 가장 친한 친구이자 남편인 개빈Gavin의 무한한 사랑과 격려, 실질적이고 정신적인 지지, 그리고 저에 대한 한결같은 믿음에 감사를 전합니다. 저를 응원해 주는 우리 아이들 세라Sara와 아리엘라Ariella에게도 고마운 마음을 전합니다. 그리고 열두 살 때부터 아동심리학자가 되고 싶다는 저의 꿈을 격려하고 지지해 주었을 뿐 아니라, 타인의 말을 경청하고 대화하며 돕는 것을 좋아하도록 키워 주신 부모님 루스Ruth와 데이비드David 두 분에게 감사드립니다.

역자 서문

저는 ACT를 만난 것이 치료자의 삶에서 정말 큰 행운이었다고 말합니다. 지난 2011년 변화가 어려운 심리적 문제, 기질 관련 문제, 만성적인 정신과적 문제들을 더 잘 도울 수 있는 치료 방법을 찾던 중에 한 워크숍에서 ACT를 알게 되었습니다. 그때 ACT를 배우면서 설명할 수 없는 감탄과 통찰을 경험했던 기억이 지금도 생생합니다. 5년 전 절충적으로 사용하던 많은 기법과 이론의 연장통을 잠시 내려놓고 다시 ACT를 훈련하고 본격적으로 임상에 활용했습니다. 그러면서 치료자의 소진도 개선되었고, 내담자의 성장을 보면서 큰 보람과 감사를 경험했습니다.

성인에게 적용하던 ACT를 아동·청소년에게 적용하면서 그 가능성을 보았습니다. 2022년부터 학교상담사 슈퍼비전 때나 교육청 위센터 및 청소년상담복지센터 상담사들을 대상으로 ACT 교육을 하면서 많은 선생님을 만났습니다. 그들로부터 아동·청소년에게 적용할 때 사례개념화와 눈높이에 맞는 실제적 기술 사용의 어려움에 대한 고민, 어린이를 위한 도구 부족에 대한 갈증을 경청해 왔습니다. 하지만 아동·청소년 책을 직접 저술하기에는 아직 시간과 경험이 부족한 상황이었습니다. 그러던 중에 세계적인 ACT 트레이너 러스 해리스Russ Harris로부터 영향을 받은 심리학자 타마르 블랙Tamar Black 박사의 책을 보았고, 기존에 창의적으로 사용하던 방식과 방향에 확신이 생겼습니다. 저자가 가진 지혜의 나눔에 감사하며 배움과 통합에 큰 기쁨을 누릴 수 있었습니다. 축적된 경험으로 심리유연성 모형을 개편하고 쉬운 말로 많은 연습과 대화를 담은 것이 놀라웠습니다. ACT는 사실 개념에서 빠져나와 인간을 유연하게 하는 효과적인 치료인데, 관련 개념과 원리가 복잡하고 심오해 임상가가 배우고 익히기에 쉽지 않습니다. 그런데 이 책은 ACT를 쉽게 안내하고, 치료자의 효과적인 태도와 더불어 재미있고 창의적인 연습을 제공합니다. 부모를 치료에 어떻게 효과적으로 관여시키면 좋을지에 대한 영감도 다양하게 제공합니다. 이 책을 만난 후 실험적으로 메타포와 각종 원리를 쉬운 말로 풀어 역자의 자녀에게 활용한 뒤 긍정적 피드백을 듣고서 기뻐했던 일이 기억납니다. 치료자 자신과 아이들과 성인 내담자에게 도움이 된다면, 아동·청소년에게도 큰 도움이 되겠다고 생각해 연구를 찾아보고 여러 가지 시도를 해 보았습니다. 아이들을 존중하고 씨름하지 않는 태도가 아이들의 회피 행동과 삶의 질 개선에 큰 도움이 되었습니다.

2011년과 2020년에 문현미 선생님과 인연이 되어 ACT 워크숍과 익스턴십 과정을 거치면서 과거 배움을 비우고 새로 채우며 인본주의와 마음챙김과 가치를 기반으로 하는 치료자로 거듭나는 경험을 했습니다. 열린 마음으로 내담자의 경험과 증언을 통해 더 많이 배울 수 있었습니다. 해리스의 경험과 접목하면서 치료자로 한 단계 더 성장할 수 있었습니다. 혼자서 하는 공부는 속도에 한계가 있다고 생각하던 차에 마음과 방향이 맞는 심리학자 팀이 꾸려졌고, 덕분에 최신 업데이트된 ACT 치료 공부를 더 꾸준하게 이어 올 수 있었습니다. 2021년부터 ACT인지행동치료연구회를 결성하고 줌으로 모여 좋은 책을 골라 스터디도 하고, 책을 세상에 소개하기 시작했습니다. 2022년에 발굴한 세 번째 책을 보고 모두 반가워했고, 기꺼이 번역하기로 결정하고서 하나의학사와 책 작업을 진행하게 되었습니다. 번역은 원문에 충실하되 문화에 맞게 의역한 부분도 있으며, 독자가 ACT를 잘 이해할 수 있도록 친절한 어조를 일관되게 유지하고자 노력했습니다. 이 책이 아동·청소년을 만나는 부모, 교사, 심리상담사, 사회복지사, 정신건강 간호사, 정신과의사, 심리학자 등에게 도움이 되기를 바랍니다. ACT가 본격적으로 소개된 이후 30여 년 동안 경험이 누적되고 효과가 검증된 치료 이론과 실제를 담은 생생한 책을 소개하게 되어 기쁩니다. ACT 관련 학습에 동기를 유발해 주고 씨앗을 심어 준 문현미 선생님에게 다시 한번 감사드립니다. 또 연구회 팀으로 기꺼이 참여하고, 불확실함이 다수 있음에도 함께 작업해 준 한송이, 류은영, 김명지, 김민정, 진시영 선생님에게도 감사드립니다. 또 보이게 보이지 않게 도움 주신 많은 분에게 깊은 감사의 마음을 전합니다.

한국 사회는 빠른 변화를 겪고 있으며, 안보적 불안정한 환경, 높은 인구 밀도와 경쟁, 여러 다양한 고강도 스트레스 요인에 노출되어 있습니다. 고통의 제거 철학이 중심이고, 억압적이고 통제적인 사회가 높은 자살률을 다루지 못하는 현실을 볼 때 우리 사회에 정신건강에 대한 관심과 연구가 더 필요함을 알 수 있습니다. 이런 상황에서 ACT는 바꿀 수 없는 문제를 회피하지 않고 씨름하고 수용하도록 도우며, 가치와 관련된 행동으로 삶의 질을 개선하도록 돕는 좋은 도구입니다. 인간 치료자는 부족할 수 있지만, 유연하고 강력한 도구는 치료자와 내담자를 모두 안정적으로 치유하고 성장시킬 수 있다고 생각합니다. 인간의 고통을 공동체가 분담하는 일과 자기-돌봄이 중요한 치유적 사회문화 발달, 그리고 아동·청소년의 마음건강 및 행복 증진에 이 책이 조금이나마 도움이 되기를 바랍니다.

2023년 12월 2일

대표 역자 **송승훈**

1장

ACT를 사용하는 아동·청소년 심리치료에 대한 개관

저는 이 책을 5~12세 아동에게 개별적인 치료를 제공하는 상담사, 학교심리학자, 학교상담사, 심리치료자, 정신과의사, 심리학자 그리고 전공 대학원생과 이 방법을 배우고자 하는 모든 사람을 위해 집필했습니다. 무엇보다도 이 책이 실제 현장에서 실용적으로 사용되도록 발달적으로 적절한 방식의 수용전념치료acceptance and commitment therapy[ACT]를 활용해 아동과 작업할 수 있는 '방법'을 안내하고자 했습니다. 이 책은 ACT에 대한 사전 지식이나 훈련이 없는 사람부터 경험이 풍부한 전문 ACT 치료자와 상담사에 이르기까지 광범위한 치료자를 대상으로 합니다.

이 책에서 배울 수 있는 것

이미 아동과 함께 ACT를 사용해 보았다면 일반적으로 각 아동과 동일한 장소에서 치료를 시작하고, 동일한 개입 계획을 따르며, 동일한 연습을 한다는 것을 알 수 있을 것입니다. 또는 아동을 위해 ACT를 활용하는 것이 청소년이나 성인과 함께 ACT를 사용하는 것과 크게 다르지 않다고 생각할 수 있지만, 치료자가 말하는 것을 아동이 이해하지 못하거나 회기에 기꺼이 참여하지 않는 경우가 종종 있다는 것을 깨닫게 될 것입니다(창조적 절망감). 대부분 치료자 혼자 이야기를 하고, ACT 메타포를 사용한 후 뒤이어 또다시 메타포를 사용하다 보면, 아동이 자신의 투쟁과 씨름에 대해 개방하기보다 단순히 치료자에게 동의하는 결과를 가져온다는 사실을 발견할 수 있습니다. 또한 회기에서 수행한 작업을 강화하기 위해 자녀와 부모 또는 보호자들이 가정에서 할 수 있는 적합한 보너스 활동[01]을 제안하는 방법을 잘 모르거나 어렵게 느껴질 수 있습니다. 마지막으로, 아동이 회기 중에 지루해하거나, 치료자가 제안한 보너스 활동을 완료하지 못하거나, 그 때문에 치료에 다시 오기를 꺼릴 수도 있습니다. 이 책은 이러한 함정을 피하고 아동과의 ACT 치료 회기를 최적화하는 방법을 가르쳐 줍니다. ACT에 대한 경험이 있든 없든, 이 책은 어린 내담자들에게 ACT를 효과적으로 제공할 실질적인 정보와 도구를 제공합니다.

먼저 1장에서는 ACT에 관해 간략하게 소개하고, 아동에게 ACT를 사용하기 위해 수정하는 방법에 대한 개요 및 아동과 함께 ACT 회기를 수행할 때 명심해야 할 몇 가지 중요한 지침을 제공합니다.

2장에서는 아동 및 부모와 함께 사용하도록 특별히 개발된 사례개념화 양식을 사용하는 방법과 각 질문을 하는 방법에 대한 자세한 아이디어 제안을 포함해 아동과의 첫 번째 회기에 대해 알아봅니다. 또한 아동을 만나 ACT를 소개하고, 아이 스스로 자신의 슈퍼히어로가 되도록 초대하며, 치료 과정에서 목소리를 낼 기회를 줍니다.

3장에서는 ACT Hexaflex(육각형 모형)를 수정한 ACT Kidflex(심리유연성 아동모형, 이하 Kidflex)의 치료 과정을 사용하는 방법을 배우기 시작할 것입니다. ACT 육각형 모형은 내담자가 심리적 유연성을 얻을 수 있도록 돕는 여섯 가지 처리 과정을 포함합니다. 3장에서는 이러한 과정 중 '그대로 두기'와 '내려놓기' 두 가지에 초점을 맞출 것입니다. 4장에서는 '중요한 것 선택하기'와 '중요한 것 하기'의 ACT 치료 과정에 집중하고, 5장에서는 나머지 두 과정인 '여기 머무르기'와 '자기 알아차리기'에 대해 살펴봅니다. 6장에서는 ACT의 가장 친한 친구인 '자신을 친절하게 대하고 돌보기'를 소개

01 회기에서 했던 연습을 회기와 회기 사이, 가정에서 할 수 있도록 내주는 과제를 말한다. 학교에서 내주는 부정적 의미의 숙제(homework)를 떠올리지 않도록 보너스 활동(home task)이라 명명한다. 3장 108페이지 참조(역자 주).

하며, 회기 중 연습을 활용해 아동에게 이 중요하고 생기 있는 기술을 가르치는 방법에 초점을 맞춥니다. 이런 방식으로 아이들은 자신을 친절하게 대하고 배려하는 것이 어떤 모습이고 어떤 느낌인지 경험할 수 있습니다. 7장에서는 아동과의 치료 외에도 어린 자녀의 부모와 함께 작업하는 방법을 배울 것입니다. 그런 다음 8장에서는 이 책에서 배운 것을 사용하는 방법에 대한 몇 가지 팁을 제공할 것입니다.

이 책의 앞부분(1~3장)은 아동과 회기 내에서 함께 할 수 있는 경험적인 연습 목록을 광범위하게 다루는 것이 특징입니다. 경험적이라는 것은 개념이나 아이디어에 대해 토의하는 것과는 반대로 직접 경험하는 것을 말합니다. 어린 내담자와 함께 이러한 연습을 하면 스트레스에 대처하고 힘든 생각과 감정을 관리하는 데 도움이 되는 대처 도구를 만들 수 있습니다. 또한 아동이 회기 사이에 연습할 수 있는 보너스 활동 제안 사례와 회기에서 배운 내용을 강화할 수 있는 부모의 보너스 활동 사례도 볼 수 있습니다. 모든 연습은 아동에게 발달적으로 적절하고 치료자가 실행하기 쉽도록 의도적으로 간단하게 만들었습니다. 이를 활용해 다양하게 연습한다면, 함께 작업하는 아동의 욕구와 성격에 가장 적합한 것을 선택할 수 있을 것입니다.

유용한 힌트

성공적인 아동 ACT의 초석은 아이들과 함께 연습하며 재미있는 시간을 보냄으로써 치료 과정에 아동을 참여시키는 것입니다.

기록지는 3장부터 6장까지 제공되며, 이 책의 웹사이트에서 다운로드할 수 있습니다(http://www.newharbinger.com/49760, 자세한 내용은 이 책의 뒷부분 참조). 기록지는 아동과 함께하는 회기에서 사용할 수 있으며, 부모님의 감독하에 아이가 집에서 기록할 수 있도록 부모님에게 전달할 수도 있습니다. 일부 기록지는 해당 장의 반복 연습으로 아동이 가정에서 수행할 활동을 시각적으로 보게 해 주며, 다른 일부 기록지는 새로운 자료를 소개합니다. 아동에게 도움이 될 것으로 생각되는 내용에 따라 같은 아동에게 모든 기록지를 사용할지, 아니면 하나 또는 여러 개를 사용할지 선택할 수 있습니다. 사례개념화 양식 및 연습 대본 등의 추가 자료도 다운로드할 수 있습니다.

마지막으로 이 책을 다 읽고 나면, 제가 8세 아동과 여섯 차례 진행한 회기의 확장된 사례 프로토콜을 소개하는 웹사이트를 방문해 보길 권합니다(http://www.newharbinger.com/49760). 회기마다 제가 ACT를 어떻게 사용했는지 자세히 확인할 수 있습니다. '자신을 친절하게 대하고 돌보기' 및 ACT Kidflex의 각 과정은 아동과 부모 모두에게 권장되는 연습과 보너스 활동을 모두 다룹니다.

이 책에 수록된 모든 연습, 기록지, 질문, 보너스 활동 및 권장 사항 안내는 아동과 함께 살고 있는 보호자에게도 적용됩니다.

수용전념치료[ACT]에 대한 소개

아동과 함께 ACT(Hayes et al., 1999; 2012)를 사용하는 방법을 배우기 전에 먼저 ACT가 무엇인지, 인지행동치료[CBT](Beck et al., 1979)와 어떻게 다른지 간단하게 설명하고자 합니다. 이미 ACT에 익숙하다면, 기억을 재검토하는 복습 기회가 될 것입니다. 이어서 예시와 함께 각 과정에 대한 설명을 포함하는 5~12세 아동에게 사용할 행동 모형과 새로운 ACT Kidflex를 소개하고, 그런 다음 ACT의 관점 및 회기에서 사용하는 방법을 살펴보겠습니다.

ACT를 처음 접하는 분이라면, ACT에 대한 이해를 높이는 데 도움을 주는 다음과 같은 자료를 참고해 다양한 이론적 자원을 탐구해 보기를 권합니다.

추천 도서[02]

- 수용전념치료 핵심과 적용(*ACT Made Simple*, Harris, 2009)
- 수용전념치료 핵심과 적용, 제2판(*ACT Made Simple*, 2nd edition, Harris, 2019)
- 수용전념치료 배우기(*Learning ACT*, Luoma et al., 2007)

02 우리나라에 번역된 ACT 기본과 활용을 다룬 도서를 추천한다. 『마음에서 빠져나와 삶 속으로 들어가라』(Hayes 저, 문현미·민병배 역, 학지사), 『수용전념치료 배우기』(Luoma, Hayes, Walser 공저, 최영희 등 공역, 학지사), 『트라우마 초점 심리치료 ACT』(Harris 저, 송승훈 등 공역, 하나의학사), 『우울과 수치심의 수용전념치료』(Mackay 공저, 송승훈 등 공역, 하나의학사) 등이 있다(역자 주).

ACT(A-C-T, 즉 에이-씨-티가 아닌 '액트'로 발음)는 응용행동분석applied behavior analysis[ABA](Baer et al., 1968) 및 관계 구성틀 이론relational frame theory[RFT](Hayes et al., 2001)에 뿌리를 둡니다. 이는 언어와 인지에 대한 이론적 접근법입니다. 또한 ACT는 기능적 맥락주의 철학에 기반을 둡니다(Biglan and Hayes, 1996; Hayes, 1993; Hayes et al., 1988). 즉, 모든 행동은 유기체의 최선 이익과 관심을 위해 설계되어 있다는 것입니다. 이에 따르면 행동은 임상적 관점에서 다음과 같은 발생 맥락에서 고려되고 '이해'되어야 합니다. 즉, 언어와 생각의 내면세계, 심지어 알아차림 자체도 일련의 행동을 시작하고 강화하고 형성할 수 있는 맥락으로 간주되어야 합니다. 기능적 맥락의 관점에서 볼 때 행동을 변화시키는 가장 효과적인 방법은 학습이나 언어 처리 과정과 같은 맥락적 요인을 조작해 행동을 유지시키는 것입니다(Coyne et al., 2011).

ACT를 이해하려면, ACT와 CBT의 차이점을 아는 것이 중요합니다. 따라서 관계 구성틀 이론의 기본적인 내용을 소개한 후 이 주제를 간단하게 다루겠습니다.

ACT와 CBT는 어떻게 다른가?

ACT와 CBT는 모두 행동 기술을 사용합니다. 그러나 두 모형은 이론적 접근법와 관련된 변화 과정(변화를 이끄는 메커니즘), 그리고 두 치료법이 언어와 인지를 다루는 방법에서 차이가 있습니다. 1) ACT는 CBT보다 사적인 경험(생각, 정서, 감정, 기억, 충동, 신체 감각 및 행동)의 내용에 덜 초점을 두며, ACT를 사용하는 치료자는 내담자가 이러한 사적인 경험에 자동적으로 반응하지 않도록 거리를 두는 관계를 형성하도록 돕습니다. 2) CBT 접근법은 고통스럽고 원치 않는 생각, 감정, 정서 또는 기억의 내용을 내담자가 상황에 대한 논리적 분석과 더 일치하도록 평가하고 재구성해야 하는 것으로 간주하는 경향이 있습니다. '개인 과학자'라는 용어는 종종 CBT 접근법의 핵심 기본 철학을 설명하는 데 사용되었습니다. CBT가 증상 감소를 목표로 내담자의 생각과 행동을 변화시키는 것을 강조하는 반면, ACT는 부여된 유형과 평가 꼬리표에 상관없이 모든 심리적 사건(생각, 감정, 정서, 기억 및 행동 등)을 변화시키거나 회피하거나 제한하지 않고 개방성과 수용을 강조합니다. ACT를 사용하는 치료자는 삶의 목표와 명료화된 인식된 가치value의 관점에서 개인의 행동 반응이 그들에게 어떻게 작용하는지, 실제 효과성이 있는지에 초점을 맞춥니다(Coyne et al., 2011).

관계 구성틀 이론

관계 구성틀 이론relational frame theory[RFT]은 언어 능력의 기원에 초점을 두며, 인간의 언어와 인지가 관계 구성틀로 알려진 상황 맥락적 단서에 의존한다는 개념에 기초합니다. 인간은 감정을 느끼거나, 생각을 하거나, 무언가를 보거나, 냄새를 맡는 것과 같은 경험을 사회적 관습과 연관시킵니다. 따라서 이러한 경험의 고유한 의미를 도출하는 과정을 임의적 맥락 제어라고 합니다(Luoma et al., 2007). RFT에서 이는 **학습된 조작적 행동**입니다(조작적 행동은 친구에게 연락하기, 도움 요청하기, 다른 사람들에게서 물러나기 등 개인이 증가시키거나 감소시킬 수 있는 모든 행동을 말합니다).

RFT와 ACT는 언어와 인지가 경직되면 사람들이 심리적으로 융통성 없는 방식으로 사는 경향이 있으며 그 결과 정신병리가 자주 발달한다는 관점을 취합니다(Luoma et al., 2007). 예를 들어, 열두 살 소녀는 다음과 같이 생각할 수 있습니다. '**파티에서 친구들 압력에 못 이겨 술 마신 일에 죄책감이 들어. 하지만 부모님이 나를 나쁘게 생각하실까 봐 말씀드릴 수가 없어.**' 부모님과 친밀한 관계를 유지하는 것은 소녀에게 중요하지만, 술을 마셨다고 말하면 부모님이 자신을 비난하고 더는 존중하거나 신뢰하지 않을 것이라고 굳게 믿고 있습니다. 소녀는 부모님이 알게 될까 봐 두려워하고, 그 결과 불안감을 느낍니다. 이 소녀를 위한 ACT 접근법은 먼저 파티에 대한 생각에 집착하는 것을 멈추고, 도움이 되지 않는 언어 사용을 중단하도록 가르치는 것입니다. 그런 다음 죄책감을 느끼더라도 부모님과 친밀한 관계를 더 발전시키기 위해 부모님에게 알리도록 격려하는 것입니다.

ACT는 아동에게 적합한가?

여러 연구에서 ACT가 아동에게 효과적이라는 사실을 발견했습니다. Fang and Ding's(2020)는 12세 이하 아동을 대상으로 ACT의 일곱 가지 무작위 대조 실험을 메타 분석한 결과, ACT가 아동의 불안과 우울증을 유의하게 감소시키고 치료 효과성이 CBT와 동등한 것으로 나타났습니다. Swain et al.(2015)의 연구 리뷰에 따르면 12세 이하 아동을 대상으로 수행한 세 차례 연구에서 ACT가 상당히 효과적인 것으로 나타났습니다. 이러한 연구 중 하나는 무작위 대조군 실험에서도 입증되었습니다.

아이들은 종종 ACT에 매우 잘 반응하고, 치료 기술의 상호 작용적이고 경험적인 특성을 즐깁니다. 주로 교훈적인 내용을 가르치고 조용히 앉아서 선생님 말에 집중하기를 요구하는 학교 수업과 달리, 아동과의 ACT 회기에는 아동과 치료자가 함께 연습에 참여합니다(이에 관해서는 3~5장에서 자세히 설명할 것입니다).

유용한 힌트

제가 아동과 함께 ACT를 사용하는 방법은 정말 간단합니다. 아이들이 이해하기 쉬운 언어로 설명하고, 연습을 최대한 단순하게 만듭니다. 실제로 저는 시간이 지날수록 아이들과 함께 ACT를 활용하는 방법이 점점 더 단순해지는 것을 알 수 있었습니다.

저는 아동에게 설명과 지시를 한 뒤 "내가 한 말 중에 무슨 말인지 조금이라도 헷갈리거나 이해가 안 되는 부분을 얘기해 주면 다르게 설명할 방법을 찾아 볼게"라는 식으로 말합니다. 아이가 치료자의 말을 이해하지 못한다는 점을 언급하는 것 자체를 불편하게 느낄 수 있기 때문에 먼저 묻고 수용하는 것입니다. 치료자가 명시적으로 묻지 않는 한 아이가 먼저 말하기는 어렵다는 것을 기억하세요.

가끔 5~10세 아동과 함께 회기를 진행할 때, 사용하고 싶지만 어린 아동에게 시도해 보지 않았던 연습이 생각나는 경우가 있습니다. 또는 성인을 대상으로 하는 ACT 워크숍에 참석해 새로운 연습을 배웠거나, 성인 내담자를 위한 ACT 활용 자료에서 메타포 연습에 대해 읽은 내용이 떠오르기도 합니다. 그러면 저는 그것을 아이들과 함께 사용하기 위해 이해하기 쉽게 각색하고 수정합니다. 이는 아동과 함께 작업하는 것이 처음이거나 아동에게 ACT를 처음 사용하는 치료자에게 부담스럽게 들릴 수 있습니다. 제가 아동과 ACT를 사용하는 방법을 처음 생각하기 시작했을 때, 저는 '**아이가 너무 어려서 개념을 이해할 수 없을 거고 연습도 제대로 할 수 없을 거야**'라고 걱정했습니다. 하지만 마음[03]이 확신할 수 없다고 말하더라도 기꺼이 시도해 보기를 권합니다. 아동은 특정한 연습을 하기에 충분한 나이입니다. 만약 아이가 그 연습을 이해하지 못한다면 그것을 조금 단순하게 만들 수 있습니다. 연습이 아이들에게 적합한지 확인하는 데 도움이 되는 한 가지 기술은 그 연습이 아이들이 기억하기 쉬운 것인지 자문해 보는 것입니다. 연습을 덜 복잡하게 만드는 방법을 잘 모르겠다면, 동일한 ACT 처리 과정을 다루는 다른 연습을 시도할 수 있습니다(예를 들어, 탈융합이라면 탈융합의 다른 메타포와 예시를 사용해 볼 수 있습니다).

저는 5~8세 아동과 작업할 때, 특히 아이들이 나이에 비해 매우 성숙한 경우 종종 나이 든 사람의 언어를 실수로 사용할 때가 있습니다. 이 사실을 인지한 후로는 어떤 개념을 논의하거나 설명 및 지침을 제공하기 전에 아이들에게 미리 말해 줍니다. 가끔 내담자 아이가 몇 살인지 잊어버리고 좀 더 나이 많은 아이와 함께 치료실에 앉아 있다고 생각할 수도 있다고 말입니다. 그런 다음 혹시라도 제가 너무 나이 든 사람의 어휘를 사용한다면 그들에게 맞는 단어로 바꾸어 말할 수 있도록 알려 달라고 요청합니다. 그러면서 제가 실수할 수도 있다는 것을 기꺼이 인정하는 점을 아이들과 부모들이 좋아한다는 사실을 알아차렸습니다. 즉, 취약성과 결점을 인정하는 모습이 저 스스로 완벽하다고 생각하지 않고 열린 태도로 피드백을 받아들이는 것을 보여 주기 때문입니다. 이는 제가 누구인지에 대한 저 자신의 이야기로부터 거리를 두고 있다는 것과 저의 유연성을 보여 줍니다. ('이야기'는 우리 자신을 묘사하는 것을 의미합니다. ACT에서는 이를 개념화된 자기, 내용으로서의 자기라고 부릅니다.) 이러한 태도는 아동 및 부모와 신뢰 관계 즉, 라포를 형성하는 데 도움이 됩니다.

ACT는 자존감과 회복력을 높이고 삶의 질을 향상시키는 수용 능력(받아들임, 기꺼

---

03 원서의 'mind'를 '마음'으로 번역했다. ACT 맥락에서는 정서적인 감정이 아닌 생각을 포함하는 인지를 뜻한다. 마음은 사람의 생각, 감정, 기억 따위가 생기거나 자리 잡는 공간이나 위치를 말한다(표준국어대사전). 역자는 유전적이고 자동적인 인지 부분을 마인드(mind)로 보고 있으나, 우리나라에서 보편적으로 사용되는 번역어인 '마음'을 따랐다. 다만, 이 책에 등장하는 일부 'heart'의 경우 자동적 인지 및 mind와 구분하기 위해 '심정(心情)'으로 번역했다(역자 주).

이 하는 마음)을 높이는 데 초점을 맞추기 때문에 아동에게 큰 도움이 될 수 있습니다. 이 책은 아동의 정신 건강과 회복력을 향상시키고 불안과 우울증과 같은 장애를 극복할 수 있는 능력을 개발하는 것을 돕기 위해 쓰였습니다. 청소년이나 어른들과 마찬가지로 아이들 또한 어려움으로부터 회복하기 위해 고군분투할 수 있습니다. ACT는 그들에게 매우 중요한 삶의 기술을 가르칩니다. 이는 광범위한 장애에 적용할 수 있으며 (초진단적) 미래의 다른 도전이나 어려움에도 적용할 수 있습니다.

ACT는 또한 아동이 대처하기 어려운 감정을 조절하고 관리하며, 삶의 기복에 대처하도록 도와줍니다. 이는 내담자가 스스로 역량을 강화하고, 어려움을 관리하는 데 자신감을 가지며, 자기 생각과 감정에 대한 두려움을 줄이도록 도와줄 것입니다. 이를 위한 전략은 실용적이고 실행하기 쉬우며, 아이들은 그것을 가정, 학교, 사회, 여가 활동 등 다양한 환경에서 스스로 신중하게 사용할 수 있습니다.

이제 ACT Kidflex와 그 과정, 그리고 아동에게 어떻게 사용되는지 살펴보겠습니다.

ACT Kidflex

행동 변화의 ACT 모형(Hayes et al., 2006)은 일반적으로 'ACT Hexaflex(육각형 모형)'라고 불립니다. 이 모형은 수용, 탈융합, 가치, 전념행동, 현재에 접촉하기, 맥락적 자기라는 여섯 가지 핵심 ACT 과정으로 구성됩니다. 이러한 과정은 단일 전체 요인과 심리적 유연성을 구축하는 것을 목표로 합니다. 심리적 유연성은 "의식적인 인간으로서 현재의 순간에 더 완전하게 접촉하고, 가치 있는 목적에 도움이 될 때 행동을 바꾸거나 지속하는 능력"으로 정의됩니다(Hayes et al., 2006).

저는 아이들이 이해할 수 있는 언어를 사용해 발달 단계에 적합한 행동 변화의 ACT 모형을 만들기 위해 ACT Kidflex(아동모형)를 개발했습니다. 이러한 ACT Kidflex의 여섯 가지 핵심 과정은 '그대로 두기(수용)', '내려놓기(탈융합)', '중요한 것 선택하기(가치)', '중요한 것 하기(가치전념)', '여기 머무르기(현재 접촉)', '자기 알아차리기(맥락적 자기)'입니다. ACT Kidflex에서 심리적 유연성은 "자기 생각이나 감정을 바꾸려고 노력하지 않고 여기에 머물면서 무슨 일이 일어나고 있는지 알아차리고, 자신에게 중요한 것을 계속하거나 필요에 따라 행동을 바꾸는 것"으로 정의할 수 있습니다. Kidflex 모형에서는 자신이 얼마나 유연한지 확인할 수 있으며, 육각형의 여섯 개 점으로 표현됩니다.

ACT Kidflex를 아동과 함께 어떻게 사용할 수 있는지 생각해 보겠습니다. 피아노 배우는 것을 좋아하는 아이와 함께 작업한다고 상상해 보세요. 아이는 그동안 자신이 이룬 성취에 뿌듯함을 느끼면서 첫 피아노 연주회에서 연주하고 싶어 합니다. 하지만 연주회 날이 다가올수록 연주를 훌륭하게 해내지 못할까 봐 불안해 피아노 연습을 회피합니다. 이런 경우 ACT 접근법은 아이에게 '피아노 연주회에 관해 중요한 것이 무엇인지' 물어보는 것입니다(중요한 것 선택하기). 그런 다음 불안감을 줄이기 위해 아무것도 하지 않고(그대로 두기), 무엇을 느끼는지 몸의 어디에서 느껴지는지를 알아차리고(여기 머무르기), 연주회를 망칠 것 같은 생각이 들면 '안녕'이라고 인사하고(내려놓기), 그런 생각을 하는 자신을 알아차리고(자기 알아차리기), 그런 생각이 드는 상태에서도 연습을 계속하면서(중요한 것 하기) 연주회를 준비하도록 격려합니다. 아동과 함께 사용하는 방법의 예를 포함해 각 과정을 살펴보겠습니다.

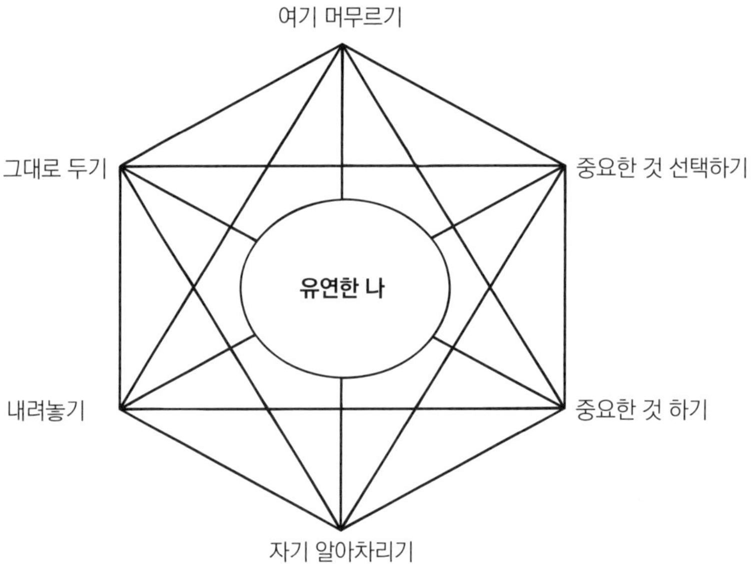

ACT Kidflex
(Adapted from Hayes et al., 2006)

그대로 두기

'그대로 두기let it be'는 원치 않는 사적인 경험(생각, 느낌, 감정, 기억, 충동, 신체적 감각, 행동 등)을 제거하거나, 피하거나, 대체하거나, 지지할 반대 증거를 찾는 등의 어떤 행동도 시도하지 않고 그냥 내버려 두는 것을 말합니다. 반대로 혈액 검사를 하거나 주사를 맞을 때 주의를 분산시키기 위해 음악을 듣는 것처럼 사적인 경험을 그냥 두지 않는 것이 단기적으로 도움이 되는 상황도 있습니다. 그러나 중요한 일을 하는 대신 특정한 사적 경험을 하지 않는 것에 더 집중하거나 혹은 그러한 경험을 회피하기 위해 행동을 제한하는 것은 장기적으로 도움이 되지 않습니다(Coyne et al., 2011).

예를 들어, 학교에서 창피함을 경험하는 아이가 있습니다. 이 아이는 창피함을 피하기 위해 학교 가는 것을 피하고, 이는 점차 등교 거부로 이어집니다. 하지만 학업 성과도 중요하기 때문에, 학교에 가지 않으면 결국 학업에서 뒤처질 수밖에 없을 거라는 생각에 엄청난 스트레스를 받게 됩니다. 결과적으로, 자기 생각과 감정을 피하는 방법을 장기적으로 사용하는 것은 아이들에게 도움이 되지 않습니다.

우리는 아이들이 사적 경험을 피하도록 자기 생각에 얽매여 스스로 만든 엄격한 규칙을 따르는 것의 해로운 효과에 대항하도록 가르칩니다. 예를 들면, 한 아이가 파티에 참석했는데 다른 아이들로부터 소외감을 느껴 파티 내내 외로움과 슬픔을 느꼈다고 가정해 보겠습니다. 그 경험의 결과로 아이는 "아무도 나와 이야기하고 싶어 하지 않으니 앞으로 파티에 가지 않겠어"라는 규칙을 만듭니다. 아이들에게 ACT 과정의 그대로 두기를 가르치면, 아이들은 그 과정에서 불편함을 경험하더라도 자신에게 중요한 일 하는 것을 배울 수 있습니다(Hayes et al., 2006).

피아노 연주회에 대해 걱정했던 아이의 경우, 그대로 두기를 사용하는 ACT 접근법은 뭔가 특별히 하려고 하지 않고 피아노를 잘 연주하지 못한다는 생각을 그냥 그대로 두도록 제안하는 것입니다. 아이가 자기 안에 이러한 생각이 존재한다는 것을 알게 되면, 그때 부드럽게 피아노 연습으로 다시 주의를 기울이게 합니다. 이러한 방식으로 ACT는 감정을 조절하거나 증상을 줄이려고 노력하는 대신, 중요한 것을 추구하면서 그대로 두기 능력을 키우는 것을 목표로 삼습니다(Coyne et al., 2011).

내려놓기

'내려놓기let it go'는 생각에 집착하거나 애착을 갖지 않도록 한 걸음 뒤로 물러나 생각과 우리 사이를 어느 정도 분리시키는 것을 말합니다. 이는 생각을 없애거나, 혹은 생각의 빈도를 줄이거나 대체하는 것이 아닙니다. 생각이 우리를 지배하지 않게 하면서 생각 그 자체를 바라보게 하는 것입니다("그건 그저 생각이야"). 아이들에게 내려놓기를 소개할 때 저는 생각이 자음과 모음 같은 글자로 시작해 우리 마음이 그 글자를 조합해 단어를 만들고, 그 단어들이 모여 문장이 된다고 설명합니다. 그런 다음, 우리 마음이 이런 문장을 만들어 낸다고 해서 그것이 항상 사실이라고 생각하거나 마음이 우리에게 말하는 모든 것을 믿어야 한다는 의미는 아니라고 말해 줍니다.

예를 들어, 피아노 연주회에서 연주를 망칠까 봐 걱정하는 아이는 "**나는 피아노 연주회에서 잘하지 못할 것 같다는 생각이 들어**"라는 혼잣말로 내려놓기를 사용할 수 있습니다. 또는 "**내 마음이 나한테 피아노 연주회에서 잘하지 못할 거라고 말하고 있어**"라고 말할 수도 있습니다. 이러한 방법은 자기 마음이 말하는 것이 절대적인 진실이며 반드시 믿어야 하는 것으로 믿기보다, 자신의 감정과 생각을 단지 감정과 생각으로 여기게 합니다(Barnes-Holmes et al., 2004). 사실 이렇게 믿으면 아이들은 자신이 잘 연주하지 못할 것을 알기에 연습을 중단하는 문제가 생기기도 합니다. 그러나 이 작은 연습은 아이들이 기억하고 연습하기 쉬우며, 종종 생각과의 거리를 두게 합니다. 이렇게 하면 생각이 아동을 통제할 힘이 줄어들기 때문에 이러한 생각이 떠오를 때도 아동은 마음이 지시하는 것에 덜 반응하고 자신에게 중요한 것을 선택할 수 있습니다.

중요한 것 선택하기

'중요한 것 선택하기choose what matters'는 가치와 관련된 것으로, 한 사람이 관심을 두고 그것을 위해 기꺼이 노력하는 것을 의미합니다. 가치는 최종 결과가 있는 일시적인 사건인 목표와는 다릅니다(Twohig et al., 2008). 예를 들면, 축구팀에 소속되어 있다는 느낌(소속감)은 가치인 반면, 팀이 결승전에서 이기는 것은 목표입니다. ACT에서는 아동이 부모, 친구, 선생님 등 다른 사람들이 중요하다고 생각하거나 당연하게 여기는 것을 선택하는 것보다 가족, 학교, 여가와 같은 다양한 영역에서 자신에게 중요한 것을 선택하도록 권장합니다.

다음은 중요한 것 선택하기 연습의 예입니다. 아동에게 초등학교 졸업을 앞두고 열한 번째 생일 파티를 하는 상상을 해 보라고 합니다. 파티에서 친구들이 중학교에 간 이후 자신의 어떤 점을 기억해 주길 바라는지 말합니다. 이런 상황에서 내담자 아동은 반 친구들에게 어떻게 기억되고 싶은지, 자신이 중요하게 여기는 것과 현재 자신과의 거리가 어느 정도인지 물어보세요. 다시 말해서, 현재 자신에게 중요한 것을 하면서(가치에 집중하는 행동) 자신이 중요하게 여기는 일에 근접해 있는지, 아니면 중요한 일을 하지 않아서(가치에 집중하지 않는 행동) 그 가치에서 멀리 떨어져 있는지 물어보는 것입니다. ACT에서 중요한 것을 선택하는 데 초점을 두는 목적은 자신이 중요하게 여기는 것과 관련된 방향으로 행동을 조직화하는 데 도움을 주기 위함입니다. 구체적인 목표를 달성하는 것은 그 성과가 자신에게 중요한 것과 일관된 방향으로 나아가고 있다는 것, 그 과정 안에 있다는 것을 나타내는 정도 내에서만 중요합니다.

중요한 것 하기

'중요한 것 하기'(가치대로 하는 것)는 **중요한 것을 선택**할 때 식별된 가치와 연계되는 효과적인 행동을 말합니다(Hayes et al., 2006). 이러한 측면에서 ACT는 행동을 바꾸는 것을 목표로 삼는 전통적인 행동 치료와 매우 유사합니다. 조형shaping(강화를 활용해 행동을 점진적으로 변화시키는 것), 목표 설정, 노출(불안을 유발하는 자극에 안전하게 노출시키는 기술로, 예를 들면 폐쇄공포증이 있는 사람이 엘리베이터를 타는 것), 대처 기술 습득과 같은 다양한 행동치료 방법도 ACT의 일부로 사용될 수 있습니다(Hayes et al., 2006). ACT에서 이러한 방법은 중요한 것 선택하기에 기초해 목표를 달성하는 것과 관련이 있으며, 중요한 것을 하는 패턴을 점점 더 확대시킵니다. 이와 대조적으로 CBT에서 행동-변화 방법의 목적은 치료 목표를 유지하고, 재발을 방지하며, 심리적 불편과 기능 장애 및 손상을 줄이는 것입니다(Coyne et al., 2011).

중요한 것을 하면 대부분 유쾌하거나 불쾌한 생각과 감정이 모두 유발되며, 대개 이전에 피했던 심리적 사건이 포함됩니다. 예를 들어, 시즌 농구 결승전에서 좋은 성적을 내지 못할까 봐 걱정하는 아이는 그러한 염려에도 불구하고 농구를 좋아하고, 친구들과 재미있게 놀고 싶으며, 경기에 불참함으로써 팀을 실망시키고 싶지 않기에 기꺼이 경기에 참여하기로 선택할 수 있습니다.

여기 머무르기(지금 여기에 있기)

사람은 기억에 연연하거나, 왜 그런 일이 일어났는지 곰곰이 생각하거나(반추), 미래에 대해 걱정할 때 지금 여기에 덜 머물게 됩니다(Harris, 2009). 여기 머무르기의 목표는 경험을 무시하거나 최소화하는 것이 아니라, 자신의 경험과 직접 접촉하는 것입니다(Coyne et al., 2011). ACT에서 여기 머무르기의 결과는 행동에 있어 더 개방적이고 유연해지는 것입니다(Coyne et al., 2011). 이 머무르기 기술을 개발하기 위한 연습의 대표적인 예는 마음챙김 먹기, 즉 먹는 것에만 오롯이 집중하며 머물러 보는 것입니다. 음식의 냄새에 주목하고, 색깔과 맛과 풍미와 질감을 알아차리며 여기에 머무르는 것입니다. 다른 생각에 사로잡히기 시작하고 더 이상 음식에 집중하지 않는다는 것을 알아차리면 다시금 주의를 부드럽게 음식 방향으로 돌리는 것입니다.

피아노 연주회에 대한 걱정과 불안 때문에 연주회 연습을 피하던 아이의 예시를 활용해 보겠습니다. 우리는 아이에게 피아노를 연습하면서 여기에 머물도록 격려할 것입니다. 손가락에 닿는 건반이 어떻게 느껴지는지 알아차리도록 격려하며, 연주하는 음악의 소리와 크기에 진심으로 주의를 기울여 보도록 독려할 것입니다. 연주회에서 어떻게 연주할지에 대한 생각으로 주의가 흐트러지는 것을 알아차리고, 다시금 관심을 피아노 치는 느낌과 소리로 되돌리도록 안내할 것입니다.

참고: 책 전반에 걸쳐, 제가 언급하는 사람이 실제로 존재하지 않는 경우에도 여기에 머무르는 과정을 활용하는 것을 지칭하기 위해 "**여기에 머무르다**"라는 문구를 사용할 것입니다. 이는 일관성을 유지하고, 아동에게 이 과정을 가르칠 때 사용하는 언어를 강조하기 위함입니다.

자기 알아차리기

'자기 알아차리기notice yourself'는 '뒤로 물러서 자신을 관찰하는 것watching'으로 정의할 수 있습니다. 내담자가 이 과정을 수행하도록 돕기 위해 ACT는 마음챙김 연습, 조망 수용력을 세우는 경험적인 연습, 메타포(은유)를 사용합니다(Hayes et al., 2012). 세상을 떠난 아버지의 기일이 가까워질수록 슬픔을 느끼는 한 아이를 예로 들어 생각해 봅시다. 그는 슬픔을 느낄 때마다 침실로 가서 침대에 누워 있다가 기분이 나아지면 그제야 방에서 나옵니다. 때때로 아이는 슬픔 때문에 몇 시간씩 방에 머무르느라 가족과 함께 저녁을 먹거나 보드게임을 하는 시간에 참여하지 못합니다. 치료자는 아이가 집에서 슬퍼하는 자신의 모습을 상상하고, 슬픔이 덜 느껴질 때까지 침대에 누워 많은 시간을 보내는 것을 알아차리는 경험적인 연습에 참여하게 함으로써 아동이 자기 알아차리기 기술을 개발하도록 도울 수 있습니다. 이 연습은 아이가 기분이 나아져 방에서 나올 때까지 혼자서 얼마나 많은 시간을 보내는지 깨닫게 하는 데 도움이 됩니다. 회기 중에 실제로 이 연습을 해 본 결과, 아이는 집에서 슬픈 기분이 들 때 방에 있는 자신을 알아차리기 시작했고, 그에 대한 반응으로 슬플 때 방에 들어가는 대신 가족과 함께할 수 있었습니다. 이렇게 하면 아이가 자기 생각에 사로잡히지 않고 가족과 연결되어 여기에 머무르도록 도움을 줄 수 있습니다.

또 다른 자기 알아차리기 연습은 메타포(은유)를 사용합니다. 아이에게 해변에 서 있다고 상상하면서 자신의 생각과 감정을 해안으로 밀려오는 파도처럼 생각하도록 안내합니다. 생각과 감정 중 어떤 것은 강하고 어떤 것은 부드러우며, 어느 것도 해를 끼치지 않습니다.

ACT Kidflex의 목표: '유연한 나'

ACT Kidflex 과정을 개별적으로 설명하고 있지만, 모든 과정은 결합된 하나의 요인이며 본질인 '유연한 나I am flexible'를 창조합니다. Kidflex는 그대로 두기, 내려놓기, 중요한 것 선택하기, 중요한 것 하기, 여기 머무르기, 자기 알아차리기 등 여섯 가지로 구성됩니다. 심리적으로 유연하다는 것은 여기에 머무르며 자기 생각과 감정을 바꾸려고 노력하지 않고, 무슨 일이 일어나고 있는지 알아차리면서 행동을 계속하거나 필요할 경우 행동을 바꾸며 중요한 일을 하는 것입니다. '유연한 나'는 Kidflex 과정을 사용한 결과이기 때문에 아동에게 그것을 직접적으로 가르치지는 않는다는 점을 명심하기 바랍니다.

이 시점에서 아이들이 유연해지기 위해 모든 Kidflex 과정을 사용해야 하는지 의문이 들 수 있습니다. 결론적으로 말하면 그렇지 않습니다. 일부 상황에서는 모두 사용할 필요 없이 과정 일부만 사용할 수도 있습니다. 이미 Kidflex 과정을 사용하고 있는 경우에는 덜 익숙한 새로운 과정을 이미 사용 중인 과정과 함께 사용하는 방법을 알려 줄 수 있습니다. 예컨대, 아동이 어떤 주제와 관련해 내려놓기를 하느라 씨름한다면 이 때문에 감정을 조절하는 데 큰 어려움을 겪을 수 있습니다. 아이들은 자기 뜻대로 되지 않을 때 매우 괴로워하며 소리를 지르고 울기도 합니다. 하지만 여기 머무르기 기술에는 능숙하며, 취미활동과 운동에 자주 몰입합니다. 따라서 아이가 화가 났을 때, 생각을 내려놓고 현재에 주의를 기울이는 연습을 하도록 유도할 수 있습니다. 화가 난다는 생각에 사로잡히기보다 주변을 살피고 주변에서 일어나는 일에 참여하게 하는 것입니다. 이는 감정을 조절하고 소리 지르는 것을 멈추게 하는 데 도움이 될 수 있습니다.

이제 ACT Kidflex에 관한 설명을 마무리하고, ACT를 수행하는 데 중요한 측면인 ACT의 태도를 살펴보겠습니다.

ACT의 태도

내담자와 함께 ACT를 활용하기 시작하면서 제가 사용하는 실제 심리치료 기술 측면에서 명백한 변화를 알아차렸을 뿐 아니라, 내담자와 상호 작용하는 방식에도 몇 가지 변화가 있다는 것을 알게 되었습니다. 이러한 변화는 제 치료 스타일의 주요 특징(내담자들에게 사용하는 언어, 저와 내담자 사이의 힘의 역동성, 회기 중 주의력, 때때로 저의 어려움을 공유하려는 마음, 그리고 제 삶에서 치료 기술을 연습하는 것 등)이 되었습니다. ACT의 태도라 할 수 있는 이러한 모든 변화는 내담자, 특히 아동과의 관계를 빠르게 발전시키는 데 매우 긍정적인 영향을 끼쳤습니다. ACT 자세를 수용하는 것은 아이들과 함께 하는 일에 생명력을 줄 것입니다. 이제 각 항목을 자세히 살펴보겠습니다.

언어

ACT를 배우기 시작한 이후 치료적 태도에 생긴 변화 중 하나는 언어와 관련된 것입니다. 학부와 대학원에서 심리학을 공부하는 동안, 그리고 자격증을 가진 심리학자licensed psychologist가 되기 위해 임상 슈퍼비전을 받는 동안 저는 CBT를 훈련받았습니다. 그때 교수와 슈퍼바이저들은 내담자를 의학적 모형과 일치하는 '환자'라고 불렀습니다. 저도 이 일을 하면서 환자라는 용어를 채택했지만, 이 용어가 저와 잘 맞지 않는다는 것을 깨달았습니다. 호기심에 '환자patients'라는 단어의 유래를 조사했다가 고통을 뜻하는 라틴어 'patiens'와 'patior'에서 유래했다는 사실을 알게 되었습니다. 이는 우리가 돕는 사람들이 아프기 때문에 더는 아프지 않고 '더 나은' 기분을 느낄 수 있도록 '고치거나' 또는 '치료해야' 한다고 생각하게 만듭니다(Neuberger, 1999). 그러나 ACT의 입장은 현저하게 다르며, 따라서 제가 사용하는 용어도 바뀌었습니다. 저는 환자를 치료하는 대신 '내담자'를 돕습니다(참고로, 이 용어는 제가 근무하는 개인 치료실과 학교 환경에서는 적합하지만, 병원과 같은 환경에서는 환자로 칭하는 것이 더 적절할 수도 있습니다).

제가 아이들과 수업할 때 언어를 적용하는 한 가지 방식은 이름first name으로 저를 소개하는 것입니다. 아동이나 부모가 저를 '박사님', '블랙 박사님', '타마르 박사님'이라고 부르면, 그냥 '타마르'라는 이름으로 불러 달라고 말합니다. 이렇게 하는 이유는 아동과 부모에게 저 자신과 그들을 동등하게 여긴다는 것을 보여 주고 싶기 때문입니다. 또한 아이가 저를 이름으로 부르면서 친밀감을 느끼고 치료 과정을 더 편안하게 느끼기를 바라기 때문입니다. (물론 학교와 같은 일부 조직에서는 학생이 교직원의 이름을 부르는 것이 허용되지 않거나, 어떤 조직에서는 교직원의 이름을 부르는 것이 선택 사항일 수 있다는 것을 압니다. 저의 경우 학생들이 호칭을 선택할 수 있는 학교에서 일할 때, 제 이름을 부르게 했습니다.)

힘의 균형

ACT 치료자와 내담자 사이의 동등한 힘의 균형은 ACT 태도에서 매우 중요한 측면입니다. 이를 입증하기 위해 할 수 있는 몇 가지 방법이 있습니다. 앞서 언급했듯이, 자신을 소개하는 방법처럼 내담자와 함께 사용하기로 선택한 언어는 치료자가 치료 관계를 동등하게 본다는 것을 아동과 부모에게 전달해 줍니다.

힘의 균형을 보여 주는 또 다른 방법은 권위적인 자세보다는 아동과 부모의 참여를 유도하는 방식으로 정보와 전략을 제공하는 것입니다. 저는 아이들에게 회기에서 할 수 있는 몇 가지 연습 중 하나를 선택하게 함으로써 참여를 유도합니다. 만약 아동이 겪고 있는 문제나 어려움에 대해 다양한 치료 경험이 있는 치료자라면, 동일한 문제나 어려움을 겪는 많은 아이와 함께 작업한 경험이 있으며 진심으로 아동을 돕고 싶다고 말할 수 있습니다. 모든 연습은 완전히 선택적이며, 연습의 참가 여부는 아이에게 달려 있다고 말해 주세요(2장에서 자발적인 참여에 대해 더 자세히 살펴볼 것입니다).

유용한 힌트

배운 것을 연습하기 위해 회기 사이에 수행할 보너스 활동을 제안할 때는 아동이 원한다면 할 수 있지만 원치 않으면 꼭 할 필요가 없다는 점을 알려 주세요.

다음 회기를 시작할 때, 지난 회기에서 제안한 과제를 수행할 수 있었는지 질문합니다. 저는 항상 이런 식으로 말을 꺼냅니다. "지난번 회기를 마칠 때, 집에서 잠드는 데 도움이 되는 마음챙김 호흡을 연습해 보라고 제안했던 걸 기억할 거야. 한번 해 봤는지 궁금하구나. 안 해 봤어도 괜찮아. 실망하거나 화내지 않을게." 만약 아이가 보너스 활동을 해 보았다고 대답하면, 활동할 때 어땠는지 이야기해 줄 수 있는지 물어봅니다. 보통 다음과 같은 말을 덧붙입니다. "도움이 되지 않았는데 일부러 효과가 좋았다고 말할 필요는 없어. 너에게 실제로 어떤 일이 일어났는지 말해 주렴." 이는 치료자가 아동을 자신과 동등한 사람으로 보고, 자신의 제안이 도움 되지 않을 수도 있다는 것을 열린 마음으로 듣고 있음을 보여 줍니다. 저는 이런 식의 표현이 치료자의 제안이 도움이 되었다고 말함으로써 저를 기쁘게 해 주려고 노력할 필요가 없다는 것을 드러내어 아이들을 안심시키는 데 도움이 된다는 것을 발견했습니다.

동등한 힘의 균형을 입증해 보이는 또 다른 방법은 회기의 대부분을 말하는 데 소비하지 않는 것입니다. 이는 아이들과 작업할 때 중요합니다. 치료자가 너무 많은 말을 하는 것은 ACT를 처음 접하는 경우 흔히 일어나는 일입니다. 실제로 제 작업에서 여전히 주의 깊게 관찰하는 부분이기도 합니다. 아동과의 회기에서 ACT에 대해 너무 많이 말하는 것이 아닌지 의문이 든다면, 스스로 'ACT를 하는 것보다 ACT에 관해 이야기하는 것'이 아닌지 질문해 보십시오(Brock et al., 2015). 이는 종종 회기 중에 잠시 멈추어 무슨 일이 일어나고 있는지 스스로 확인하는 데 유용한 방법입니다.

유용한 힌트

ACT의 상호 작용 기술을 사용하기보다 ACT 개념에 대해 더 많이 이야기하고 있다는 것을 알게 되었다면, 경험적인 연습으로 다시 돌아올 수 있습니다.

이로 인해 불편함을 느낄 때 발생할 수 있는 상황이 회기를 지배하지 않도록 치료자가 아이보다 말을 얼마나 많이 하는지 관찰하는 것도 중요합니다(Brock et al., 2015). 이런 일은 주로 치료자가 회기가 어떻게 진행되고 있는지 매우 흥미를 느낀 상태에서 아동을 조금이라도 더 빨리 도와주기 위해 ACT에 관해 가능한 모든 것을 말해 주고 싶을 때 발생합니다. 치료자가 너무 많은 이야기를 하는 것에는 너무 많은 메타포를 소개함으로써 아이들에게 혼란을 주는 것도 포함됩니다. 메타포를 사용하려면 회기당 하나씩만 사용하고, 아동이 이해할 수 있는 발달에 적합한 언어를 사용하고 있는지 확인하는 것이 좋습니다(언어 사용에 관해서는 3~5장에서 ACT Kidflex 과정 사용 방법을 살펴볼 때 더 자세히 논의할 것입니다).

회기에서 여기 머무르기

회기에서 여기 머무르기에 대한 생각은 『Mindfulness for Two』(Wilson, 2008)에도 반영되어 있습니다. 이 책에는 내담자를 해결해야 할 문제로 보기보다는 감사하고 환영하는appreciate 일몰로 보라는 멋진 비유가 있습니다. 저자인 윌슨은 우리가 종종 그 사람의 문제에 사로잡혀 눈앞에 있는 사람으로부터 우리의 주의, 알아차림, 그리고 감사를 빼앗긴다고 제안합니다.

내담자의 말을 들을 때는 그들의 '잘못된 것'을 해결하려고 서두르기보다는 그들을 진정으로 알아차리고, 그들이 말하는 것을 받아들이고, 그들의 말에 감사하는 자세를 취하는 것이 좋습니다. 이전에 만났던 내담자라 하더라도 그의 이야기를 들으면서 진정으로 여기에 머무르는 자세를 취하기 시작하면 마치 그를 처음 만난 것 같은 경험을 할 수 있으며, 실제로 내담자뿐 아니라 치료자 자신의 반응에서도 이전에 알지 못했던 것을 발견하고 배울 수 있습니다.

치료자의 자기-개방

ACT에서 사용되는 많은 연습에는 어려운 생각을 표현하는 것이 포함됩니다. 일부 ACT 치료자는 자기-개방을 사용합니다(효과적이고 의미 있는 치료를 위한 필수 요건은 아니므로, 자기-개방이 불편하거나 원하지 않는다면 사용하지 않아도 괜찮습니다). 자기-개방을 효과적으로 사용하기 위해서는 내담자에게 치료자 자신도 때로 어려움을 겪는다는 것을 알리고, 적절한 경우 본인에게 도움이 되었던 ACT 기술을 공유하는 등의 방식으로 자신의 투쟁과 씨름했던 경험을 공유할 수 있습니다. 가능하다면 중립적이고 일반적인 생각(너무 늦게 잠자리에 드는 것, 방을 지저분하게 만드는 것 등)을 공유하는 것을 추천합니다. 자기-개방을 사용할 때는 교훈적이고 강의적인 방식으로 하지 않도록 주의하는 것이 중요합니다. 그보다는 치료자 자신의 취약점을 전달하고 내담자의 어려움을 타당화하는 것이 좋습니다.

제가 함께 작업하는 아동 중에는 여름방학이 끝나거나 장기간 결석한 후 학교로 돌아가는 것에 불안감을 느끼는 아이들이 있습니다. 한 학교에서 19년 동안 일하고 있지만, 저 역시 매년 여름방학이 끝나고 개학하는 날이면 긴장이 됩니다. 아이들이 느끼는 것이 정상이며, 많은 사람이 같은 경험을 한다는 것을 알려 주기 위해 이 이야기를 들려줍니다. 그토록 긴장하면서도 학교에 가는 이유는 제 일이 정말 중요하기 때문이며, 긴장감이 실제로 아무런 해가 되지 않는다는 것을 알려 줍니다. 이렇게 하면 긴장감 때문에 학교에 가지 못하는 것이 아니라, 긴장감을 느끼면서도 학교에 갈 수 있다는 것을 보여 줄 수 있습니다. 저의 긴장감은 개학 전날 밤이나 학교로 이동하는 동안 가장 많이 나타나며, 그럴 때는 제 기분을 알아차리고 학교에 이와 같은 긴장을 느끼는 학생이 더 있을 거라고 스스로 상기시킵니다. 혹 아동이 학급에서 발표하는 것에 불안을 느낀다면, 저도 ACT 콘퍼런스처럼 많은 사람이 모인 곳에서 발표하는 것을 두려워한다고 알려 줍니다. 그리고 아동과 청소년에게 ACT를 사용하는 방법을 가르치는 것이 저에게 얼마나 중요한지, 만약 내가 두려움에 굴복해 발표하지 않는다면 얼마나 많은 것을 놓치게 되는지 알려 줍니다.

자기-개방을 사용하면 치료자가 아동의 경험을 이해한다는 것을 보여 주는 데 도움이 됩니다. 치료자가 공감하기 때문에 아이는 자기 생각과 감정을 더 편안하게 이야기할 수 있습니다. 아동이 학교에 가는 것이나 학급에서 발표하는 것을 걱정하기 때문에 자신에게 뭔가 문제가 있다고 느낄 수 있다는 점을 염두에 두는 것이 도움이 됩니다. 특히 아무도 같은 경험을 한다는 사실을 말해 주지 않은 경우라면 더욱더 그렇습니다. 치료자에게 자기-개방 이야기를 듣는 것은 아동이 안도감을 느끼고, 수치심이나 당혹감 또는 걱정을 스스로 줄이는 데 도움이 됩니다.

아동과 함께 예술 작업을 할 때도 자기-개방을 사용하는 것이 적절합니다. 치료 회기에 미술 작업이 포함될 때는(미술 작업의 예는 3~5장 참조) 저도 참여하는데, 그때마다 저는 미술 작품을 매우 단순하게 만듭니다. 아이가 자기 작품에 주눅 들거나 불편함을 느끼지 않도록 일부러 어린아이가 그린 것처럼 막대기 모양으로 그림을 그리는 것입니다. 그리고 아이에게 먼저 작품을 공유하도록 권한 다음, 치료자의 작품을 공유합니다.

치료자가 ACT 기법을 단순히 제안하기보다는 직접 ACT 기법을 활용하는 모습을 많이 보여 주는 것이 좋습니다. 아이는 실제로 치료자에게도 (아이와 공유하기 적절한) 어려움이 있다는 것을 듣게 될 것이므로, 이는 치료자가 일하는 데 방해가 되지 않습니다. 또한 아이에게 권하는 것과 동일한 기술을 사용한다는 모습을 보여 주는 것은 아이의 참여에 긍정적인 영향을 미칠 가능성이 큽니다(치료자가 실제로 자신이 하는 말을 잘 알고 있다고 생각하게 됩니다).

유용한 힌트

아동이 이전에 다른 치료자를 만난 경험이 있을 수 있지만, 치료자가 자신에게 도움이 되었던 전략을 공유하는 것은 처음일 수 있습니다. 이는 아동과의 **라포 형성**에 도움이 되고, 아이들이 치료 과정을 더 편안하게 느끼도록 해 주며, 또한 친밀감을 형성하는 데 도움이 됩니다.

때때로 치료자로서 아이에게 자기-개방을 하는 것이 적절한지 판단하는 것은 어려운 일입니다. 그럴 때는 자신의 투쟁과 씨름 과정을 개방하는 목적이 무엇인지 자문해 보는 것이 좋습니다. 또한 존경하는 동료를 떠올리며 이 어려움을 내담자에게 공개할지 불확실하다고 말할 때 그가 어떻게 반응할지 생각해 보는 것도 방법입니다. 아니면 해당 분야의 대표적인 전문가 협회에 의견을 구하면 어떤 조언을 해 줄지 상상해 볼 수도 있습니다. 이 딜레마를 고려하는 또 다른 방법은 치료실 앞을 지나가던 동료가 당신이 아이에게 자신의 어려움을 털어놓는 것을 듣고 이를 적절하다고 생각할지 자문해 보는 것입니다.

자신에게 기법을 사용해 보기

연령에 관계없이 모든 내담자에게 ACT를 사용하려는 경우, 치료자 자신이 직접 기법을 사용해 보고 실제로 효과가 있음을 아는 것이 중요합니다. 만약 직접 그 기술들을 시도해 보았다면 아동이 “이런 아이디어는 낯설고 이상하게 들려요”라고 말할 때 “나도 처음 이 기술을 배울 때 너랑 똑같이 생각했는데, 시도해 보니 도움이 되더라고”라고 말할 수 있습니다. 때때로 저는 제가 제안하려는 전략이 아이에게 조금 이상하게 들릴 수도 있으며, 실제로 처음 배울 때 좀 이상하다고 생각했다는 점을 미리 알려 줌으로써 이러한 문제를 예방합니다.

예를 들어 ‘그대로 두기’를 다룰 때, 종종 아이들에게 “안녕, 걱정아! 만나서 정말 반가워. 너 오늘 정말 멋져 보이는구나!”처럼 자신의 생각에 인사를 건네고 그 생각을 만나는 것이 얼마나 멋진 일인지 말해 보라고 권합니다(Twohig, 2014). 그런 다음 아이에게 이 제안을 어떻게 생각하는지, 이상하게 들리지는 않는지 물어봅니다. 대부분은 이 기술이 조금 이상하거나 기괴하다고 웃으며 얘기하는데, 저 역시 처음에 같은 생각을 했다고 답합니다. 그리고 이렇게 하는 것이 아이와의 관계를 견고하게 세우는 데 도움이 된다는 것을 알게 되었습니다.

유용한 힌트

이 책을 읽은 후 먼저 자신의 삶에서 ACT를 사용해 보고 어떤 느낌이 드는지, 어떤 일이 일어나는지, 나타나는 모든 것을 열린 마음으로 받아들이는지 살펴보세요.

천천히 ACT의 파도 타기

ACT에 익숙한 정도에 따라 다음과 같은 상황에 처할 수 있습니다.

- 성인 내담자에게 초점을 맞춘 입문 및 고급 ACT 교육 워크숍을 이수했더라도, 배운 내용을 아이들에게 사용하는 방법을 모를 수 있습니다(저도 ACT를 배우기 시작했을 때 그랬습니다).
- 아동과 함께 작업한 경험이 많은 숙련된 치료자라면, ACT가 아동을 대상으로 작업하는 방법과 유사하다고 느낄 수 있습니다.
- 아동을 대상으로 하든 성인을 대상으로 하든 이 책이 처음 읽는 ACT 관련 책이라면, ACT의 개념이 친숙하게 느껴지거나 자신에게 중요한 것과 일치할 수 있습니다.
- ACT는 그동안 학습과 훈련을 통해 배운 것, 그리고 아이들과 작업해 온 방식과 매우 다르고, 낯설고, 직관적이지 않게 보일 수 있습니다.

당신이 처한 업무 상황 때문에 ACT의 모든 것을 곧바로 이해해야 한다는 압박감이 들더라도 이 여정을 천천히 따라가길 바랍니다. ACT가 어려워 보이고 속으로 "절대 이해할 수 없을 거야!"라고 말하며 낙담하더라도, ACT 활용법 배우기를 포기하지 말고 가만히 앉아 이러한 생각에 감사하는 마음을 갖기를 권합니다.

처음 ACT에 대해 알았을 때, 저는 내담자들과 어디서부터 어떻게 사용해야 할지 확신이 없었습니다. 지금도 새로운 ACT 기술을 배운 후 내담자와 처음 시도할 때 항상 긴장합니다. 이럴 때 정말 도움이 되는 것은 제가 새로운 것을 배운 지 얼마 되지 않았고 아직 누구와도 이 연습을 해 보지 않았다는 사실을 아이에게 알려 주는 것입니다. 지시 사항을 올바르게 따를 수 있을지, 연습이 정말로 도움이 될지 모르는 부분이 있다고 말합니다. 제 경험에 따르면, 아이들은 보통 새로운 치료적 연습을 가장 먼저 시도하는 것 자체에 매우 흥분하고, 제가 실수해도 대부분 잘 이해하고 용서해 줍니다.

유용한 힌트

마음이 "아직 준비되지 않았어!"라고 하더라도, 이 책에서 읽은 내용을 내담자와 함께 시도해 보세요. ACT를 활용하는 연습을 많이 할수록, 더 능숙하게 ACT를 활용할 수 있을 것입니다(기꺼이 하기와 가치전념).

저는 치료자들이 아동에게 ACT를 활용하는 데 도움이 되기를 바라는 마음으로, 제가 처음 ACT를 배우던 때를 생각하며 이 책을 썼습니다. 2007년 10월 러스 해리스Russ Harris가 진행한 첫 번째 ACT 교육 워크숍에 참석했을 때, 러스는 "가능한 한 다양한 ACT 트레이너에게 배우세요"라고 격려하며 워크숍을 시작했습니다. 그다음 해에 ACT 임상 슈퍼비전을 받기 시작했을 때 슈퍼바이저가 제게 해 준 가장 중요한 말은 "ACT는 치료자마다 정말 다르게 보인다"라는 것이었습니다. 몇몇 주요 ACT 전문가와 함께 워크숍에 참석하고 많은 ACT 책을 읽으면서 이 두 가지 통찰을 완전히 이해하고 감사하게 되었습니다.

저만의 ACT 스타일은 꽤 다양합니다. 여러 ACT 전문가로부터 일부 내용을 빌려오고, 전략과 연습을 채택해 아이들에게 발달적으로 적합하도록 언어와 응용법을 더 쉽고 단순하게 만들었다는 점에서 매우 절충적입니다. 또한 직접 개발한 것도 많습니다. 저는 이 책을 읽는 당신 역시 그렇게 하기를 격려합니다. 열린 마음으로 읽고, 모든 수단을 동원해 아이들이 이해할 수 있는 쉬운 언어를 사용하면서, 원하는 대로 자유롭게 연습 문제를 변형해 보세요. 자신만의 연습 문제를 만들어 볼 수도 있습니다.

마무리

이번 장에서는 ACT에 대해 알아보고, CBT와 차이점 및 아동용으로 사용하기에 적합한 이유에 대해 알아봤습니다. Kidflex와 여섯 가지 과정(그대로 두기, 내려놓기, 중요한 것 선택하기, 중요한 것 하기, 여기 머무르기, 자기 알아차리기)을 살펴보았으며, ACT 자세의 다양한 측면을 배웠습니다. 다음 장에서는 치료자가 아동에게 자신을 소개하고, ACT 사례개념화 양식을 사용해 ACT 렌즈를 통해 제시된 문제나 어려움의 이력을 파악하는 등 아동 및 부모와 함께 하는 첫 번째 회기에 초점을 맞춥니다.

2장

첫 번째 회기 및 ACT 사례개념화

ACT가 무엇인지, 아동과 작업하기 위해 ACT를 어떻게 수정해야 하는지 살펴보았습니다. 이제 아동 및 보호자와 첫 번째 회기를 진행하는 방법을 살펴볼 것입니다. 여기에는 주의하고 귀 기울여야 할 사항을 살펴보는 것도 포함됩니다. 또한 5~12세 아동을 위해 특별히 개발된 사례개념화 양식을 살펴보고, 아동과 부모에게 질문할 내용 및 그 질문들을 사용하는 방법을 다루겠습니다. 마지막으로 아동에게 ACT를 소개하는 방법과 아동이 치료에 참여하는 것을 저항할 때 대응하는 방법을 살펴보겠습니다.

치료실에는 누가 들어오는가?

부모가 회기에 참석하는 것이 부적절하거나 도움이 되지 않는 이유를 사전에 알지 못하는 경우, 적어도 치료의 첫 번째 회기인 면담 시간에 아동과 부모가 함께 참석하도록 요청합니다. 이렇게 하면 제가 어떤 정보를 알고 있는지 모두 확실히 알 수 있고, 치료를 시작하기 전에 관련된 적절한 정보를 얻을 수 있습니다. 만약 아동만 만나고 부모는 대기실에 남아 있으면 치료가 끝난 후 부모가 아이에게 "선생님에게 ○○○에 관해 뭐라고 말했어?"라고 물을 수 있고, 아이는 잊어버렸다고 대답할 수도 있습니다. 이런 경우, 회기가 끝난 후보다 회기 중에 알면 더 도움이 될 중요한 내용일 때가 많습니다.

부모에게 아동과 함께 면담할 것을 요청한 후, 아이가 보호자 없이 진행하기를 선호한다면 괜찮다고 덧붙입니다. 그런 다음 부모에게 아이가 여기에 오게 된 이유를 말해 주도록 요청한 후 치료실에서 나가도 된다고 알려 줍니다. 어떤 경우에는 아동을 보기 전에 이미 부모를 만났을 수도 있습니다. 그럴 때도 부모에게 아동을 이곳에 데려온 이유를 간략히 설명하게 함으로써 아이가 왜 이 자리에 왔는지 알 수 있게 합니다. 또한 부모가 먼저 이야기를 꺼내면 아이가 좀 더 편안함을 느끼고 기꺼이 대화에 참여하게 되는 경우도 있습니다. 그런 다음 "엄마/아빠가 방금 말한 것에 어느 정도 동의하니?" 또는 "엄마/아빠가 정답을 말했다고 생각하니?"라고 질문함으로써 아이에게 대답할 기회를 줍니다. 때때로 첫 번째 회기 중에 아이가 부모에게 "이제 나가셔도 돼요"라고 말할 수도 있습니다. 그러면 저는 아이에게 치료실에 누가 남아 있을지 결정하도록 허용하고, 부모에게 대기실에서 기다려 줄 것을 제안합니다(대부분 부모는 기꺼이 그렇게 합니다).

때때로 아동은 부모가 모르는 일에 관해 이야기하고 싶어 하거나, 부모 앞에서 문제(또는 심각성)를 공개함으로써 부담을 주거나 화나게 하고 싶지 않을 수도 있습니다. 부모와의 관계나 부모가 한 행동이 아이에게 고통의 원인이 될 수 있고, 혹은 안전과 관련된 문제를 이야기하고 싶어 할 수 있는 만큼, 아동이 요청할 경우 아이 스스로 이야기할 수 있는 공간을 만들어 주는 것이 중요합니다. 혼자 이야기하고 싶어 하는 마음을 존중하면, 아동은 치료자가 자기 말을 경청하고 있으며 자신을 존중한다는 느낌을 받을 수 있습니다. 이는 라포를 형성하는 데도 도움이 됩니다.

치료실에 누가 있을지 논의했으니, 이제는 특히 아이들을 치료해 본 경험이 없는 경우의 치료자 자신을 소개하는 방법을 살펴보겠습니다.

치료자 소개 및 회기 구성 개요 설명하기

첫 번째 회기는 다음과 유사한 내용으로 시작할 수 있습니다.

> 반가워요. 저는 심리학자 ○○○에요. 심리학자는 사람들과 대화하고 도움을 주는 사람을 가리키는 꽤 거창한 단어죠. 저랑 함께 작업하는 몇몇 아이는 저를 '대화로 도움을 주는 박사님'이라고 부르는데, 정말 마음에 드는 표현이에요. 제가 이 치료실에서 하는 일은 아동, 청소년, 부모님을 만나는 거예요. 아이들은 걱정하거나 슬프거나 화나거나 두려운 일이 있을 때, 그리고 중요한 일을 해결하는 데 어려움을 겪을 때 저를 찾아온답니다. 살다 보면 집에서 기분 나쁜 일이 생길 수도 있고, 학교에서 학습이나 친구나 다른 아이들이나 선생님과 관련해 어려운 일이 생길 수도 있어요. 저는 그런 일들을 귀 기울여 듣고, 조금 다르게 대처할 수 있는 방법을 생각해 낸답니다. 아이들이 어려움에 좀 더 잘 대처하거나 관리할 수 있도록 말이에요. 어떤가요? 저에게 물어보고 싶은 것이 있나요?

저는 비밀 유지(비밀 보장)에 관해 간단히 설명하고, 아동과 나눈 대화('우리 사이의 비밀')를 비밀로 할 수 없는 경우와 구체적인 예를 설명해 줍니다. 그런 다음 그 이유를 설명하고, 둘 사이의 대화를 누구에게 말할 수 있는지 알려 줍니다(부모나 보호자, 때로는 담당 의사나 상담사). 만약 그런 일이 발생하게 된다면 아이에게 먼저 알리려고 노력할 것이라고 설명합니다. 또한 이러한 논의가 필요할 때는 가능한 한 아이가 그 자리에 참석할 수 있는 선택권을 주려고 노력할 것이라고 말합니다. 아이의 친구들에게는 절대 이야기하지 않을 것이며, 아이가 허락하지 않는다면 선생님에게도 말하지 않을 것이라고 강조합니다.

치료자의 자기소개가 끝나면, 다음은 첫 번째 회기에서 무엇을 할지 설명할 시간입니다. 저는 다음과 같이 말합니다,

> 오늘은 ○○(아이 이름)의 생활, 일상, 삶이 어떤지 듣고 싶어. ("너의 신발을 신고 있는 것이 어떤 것일까?"[04]라는 표현은 가능한 한 사용하지 않으려고 노력합니다. 이는

04 '너의 입장에서 볼 때 어떤가'라고 사용되는 관용어구(역자주).

> 문자 그대로 받아들이는 아이들에게 혼란을 줄 수 있기 때문입니다. 특히 자폐와 같은 신경학적 장애가 있거나 언어 능력에 문제가 있는 아동의 경우, 이를 문자 그대로 인식하고는 제가 자기 신발을 신고 싶어 한다고 오해해 불편함을 느낄 수 있습니다.)
>
> ○○에게 이야기를 직접 듣고 싶지만(**부모가 아닌 아이에게 이 사실을 직접 얘기하세요**), 아이들은 처음 보는 사람에게 자기 어려움을 말하는 것을 부끄러워하거나 불편해하는 경우가 있으니까 ○○가 괜찮다면 부모님이 대신 이곳에 온 이유를 말해 줘도 괜찮아!
>
> 부모님이 이야기할 때, '**아니, 그게 아니야. 그렇지 않아. 그건 틀렸어**'라고 생각하는 것이 있다면 동의하지 않는다고 말해 주었으면 해. 그리고 네 생각이 어떤지도 자세히 얘기해 주렴. 왜냐하면 ○○는 이 방에서 가장 중요한 사람이고, 네가 느끼고 생각하는 것이 나에게 정말 중요하기 때문이야(**아이는 보통 이 말을 들으면 기뻐하는 표정을 짓습니다. 치료자가 아이의 의견을 듣고 싶어 한다는 것을 알려 주는 것은 치료적 관계를 형성하는 좋은 방법이 됩니다**).
>
> 만약 여기서 어떤 이야기도 하고 싶지 않고, 부모님이 이야기하도록 그냥 두고 싶다면 그것도 괜찮아. ○○가 기분에 대해 편안하게 이야기하기를 바라지만, 네가 준비되지 않았을 수도 있으니까 괜찮아. 이해할 수 있어(**이 또한 제가 사용하는 '그대로 두기'의 모형입니다**).

때로는 아동이 당신을 만나기 전에 이미 다른 치료자와 회기를 진행해 본 경험이 있을 수 있습니다. 그럴 때는 이전 치료자가 제안한 활동들을 기억하고 있는지 물어보는 것이 도움이 됩니다. 저의 경우, 아동이나 부모가 앞서 받은 심리치료 기법의 이름은 모르더라도 기억 나는 몇 가지 전략을 말해 주는 데서 어떤 치료법을 사용했는지 단서를 얻습니다. 이전 치료자로부터 훈련받은 특정 전략을 기억하지 못하는 경우도 있지만, 그 또한 중요한 자료입니다! 부모에게 아동의 회기에 참여했는지, 그렇지 않다면 회기 중에 있었던 일과 치료 진행 상황에 대해 피드백을 받았는지, 회기 사이에 가정에서 아이와 함께 수행할 전략을 안내받았는지 물어봄으로써 아동이 회기에서 했던 것을 상기시키고 강화할 수 있습니다.

이러한 정보를 얻은 후에는 회기가 끝날 때 부모와 아동에게 치료자의 치료 작업 방식에 대해 알려 줄 수 있습니다. 여기에는 회기에서 사용한 전략에 대한 피드백과 아동이 가정에서 이를 연습할 수 있도록 예시를 제공하는 것이 포함됩니다. 이와 관련해 부모의 반응을 측정하는 것이 중요한데, 이를 통해 아동의 치료 여정에 대한 보호자의 관심과 능력을 파악할 수 있기 때문입니다.

유용한 힌트

아동을 데려오는 보호자에게 아이를 돕기 위해 협력해 작업하고 싶다고 말하세요. 그러면 좀 더 빠르고 좋은 치료 효과를 얻을 수 있습니다.

이 시점에서 저는 아동이 부모가 회기에 참여하지 않는 것을 선택하더라도, 회기가 끝날 때 약 10분간 부모에게 아동이 이야기한 구체적인 내용이 아닌 제가 아이에게 가르친 전략에 대해 피드백을 제공한다고 설명합니다. 이렇게 하면 보호자와 제가 한 팀이 되어 아동을 지원하고, 또한 아동뿐만 아니라 부모에게도 ACT에 대해 가르칠 수 있기 때문입니다. 부모에게 몇 가지 새로운 기술을 가르치는 것은 아동뿐 아니라 아이를 지원하고자 노력하는 부모에게도 도움이 되는 경우가 많습니다.

때때로 부모는 자녀를 돌아보며 "저는 아이에게 좋고 도움이 된다면 기존과는 다른 방법을 배울 수 있어요. 언제든지 양육 방식을 바꿀 준비가 되어 있답니다"라고 말하기도 합니다. 이러한 반응은 부모의 수용, 개방성 그리고 변화에 대한 기꺼이 하기와 관련된 의지를 보여 주며, 또한 부모가 치료 과정을 가치 있게 여긴다는 것을 자녀에게 보여 줍니다. 특히 아동과 부모가 갈등 관계에 있다면, 자녀에게 긍정적인 영향을 줄 수 있습니다. 종종 아동보다는 부모가 자녀를 대신해 치료를 시작하는 경우가 많은데, 부모가 자녀의 행동에 중점을 두기보다 자기 행동을 변화시키는 데 초점을 두고 이를 위한 지침을 받아들일 준비가 있다는 것을 아동이 알게 될 경우 동기 부여를 받고 치료에 기꺼이 참여할 수 있습니다.

상상 속에서 ACT 렌즈 착용하기

아동이 있는 치료실에서 저는 중요한 정보를 주의 깊게 관찰하고 듣기 위해 ACT 렌즈를 착용하고 있다고 상상합니다. 그러면서 아동이 현재 어떤 대처 전략을 사용하고 있는지, 어떤 것이 효과적이지 않은지, 과거에 어떤 전략을 사용했는지 등을 주의 깊게 살펴봅니다. 부모가 함께 있다면, 서로 대화하고 반응하는 방식을 포함해 부모와 자녀 간의 관계도 주의 깊게 살펴봅니다. 주의 깊게 관찰하고 듣는 것은 ACT Kidflex를 사용해 어디서부터 치료를 시작해야 하는지에 대한 통찰력을 얻는 데 도움이 됩니다. 이 섹션에서는 ACT 렌즈를 착용해 사례를 개념화하고 아동 및 부모와 함께 치료할 준비를 하는 데 도움이 되는 구체적인 방법에 대해 다룰 것입니다.

회피 관찰하기 치료자와의 대화가 아동에게 감정적으로 다가가거나 아동이 신경 쓰는 주제에 집중할 경우 아동이 회피하는 행동을 할 수 있습니다. 이런 경우 아이가 일상생활에서 불편함에 대처하는 방식을 관찰할 수 있습니다. **[불편한 감정 회피 관찰 사례]** 예컨대, 아동이 슬픔이나 걱정을 느꼈던 상황에 관해 이야기하면서 당시의 마음이나 생각을 구체적으로 떠올리도록 요청하거나, 슬픔이나 걱정이 주로 언제 나타나는지 몸의 어느 부위에서 슬픔이나 걱정을 느끼는지 질문하면 아동이 대화 주제를 바꾸거나 장난감 또는 휴대폰을 꺼내는 등 회피 행동을 하는 것을 관찰할 수 있습니다.

규칙과 옳음 등 융합된 생각에 대한 경청 **[경직된 규칙과 행동 사례]** 규칙과 옳음에 집착하는 아동은 자신의 방식에 대해 치료자가 더 나은 대안을 제시할 때 논쟁을 벌일 수 있습니다. 이런 아동은 어떤 일을 할 수 없는 이유를 제시하는 데 매우 능숙하며, 자신의 신념을 아주 굳게 붙듭니다. 이러한 경향은 "저는 공연장이나 파티에 절대 가지 않아요. 그런 곳은 너무 시끄러워요"와 같은 발언을 통해 감지할 수 있습니다. ACT에서는 이를 **융합**fusion이라고 하는데, 아동의 **심리적 유연성**을 증가시키는 방법을 생각할 때 이러한 자료를 고려할 수 있습니다(1장 참조). 회기와 일상생활에서 그대로 두기let it be와 내려놓기let it go, 그리고 중요한 것 하기do what matters에 초점을 둔 보너스 활동을 설정하는 것이 좋습니다.

중요한 것 선택하기(가치 영역)에 대한 경청 저는 아동이 무엇을 중요하게 여기는지(가치)에 대한 발언과 아동과 부모의 가치가 일치하는지에 주목합니다. **[스스로 학교에서 귀가하는 아동 사례]** 예를 들어, 어떤 아동은 학교 수업이 끝난 후 부모가 데리러 오는 것보다 친구들과 함께 대중교통을 이용해 집에 가고 싶어 할 수 있습니다. 하지만 대중교통을 이용해 본 적이 없기 때문에 버스를 타고 집에 오는 것이 불안하다고 부모에게 말합니다. 그렇다면 치료자는 부모에게 아이가 버스를 타고 집에 가는 것을 어떻게 생각하는지 물어볼 수 있습니다. 부모는 아이가 버스를 타기에는 아직 어리고, 불안감을 느끼는 것은 아직 대중교통을 이용할 준비가 되지 않았다는 증거라고 대답합니다. 결과적으로 부모는 계속해서 아이를 데려다주고 데리러 가야 한다고 주장합니다. 이는 아동에게 중요한 것(친구와의 독립적 시도)과 부모에게 중요한 것(안전과 준비), 즉 가치가 일치하지 않는 상황입니다.

또한 아동이 특정 상황이나 장소 또는 사람을 피하거나, 혹은 현재 겪고 있는 문제나 어려움 때문에 어떤 곳에 가지 않거나 좋아하던 활동을 중단했다고 언급하는 것도 주의 깊게 경청합니다. **[축구 훈련 회피 아동 사례]** 예를 들어, 아동이 축구를 좋아하지만, 최근 축구 경기에서 성적이 좋지 않자 팀원들 앞에서 창피함을 느낄까 봐 훈련에 참여하지 않는다는 것을 알 수 있습니다.

중요한 것 하기(전념 행동)에 대한 경청 아동이 과거에 슬픔, 두려움, 걱정 등을 느끼는 상황에서도 중요한 일을 했던 경험을 언급하는 경우에도 주의 깊게 경청해야 합니다. 특히, 아동이 상담받고 있는 특정 문제나 어려움과 관련해 이를 고려해야 합니다. 아동에게 "슬픔/두려움/걱정을 느끼면서도 중요한 일을 해 본 적 있니?"와 같은 질문을 함으로써 이를 파악할 수 있습니다. **[가치전념 아동 사례]** 예를 들어, 아동이 불안감 때문에 상담받는 경우 "연극이나 연주회에서 공연하거나 수업 시간에 발표하는 등 정말로 걱정했지만 결국 해냈던 일이 있니?"라고 물어볼 수 있습니다. 아동은 수많은 관객 앞에서 정말 긴장하면서도 연극의 주인공 역할을 잘 해냈다고 말할 수 있습니다.

다음 섹션의 사례개념화 양식에서는 아동에게 과거에 자신이 중요하게 생각했던 일에 대해 묻는 방법을 확인할 수 있습니다. 이는 치료자가 수집할 수 있는 중요한 정보 중 하나로, 그들이 과거에 불편함을 경험하면서도 중요한 일을 해낸 적이 있는지에 대한 정보를 제공합니다. 이는 아동과의 작업에 도움이 되며, 아동에게 상기시킬 수 있는 요소를 제공함으로써 그들이 고통이나 불편함을 경험하더라도 그 일을 하도록 동기를 부여하고 격려할 수 있습니다. 왜냐하면 중요한 일을 하는 것은 자신의 가치와 연관해 중요한 의미를 지니기 때문입니다(중요한 것 선택하기).

부모의 말을 주의 깊게 경청하기(수용) 부모가 자녀에게 제시하는 전략을 경청하고, 이러한 부모의 전략이 ACT 접근법과 일치하는지 확인하는 것도 중요합니다. **[친구 집에서 자는 것을 불안해하는 자녀 사례]** 예를 들어, 아이가 가장 친한 친구 집에서 자고 싶어 하지만, 한편으로 불안해하는 경우가 있습니다. 이때 부모가 자녀에게 친구 집에서 하룻밤 자는 파티sleepover party에 참석해 보라고 권한다면, 이는 ACT 접근법(경험 회피보다는 가치 접근)과 일치합니다. 하지만 자녀가 불안함을 경험하지 않도록 파티에 참석하지 말라고 권유한다면, 이는 회피 행동을 촉진하는 것이며 ACT의 목표인 심리적 유연성 증진과도 일치하지 않습니다.

ACT 사례개념화 방법

이미 청소년이나 성인과 함께 ACT를 사용한 경험이 있다면, 사례개념화를 하는 데 익숙할 수 있습니다. 이는 일반적으로 첫 번째 회기에서 ACT 사례개념화 양식을 통해 제시된 문제나 어려움의 이력history을 얻는 방식으로 진행됩니다. 그런 다음 양식에서 다루지 않는 추가 질문을 할 수 있습니다. 필요한 경우 임상적 진단을 위해 구조화 또는 반구조화된 면담을 진행할 수도 있습니다. 때때로 아동과 부모가 문제의 이력를 상세하고 다양하게 보고하는 경우에는 첫 번째 회기에서 임상 면접을 시작할 시간이 충분하지 않을 수 있으므로, 두 번째 회기를 시작할 때 면접을 진행할 수 있습니다.

유용한 힌트

첫 번째 회기에서 사례개념화 양식을 참고할 수 있도록 웹사이트에서 미리 다운로드해 두는 것이 좋습니다. 자세한 정보는 62~63페이지 양식을 참조하세요.

적절한 경우, 아동과 부모의 관점에서 사례개념화를 하는 것이 도움이 될 수 있습니다. 이는 아이와 부모 간의 대처 전략의 차이를 파악하고, 부모에게 ACT 방식의 대처 전략을 제공해야 하는 특정 영역을 식별하는 데 도움이 되기 때문에 특히 어린 아동과 일할 때 도움이 됩니다.

다음 양식은 5~12세 아동을 대상으로 사용하기 위해 개발한 것으로, 부모나 보호자와 함께 작업할 때도 사용할 수 있습니다. 아이와 부모의 응답을 작성할 수 있는 양식은 http://www.newharbinger.com/49760에서 다운로드할 수 있습니다.

아동을 위한 ACT 사례개념화 양식

이 양식은 아동의 이력과 정보 수집을 위한 것입니다. 아동에게 직접 질문하거나, 부모 또는 보호자에게 아동에 관해 질문할 수 있습니다.

---

1. 현재 겪고 있는 주요 문제나 어려움은 무엇인가요?
   (부모와 함께 작업할 때: "현재 자녀가 어떤 문제나 어려움을 겪고 있다고 생각하나요?")

---

2. 이 문제나 어려움은 언제부터 시작되었나요?

---

3. 이러한 문제나 어려움이 생길 때 어떻게 행동하나요?

   부모가 함께 있을 경우, 다음과 같이 물어볼 수 있습니다.
   "자녀가 이렇게 느낄 때 부모님은 어떻게 대응하나요?"

   부모가 함께 있지 않은 경우, 다음과 같이 아동에게 물어볼 수 있습니다.
   "○○가 이렇게 느낄 때 부모님은 어떻게 하나요? 부모님 모두 같은 방식으로 반응하나요?"

---

4. 그런 행동은 주로 어디에서 시작되나요? 그 행동을 하기 바로 전에 어떤 일이 일어나나요?

---

5. 그 행동을 한 직후에는 어떤 일이 일어나나요?

---

6. 이런 문제나 어려움을 겪는 것이 처음인가요?
   (아동이 불확실해하거나 기억하지 못하는 경우, 부모나 보호자에게 물어볼 수 있습니다.)

   그렇지 않다면, 이전 또는 지난번에 이런 상황을 개선하기 위해 어떤 시도를 했는지 기억할 수 있나요?

7. 이 문제나 어려움 때문에 어떤 일을 하지 않거나, 누구를 만나지 않거나, 어디 가는 것을 피하고 있나요?

   만약, 아동이 '네'라고 대답하면, 다음과 같이 물어봅니다.
   ○○는 ____(슬픔, 두려움, 걱정 등) 때문에 마음이 무언가를 하지 말라고 할 때가 있나요? 그럼에도 그 일을 한 적이 있나요?

8. 이 문제나 어려움을 해결하려고 노력하느라 오히려 놓치고 있는 것이 있나요?

9. 이 문제나 어려움에 대해 많이 생각하나요? 그렇다면 하루 중 얼마나 많은 시간을 이 문제를 생각하거나, 또는 회피하기 위한 행동을 하는 데 쓰나요?

10. 자신이 이 문제나 어려움에 대해 생각하거나, 그것을 회피하기 위해 다른 행동을 하는 것을 자주 느끼나요? 이 때문에 수업이나 주변에서 일어나는 일에 집중하는 데 어려움이 있나요?

11. 이 문제나 어려움을 해결하기 위해 지금까지 한 일이 도움이 된다고 생각하나요?

    만약 '아니오'라고 대답한다면, 다음과 같이 물어봅니다.
    "○○가 하고 있는 일이 더 많은 문제나 어려움을 만들고 있나요?"

    또는 "지금 하는 일 중에 도움이 되지 않는 것이 있나요?"

12. 지금 하고 있는 일이 **잘되고 있다고(효과적이라고)** 생각하나요?

13. 마법 지팡이가 있다고 상상해 보세요. 사실 마법 지팡이는 존재하지 않지만, 그냥 있다고 상상해 볼게요. 이 마법 지팡이가 ○○의 생각과 감정을 다루는 데 도움이 되고, ○○가 정말로 중요하게 생각하는 일을 시작하거나 더 자주 할 수 있게 해 준다면 어떨까요? 아마 지금은 ○○가 느끼는 감정(슬픔, 두려움, 걱정 등) 때문에 중요한 일을 시작하지 못했거나 자주 하지 못했을 거예요. 만약 이 일을 시작하거나 더 자주 할 수 있다면, 무엇을 하고 싶나요?

이제 사례개념화 양식을 상세히 살펴보고, 이를 사용하는 방법을 다루겠습니다. 저는 아동이 무엇을 질문하는지 확신하지 못하는 경우를 대비해 대체할 수 있는 질문을 포함해 각 질문을 던지는 방법을 제안할 것입니다. 아동이 부모가 아닌 보호자와 함께 사는 경우, 부모를 대상으로 하거나 부모에 관한 질문에서 '부모'라는 단어를 '보호자'로 바꿀 수 있습니다.

사례개념화 양식 사용 시 참고할 사항

1. 현재 겪고 있는 주요 문제나 어려움은 무엇인가요?

아이가 첫 번째 질문에 대답하지 못하거나 아주 어리다면(5~8세 정도), 다음 질문을 통해 더 구체적으로 질문할 수 있습니다.

- "○○의 엄마/아빠/보호자/의사/선생님은 왜 우리가 만나는 것이 좋겠다고 생각했을까?"
- "○○가 도움받고 싶은 일이 있니?"
- "○○의 엄마/아빠/보호자/의사/선생님은 내가 ○○에게 어떤 도움을 줄 수 있을 거라고 생각할까?"

2. 이 문제나 어려움은 언제부터 시작되었나요?

아이들은 문제나 어려움이 언제 시작되었는지 기억하기 어려울 수 있습니다. 특히 문제가 오랫동안 계속되었거나, 아주 어린 경우라면 더 그렇습니다. 이런 경우에는 "가장 최근에 ○○한테 이런 어려움이 없었던 때가 언제인지 기억나니?"라고 물어볼 수 있습니다.

더 많은 정보를 얻기 위해 아동 또는 부모에게 아이가 보이는 특정 행동에 관해 물어볼 수 있습니다. 예를 들어, 아동이 사회불안장애나 분리불안장애로 진단받은 적이 있거나, 진단받은 적은 없지만 사회적 상황에서 매우 불안해하는 것을 알고 있다면 "가장 최근에 부모님 없이 혼자 학교에 가거나, 친구 집에서 자거나, 부모님 없이 파티에 참석했던 때는 언제인가요?"라고 질문할 수 있습니다.

3. 이러한 문제나 어려움이 생길 때 어떻게 행동하나요?

이 질문을 하는 다른 방법은 "이런 일이 생길 때 ○○가 어떻게 행동하는지 볼 수 있을까?"라고 묻는 것입니다. 아이가 문제나 어려움이 자신의 행동에 어떤 영향을 미치는지 잘 모르는 경우, "내가 ○○에게 비디오카메라를 주고 하루 동안 가지고 다니게 한다고 상상해 볼까? 실제로 그럴 생각은 없지만, 그렇게 한다면 네가 하는 모든 것을 영상으로 찍어서 여기 가져와 함께 보는 거야. 이 문제나 어려움이 나타날 때, ○○가 어떻게 하는지 볼 수 있을까?"라고 말할 수 있습니다. 아이가 어떤 일이 일어나는지 설명할 수 있다면, "그다음에는 어떻게 되니?"라고 물어볼 수 있습니다(Harris, 2009에서 각색).

아동이 확신하지 못한다면, 다음과 같이 예시를 들면 명확하게 설명하는 데 도움이 될 것입니다. "만약 슬픈 기분이 드는 것이 문제라면, 집에서 슬픈 기분이 들 때마다 침실로 가거나, 학교에서 그런 기분이 들면 일찍 조퇴할 수도 있어. 슬픔이 사라질 때까지 침실에 있을 수도 있고, 시간이 좀 오래 걸릴 수도 있단다. 이렇게 하라고 제안하는 것은 아니야. 예를 들면 이런 식으로 감정이 나아질 때까지 뭔가를 하거나 어딘가로 가야 한다고 느낄 수 있다는 걸 알려 주는 거야. ○○도 이런 적이 있니?" 이런 질문을 통해 아동이 자기 관찰과 알아차림 과정(맥락으로서 자기)을 시작하고, 자기 행동과 그것이 미치는 영향을 관찰하도록 격려합니다.

ACT 사례개념화에서 이 부분에는 아동의 문제나 어려움과 관련해 부모가 어떻게 행동하는지, 항상 같은 방식으로 대응하는지, 보호자가 둘 이상인 경우 모두 같은 방식으로 대응하는지 파악하는 것이 포함됩니다.

부모가 함께 있는 경우, 부모에게 물어볼 수 있습니다.

- "자녀가 이렇게 느낄 때 부모님은 어떻게 대응하나요?"

부모가 함께 있지 않은 경우, 다음과 같이 아동에게 물어볼 수 있습니다.

- "○○가 이렇게 느낄 때 부모님은 어떻게 하나요? 부모님 모두 같은 방식으로 반응하나요?

이 정보를 얻으면 아동에게 묻지 않고도 부모 중 한 명이 실제로 그 행동을 강화하고 있는 건 아닌지, 즉 부모의 반응으로 인해 아이가 앞으로도 같은 행동을 더 자주 할 가능성이 커지는 것은 아닌지 생각해 볼 수 있습니다. 부모는 자녀의 행동에 대해 서로 다르게 반응할 수 있으며, 이는 특히 부모가 같은 집에 거주하지 않는 경우에 흔히 발생합니다. 이런 경우 아이는 부모의 서로 다른 반응에 혼란스러워할 수 있으며, 결과적으로 문제나 어려움에 어떻게 대처해야 하는지 확신하지 못할 수 있습니다.

4. 그런 행동은 주로 어디에서 시작되나요? 그 행동을 하기 바로 전에 어떤 일이 일어나나요?

이 질문의 목적은 해당 행동이 특정 환경(학교 또는 가정)에서만 발생하는지를 파악하는 것입니다. 아동에게 그 행동이 발생할 때 주로 누구와 함께 있는지(부모나 가족 구성원, 학교의 누군가 등), 그 직전에 어떤 일이 있는지(그 행동을 유발하는 상황) 물어보면 이를 통해 아이에게 ACT 전략이 가장 필요한 환경을 확인할 수 있습니다. 해당 행동이 학교에서 발생하는 경우, 아이와 부모의 동의를 얻어 아동의 선생님에게 일부 제언을 하거나, 부모가 선생님에게 권장 사항을 전달하게 할 수 있습니다. 행동이 가정에서만 발생하는 경우에는 아동을 지원하기 위해 가정에서 사용할 수 있는 전략을 부모에게 제공할 수 있습니다.

5. 그 행동을 한 직후에는 어떤 일이 일어나나요?

행동 발생 직후 무슨 일이 있었는지 확인하는 것은 중요합니다. 이를 통해 어떤 사람이나 사물이 행동을 강화하는지를 파악할 수 있습니다. 아이가 잘 모르는 경우, 그 행동을 할 때 다른 사람들이 어떻게 반응하는지 물어볼 수 있습니다. 예를 들어, 어떤 아이가 학교에서 불안감을 느껴 선생님에게 집에 가게 허락해 달라고 요청할 경우 선생님이 어떻게 반응하는지 물어보세요. 아동은 선생님이 부모님에게 연락해 데리러 오라고 할 수도 있고, 혹은 집에 보내는 대신 계속 학교에 머무르게 한다고 대답할 수도 있습니다. 그런 다음, 아이에게 학교에서 일찍 집에 가는 것을 어떻게 생각하는지 물어보세요. 아이는 학교를 벗어나면 더는 불안하지 않고 기분이 좋아진다고 답할 수 있습니다. 이런 경우 선생님과 부모의 반응은 아이의 회피 행동을 정적 강화할 수 있으며, 따라서 다음에 불안감을 느낄 때 집에 가도록 허락해 달라고 선생님에게 요청할 가능성이 더 커질 수 있습니다.

6. 이런 문제나 어려움을 겪는 것이 처음인가요? 그렇지 않다면, 이전 또는 지난번에 이런 상황을 개선하기 위해 어떤 시도를 했는지 기억할 수 있나요?

아동이 이전에 같은 문제나 어려움(우울, 슬픔 등)을 겪은 적이 있다면, 그때 어떻게 대처했는지, 그 전략들이 유용했는지 물어볼 수 있습니다(효과성/실효성 원리). 이는 아이의 이전 대처 전략이 ACT에서 사용하는 전략과 일치하는지를 알려 주며, 일치한다면 아이의 이전 전략을 함께 사용할 수 있습니다. 그러나 아이가 이전에 사용했던 전략이 ACT와 일치하지 않는다면, 아이와 부모에게 이전에 사용한 전략과 ACT가 어떻게 다른지 이론적으로 설명해 줍니다. 아이가 이 질문에 답할 수 없거나 답하기를 원하지 않을 경우, 부모에게 관련 질문을 할 수 있습니다. 만에 하나 이 질문에 대한 정보를 얻을 수 없다 해도 괜찮습니다.

7. 이 문제나 어려움 때문에 어떤 일을 하지 않거나, 누구를 만나지 않거나, 어디 가는 것을 피하고 있나요?

아동이 중요하게 여기는 일을 더는 하지 않거나, 어떤 일 또는 장소에 가는 것을 피하는 경우(학교, 여름 캠프, 파티, 할머니 집, 친구네 집 등)에도 다음과 같이 질문합니다.

- "○○는 ________(슬픔, 두려움, 걱정 등) 때문에 마음이 무언가를 하지 말라고 할 때가 있나요? 그럼에도 그 일을 그냥 한 적이 있나요?" (예: ○○가 불안함을 느끼고, 마음이 그 일을 하지 말라고 말하는데도 그냥 했던 적이 있나요?)

유용한 힌트

아동이 자신의 문제나 어려움을 묘사할 때 사용한 단어를 사용하세요. 이 연령대의 아동에게는 '우울증이 있는'이나 '불안하고 초조한'과 같은 용어를 사용하지 않습니다. 아이들이 용어의 뜻을 모를 수도 있고, 진단받지 않은 질환과 굳이 연결시킬 필요가 없기 때문입니다. 아동이 정확하게 진단받지 않았다면 주요 우울장애 및 불안장애와 같은 장애에 대한 평가가 필요할 수 있으며, 이를 위해 아동과 부모 및 교사에게 아동 연령 규준에 맞는 설문지를 제공할 수 있습니다.

위 질문에서 저는 "너의 마음이 너에게 말했을 때"라는 문구을 사용했습니다. 이는 3장에서 자세히 다룰 '내려놓기let it go' 기법입니다. 아동의 문제와 그간의 치료 과정을 파악하는 회기에서 ACT와 일치하는 언어를 사용함으로써 ACT를 소개하고, ACT를 이용한 치료가 어떤 것인지 보여 주기 시작합니다. 이는 아동과 부모가 치료자와 함께 치료를 진행할지 여부를 결정할 때 도움이 됩니다.

아동에게 마음이 무언가를 하지 말라고 했던 또 다른 기억을 물어볼 때, 당시 아동이 했을 만한 예시를 제공하면 도움이 됩니다(학교 연극 및 발표회 공연, 수업 시간에 발표하기, 공원이나 워터파크에서 대형 미끄럼틀 타기, 운동 팀에서 경기 하기 등). 때로는 아이가 기억을 떠올리기 어려울 수 있으므로 부모가 함께 있는 경우에는 아이가 슬프거나 두렵거나 걱정스러워하는 상황에서도 어떤 일을 해낸 경험이 있는지 부모에게 물어봅니다. 대부분 부모는 비교적 빠르게 자녀의 대담한 행동을 떠올릴 수 있으며, 그러면 아이도 그 행동을 기억해 냅니다. 부모는 이 활동을 묘사할 때 종종 자랑스러움과 기쁨을 보이는데, 이는 아이를 격려하고 인정하는 힘이 될 수 있습니다. 부모가 함께하지 않아 아동이 어떤 예시도 떠올리지 못한다면, 괜찮다고 말해 준 다음 나중에 생각나면 알려 달라고 합니다.

8. 이 문제나 어려움을 해결하려고 노력하느라 오히려 놓치고 있는 것이 있나요?

제가 보기에 사례개념화에서 매우 중요한 부분 중 하나는 아동에게 묻는 것입니다. 아동이 어떤 것을 중요하게 여기는지 분명히 표현하고, 자신의 대처 전략으로 인해 놓치고 있는 것을 인식할 수 있는지 확인하는 것이 중요합니다. 특히 첫 번째 회기에서 이를 파악할 수 있다면, 그 아동은 ACT에 긍정적으로 반응할 가능성이 매우 큽니다. 또한 이 질문을 하는 것은 ACT에 대한 아동의 동의buy-in을 얻는 데 도움이 됩니다. 아동이 무언가 중요한 것을 놓치고 있다고 느끼면, 치료에 참여해 다른 대처 전략을 배우고자 하는 동기가 부여될 것이기 때문입니다.

이 질문을 한 후에는 아동에게 "만약 이것(걱정 등)이 ○○에게 문제가 되지 않는다면, 지금 하지 않는 것 중에 무엇을 하고 싶니?"라고 물어볼 수 있습니다. 아동이 대답하면, "그 일이 왜 너에게 중요해?"라고 질문합니다. 특정한 상황, 장소, 또는 사건에 대해 아동이 중요하게 생각하는 것을 이야기할 때는 이를 '○○에게 중요한 것'이라고 표현하는 것이 좋습니다. 제가 주로 사용하는 방식은 아동이 언급한 내용을 다시 언급하는 것입니다. 예컨대, 아동이 부모 없이 등교하고 싶지만 무서워서 못 한다고 말하면, "부모님 없이 등교하는 건 우리 작업의 큰 부분이 될 거야"라고 말합니다. 이렇게 하는 것은 회기의 초점을 어디에 둘 것인지 아동에게 명확히 전달하는 데 도움이 되며, 아동의 참여와 동기 부여를 높이고 치료에 대한 우려나 불안을 줄이는 데도 도움이 됩니다.

또한 아동이 다시 찾아온다면, 치료자의 목표는 아이가 할 수 없다고 느끼거나 지금 당장 할 수 없다고 느끼는 일들을 할 수 있도록 돕는 것이라는 점을 알게 할 수 있습니다. 아마도 제가 아동의 생각을 바꾸기 위해 노력하거나, 기분이 나아지게 돕는 것에 대해 아무런 언급도 하지 않았다는 점을 눈치챘을 것입니다. ACT에서는 사람들의 생각 또는 감정을 바꾸거나 기분이 나아지게 하려고 노력하지 않기 때문입니다. ACT를 사용하는 목표는 아동이 부모 없이 등교하는 것에 대해 부정적인 생각과 감정이 나타나더라도 자기 생각과 감정을 받아들이고(그대로 두기), 경직된 대처 전략으로 나타나는 회피 행동을 줄이도록 돕는 것입니다.

9. 이 문제나 어려움에 대해 많이 생각하나요? 그렇다면 하루 중 얼마나 많은 시간을 이 문제를 생각하거나, 또는 회피하기 위한 행동을 하는 데 쓰나요?

아동의 경우 자신의 문제나 어려움을 생각하는 데 얼마나 많은 시간을 쓰는지 생각해 보는 것이 처음일 수 있습니다. 이 질문을 통해 아이는 실제로 그 문제에 많은 시간을 소비한다는 사실을 깨닫고(정확히 얼마만큼의 시간을 소비하는지 모르더라도), 그 문제를 회피하는 일에 시간을 많이 사용한다는 것을 알 수 있습니다. 특히 문제나 어려움이 하루 중 많은 시간을 차지하는 경우, 이 질문은 아동이 도움을 더 잘 수용하도록 도와줍니다.

10. 자신이 이 문제나 어려움에 대해 생각하거나, 그것을 회피하기 위해 다른 행동을 하는 것을 자주 느끼나요? 이 때문에 수업이나 주변에서 일어나는 일에 집중하는 데 어려움이 있나요?

아동에게 이 질문을 하면 아이가 자신의 문제나 어려움을 생각하고 있는지, 이를 회피하기 위해 하는 행동을 인식하고 있는지 알 수 있습니다. 또한 자기 생각과 감정으로 인해 주의가 산만해지는지, 아니면 현재에 머무르며 주변에서 일어나고 있는 일에 집중할 수 있는지에 대한 정보도 얻을 수 있습니다. 아이가 문제나 어려움 때문에 집중하기 어렵다고 말한다면, 어디에서(가정, 학교 등) 가장 집중하기 어려운지 물어보세요. 이는 아동의 문제를 악화시키는 상황이나 사람을 파악하는 데 도움이 될 것입니다.

11. 이 문제나 어려움을 해결하기 위해 지금까지 한 일이 도움이 된다고 생각하나요? 만약 '아니오'라고 대답한다면, "○○가 하고 있는 일이 더 많은 문제나 어려움을 만들고 있나요?" 또는 "지금 하고 있는 일 중에 도움이 되지 않는 것이 있나요?" 라고 물어봅니다.

아동에게 이 질문을 할 때는 '도움이 된다'는 것이 무엇을 의미하는지 설명해 주어야 할 수 있습니다. 예를 들어, 아이가 파티에 가는 것이 불안해서 매번 파티에 참석하지 않는다면 "파티에 가지 않고 집에 있는 것이 도움이 되니?"라고 물어보세요. 아이가 "네"라고 대답하면, "파티에 가는 것이 불안할 때 뭔가 도움이 되는 행동이 있니?"라고 물어보세요. 아동은 집에 있으면 불안을 느끼지 않기 때문에 도움이 된다고 말할지 모릅니다. 이런 경우에는 아동이 방어적으로 반응할 수 있는 만큼, 불안감을 느끼지 않기 위해 하는 행동이 훨씬 더 많은 문제나 어려움을 초래할 수 있다고 설득하지 않는 것이 좋습니다. 대신 다른 아동에 대한 가상의 예를 제시하는 것이 더 도움이 됩니다. 다른 사람에게 초점을 맞추면 좀 더 객관적으로 문제를 바라볼 수 있기 때문입니다.

다음과 같은 예시를 통해 이를 설명해 줄 수도 있습니다. **[농구 시합 회피 사례]** "농구 경기를 잘하지 못할까 봐 걱정되어 학교에 가지 않고 집에 있는 아이를 생각해 보자. 그 결과로 팀은 선수 인원이 부족해 농구 대회에 참가할 수 없게 되었어. 아이는 온종일 팀을 실망시킨 것에 슬퍼하고 죄책감을 느끼면서, 만약 학교에 갔더라면 팀이 경기에서 이기고 함께 축하 파티를 했을지도 모른다고 생각해. 무언가를 피하는 것은 이 아이가 슬퍼하거나 걱정하지 않도록 도와줄 수 있지만, 결국에는 도움이 되지 않는단다. 그렇게 행동하면 결국 중요한 것을 놓치게 되기 때문이야."

그런 다음 아동의 문제로 돌아와 파티에 가지 않을 때 놓치는 것이 있는지 물어봅니다. 아동은 파티를 연 친구를 실망시킨 것이 미안하다고 하거나, 주말에 파티를 가지 않고 월요일에 등교하면 다른 아이들이 파티에 관해 이야기할 때 슬프거나 소외감을 느낀다고 대답할 수 있습니다. 자신이 현재 하고 있는 행동이 실제로 도움이 된다고 생각하는지 물어보면, 아동이 이미 시도해 본 것이나 부모가 제안한 전략, 그리고 그들이 무용지물이라고 생각하거나 효과가 없다고 생각하는 전략에 대한 매우 유용한 정보를 얻을 수 있습니다.

11번 질문에 대한 응답을 토대로 이 시점에서 고려해야 할 몇 가지 중요한 사항이 있습니다. 먼저, 아동 및 부모가 사용하는 전략이 회피를 촉진하는 단기적인 해결책인지, 아니면 미래에도 도움이 될 만한 장기적 전략인지 확인해야 합니다. 단기적인 해결책은 아동의 즉각적인 고통을 줄이려는 시도로 볼 수 있습니다(앞의 예시에서 아이가 농구 경기를 걱정할 때 학교에 가지 않는 것을 허용하는 것입니다). 반면, 장기적인 전략은 현재와 미래에 도움을 주도록 설계된 것으로, 아동에게 추가적인 문제나 어려움을 일으키지 않습니다(아이가 농구 경기를 걱정하더라도 학교에 보내고, 교사에게 아동을 돌봐주고 격려해 달라고 요청하는 것입니다).

만약 아동이 걱정할 때마다 학교에 가지 않고 집에 머물도록 허용한다면, 이는 부모가 회피 행동의 사용을 권장하는 것이고 결국 장기적으로 도움이 되지 않습니다. 아이가 학교에 갈 경우, 대개 수업을 듣고 쉬는 시간에 친구들과 즐거운 시간을 보내는 동안 걱정이 가라앉습니다. 그러나 아이가 집에 있도록 허용하면 이러한 측면을 고려하지 못할 수 있습니다. 집에 머무르게 하면 아이가 걱정하는 것을 당장 막을 수는 있지만, 회피적이고 경직된 대처 행동을 강화할 수 있습니다.

유용한 힌트

사례개념화를 발전시키는 이 시점에서, 아동의 행동과 부모 행동 기능을 고려하는 것이 좋습니다.

자칫 부모가 권장하는 행동이 아동을 중요한 것에 다가가게 하기보다 멀어지게 하는 결과를 초래할 수 있습니다. 대처하기 어려운 생각과 감정으로부터 아이를 보호하려다가 이렇게 행동하는 것입니다. 특히 부모가 정신 건강 문제로 어려움을 겪은 이력이 있는 경우에는 특정한 생각, 감정, 기억, 신체적 감각, 욕구 또는 행동을 경험하는 것이 아동에게 해로울 것이라는 두려움으로 인해 이처럼 행동할 수 있습니다.

12. 지금 하고 있는 일이 잘되고 있다고(효과적이라고) 생각하나요?

이 질문은 11번 질문의 두 번째 부분과 다소 유사하지만 약간의 차이가 있습니다. 아이에게 어떤 것이 도움이 되고 어떤 것이 도움이 되지 않는지 들었으니, 이제 아동이 지금까지 해 온 일들이 오히려 상황을 더 나쁘게 만들지도 모른다는 것, 즉 문제나 대처하기 힘든 어려움을 관리하기 위해 하는 행동으로 인해 기분이 더 나빠지거나 상황이 더 악화될 수 있다는 점을 설명해야 합니다. 이 질문을 하면 아동이 얼마나 기꺼이 새로운 아이디어를 받아들이고 문제나 어려움을 관리하기 위해 새로운 기술을 시도할지에 대한 통찰력을 얻을 수 있습니다. 만약 지금까지 시도한 어떤 것도 효과가 없고 전혀 도움이 되지 않았다고 분명히 표현한다면, ACT를 시도하는 데 매우 수용적이고 동기가 높아져 회기에 적극적으로 참여할 가능성이 크다는 신호입니다.

아동이 시도해 본 전략이 자신에게 효과적이지 않다는 것을 알게 되면, 저는 이제부터 듣게 될 아이디어는 그동안 시도한 것과 매우 다르며 정반대일 수도 있다고 말해 줍니다. 아동은 또한 부모가 추천한 것은 무엇인지, 그 제안을 시도해 보았는지, 시도했다면 그 제안이 효과적이고 도움이 되었는지에 관해서도 이야기할 수 있습니다.

아이가 ACT와 일치하지 않는 전략을 언급하거나(예를 들어, 부모가 아이에게 잠들기 전에 행복한 생각을 하거나 걱정되는 일을 생각하지 말라고 가르친 경우), 그 전략이 도움이 되지 않는다고 언급하면 저는 "마음이 무언가를 생각하거나 생각하지 못하게 하는 일은 정말 어려워. 나도 정말 어려워"와 같이 말합니다. 이렇게 하는 이유는 아동에게 ACT를 부드럽게 소개하기 위함입니다. 또한 (적절한 경우) 아동의 부모에게 피드백을 제공할 때 어떤 전략을 권장하고 어떤 전략을 권장하지 않는지 명확히 전달할 수 있도록 ACT와 일치하지 않는 전략의 예시를 메모해 둡니다. 또한 부모가 화를 내거나 불쾌하게 느끼지 않도록 특정 전략을 추천하는 이유에 대한 부드러운 설명도 덧붙입니다.

13. 마법 지팡이가 있다고 상상해 보세요. 사실 마법 지팡이는 존재하지 않지만, 그냥 있다고 상상해 볼게요. 이 마법 지팡이가 ○○의 생각과 감정을 다루는 데 도움이 되고, ○○가 정말로 중요하게 생각하는 일을 시작하거나 더 자주 할 수 있게 해 준다면 어떨까요? 아마 지금 ○○가 느끼는 감정(슬픔, 두려움, 걱정 등) 때문에 중요한 일을 시작하지 못하거나 자주 하지 못할 거예요. 만약 이 일을 시작하거나 더 자주 할 수 있다면, 무엇을 하고 싶나요?

이는 De Shazer(1988)의 질문을 각색한 것으로, 제가 가장 좋아하는 사례개념화 부분입니다. 아동으로부터 매우 중요한 정보를 얻을 수 있는 질문이기 때문입니다.

아동이 만약 대답하지 못하는 경우, 다음과 같이 질문할 수 있습니다.

- "내가 도움을 줄 수 있고, 상황이 개선된다면 어떤 것이 달라질까?"
- "우리가 몇 번 만나고 내가 ○○를 도와줘서 상황이 좋아진다면, ○○가 도저히 할 수 없거나 지금 당장 할 수 없다고 느끼는 것 중에서 무엇을 시작하거나 더 할 수 있을까?"

여기서 '기분이 좋아진다feeling better' 대신 '개선된다improved'라는 표현을 사용한 것에 주목하십시오. ACT를 사용할 때는 '더 좋은 느낌'을 갖도록 돕지 않습니다. 내담자가 어떻게 느끼든지 그들이 중요하게 생각하는 일을 시작하도록 도와줍니다.

위 질문을 한 후에도 아동이 여전히 이해하지 못한다면 다음과 같은 몇 가지 예시를 들 수 있습니다.

- 틀린 답을 말할까 봐 걱정되더라도 수업 시간에 손을 들고 대답하기
- 파티에 있는 사람들을 다 알지 못하거나 좋은 시간을 보내지 못할까 봐 걱정되더라도 파티에 참석하기
- 작년 휴가에 대해 좋지 않은 기억이 있더라도 가족과 함께 휴가 가기
- 연기를 잘하지 못할 것 같은 생각이 들어도 연극에 도전하기

> 이처럼 구체적인 예시를 들면 아이들은 대체로 치료자가 말하는 바를 이해하고, 지금 하고 있지는 않지만 하고 싶은 일을 생각해 낼 수 있습니다. 또 다른 효과적인 방법은 아이가 존경하는 동갑내기를 생각해 보도록 유도하는 것입니다. 그런 다음 그 친구가 하는 일 중에서 해 보고 싶은 것과 그 이유를 생각하게 하고, 이 생각을 치료자에게 공유하고 싶은지 물어봅니다.

이제 아동 사례개념화 과정에서 아이로부터 받은 정보에 대응하는 방식을 살펴보겠습니다.

도움이 되는 치료자 대응

사례개념화 양식에서 알 수 있듯이, 치료자는 아동에게 중요한 것이 무엇인지 물어봅니다. 이는 ACT Kidflex의 여섯 가지 과정 중 하나인 중요한 것 선택하기(가치 선택)입니다. 저의 경우 아동이나 부모가 아동이 과거에 중요하게 여겼던 일에 관해 이야기하면, 크게 호응하며 "정말 대단해요! 그렇게 불안한데도 어떻게 그 일을 할 수 있었나요?" 또는 "와, 정말 멋져요. 나라면 겁이 나서 못 했을 거예요!" 등의 말을 합니다.

치료자는 아동이 자기가 했던 활동에 관해 직접 이야기하게 하는 것이 좋습니다. 그런 다음, 활동을 마치고 나서 무엇을 느꼈는지, 마음이 할 수 없다고 말하는데도 왜 그 활동을 했는지 물어보세요. 이렇게 하면 아동과 부모에게 ACT Kidflex의 그대로 두기let it be(수용)와 중요한 것 하기do what matters(전념행동) 과정을 소개할 수 있습니다. 치료자는 아이가 얼마나 긴장하고 걱정했는지, 얼마나 큰일을 해냈는지 이해한다는 것을 생동감 있는 반응과 놀라움을 표현함으로써 보여 줄 수 있습니다.

아동과 함께 작업할 때 수행하는 치료 작업 방식의 예를 들어 보겠습니다. **[놀이기구 두려움 회피 마음과 시도 격려 사례]** 예를 들어, 아동이 워터파크나 놀이공원과 같은 장소에 가 본 적이 있다고 하면 그곳에 관해 이야기하도록 허락을 구한 다음 휴대폰으로 해당 장소를 검색해 봅니다. 사진을 아동과 부모에게 보여 주며, 그 장소가 맞는지 물어봅니다. 이렇게 하면 소통이 한결 원활해집니다. 그런 다음 다시 한번 크게 반응합니다. "와, 정말 대단하다. 바이킹 사진만 봐도 몸에서 긴장이 느껴지는 걸(ACT Kidflex의 여기 머무르기 과정 소개). 내 마음은 나는 도저히 저걸 탈 수 없다고 말하는데(ACT Kidflex의 내려놓기 과정 소개), ○○는 직접 타 봤구나!" 이때 치료자는 '배 속의 나비', '내 머릿속의 지우개'[05]와 같은 표현을 사용하지 않도록 노력해야 합니다. 왜냐하면 자폐아와 같은 일부 아이는 이를 문자 그대로 해석해 정말로 배 속에 나비가 있거나, 머릿속에 지우개가 있거나, 나비나 지우개가 몸 안으로 들어온다고 생각해 걱정할 수 있기 때문입니다.

그다음에는 아동에게 "정말 무서웠을 텐데 어떻게 그냥 돌아서지 않고 바이킹을 탈 수 있었니?"와 같은 질문을 할 수 있습니다. 아이가 자신에게 중요했던 것이 무엇인지 말하면(중요한 것 선택하기), 저는 속으로 '좋아!'라고 외치며 아이가 느끼는 두려움이 바이킹 타는 것을 막지 못하게 했다고 생각합니다(중요한 것 하기). 이것이 ACT입니다!

아동이 자신이 했던 활동에 관해 이야기한 후에는 "지금 겪고 있는 문제나 어려움은 놀이공원에서 바이킹을 탔을 때와 왜 다를까?"라고 질문하며 그 활동을 지금의 문제나 어려움으로 다시 연결합니다. 이때 논쟁이나 설득을 시도하지 않고, 아이의 말에 그저 귀를 기울이는 것이 중요합니다. ACT를 사용할 때는 상대방이 잘못되었다고 말하거나, 치료자가 다른 사람보다 더 잘 안다며 설득하려고 하지 않습니다. 저는 아동이 루이스 헤이즈가 말하는 '아하'의 순간을 경험하길 원합니다(Hayes, 2011). 그리고 자신이 회피하는 문제가 실제로는 놀이공원의 바이킹처럼 무엇이 중요한지 찾아내기만 하면(중요한 것 선택하기) 얼마든지 할 수 있는 일이라는 것을 깨닫기를 바랍니다.

치료자는 아동이 생각해 낸 경험(바이킹 타기 등)이 우리의 공동 작업을 이끌어 가는 데 도움이 될 것이라고 알려 줍니다. 그리고 아동과 부모가 다시 상담하러 온다면(이는 아동에게 상담을 계속할지 선택할 수 있다는 것을 알게 해 줍니다), 치료자의 목표는 아이가 지금 당장 할 수 없다고 느끼는 것(아동이 느끼는 문제나 어려움)을 도와서 긴장/두려움/걱정/슬픔(아동이 문제나 어려움에 대해 사용하는 표현 사용) 때문에 할 수 없다고 마음이 말하더라도 자신에게 중요한 일을 하게 하는 것(중요한 것 하기)이라고 설명해 줍니다.

05 '배 속의 나비(butterfly in my stomach)'는 가슴이 두근거리거나 긴장된다는 뜻의 관용어구이다. 이 외에도 '김칫국 마신다', '목 빠지게 기다린다'와 같이 자폐스펙트럼 아동에게 사용을 주의해야 할 관용 어구들이 있다(역자 주).

아동을 이해하고 사례개념화를 공식화할 때, 이를 완료하기 전에 다음 사항을 이해했는지 확인하는 것이 중요합니다.

- 아동에게 중요한 것은 무엇인가?
- 특별한 문제나 어려움은 무엇인가?
- 아동이 문제나 어려움에 대처하는 방식이 자신이 중요하게 생각하는 것을 하지 못하게 막고 있는가? 그렇다면 그 이유는 무엇인가?

이를 통해 아동이 대처 전략으로 인해 놓치고 있는 것이 무엇인지 식별할 수 있습니다. ACT에서는 특정 문제(불안 등)를 가지고 있다고 해서 그 자체가 문제 되는 것이 아니며, 그 문제에 대해 사용하는 전략의 대가cost를 살펴본다는 점을 명심해야 합니다. 이는 아동의 대처 전략이 그들에게 미치는 영향을 의미합니다.

유용한 힌트

아동이 사용하는 전략이 도움이 되는지, 또는 어떤 것을 놓치게 만드는지 질문하는 것이 중요합니다. 이러한 정보를 얻으면 아동에게 직접 묻지 않고도 아이가 사용하는 전략이 ACT Kidflex의 전반적인 목표인 '유연한 나'와 일치하는지 생각해 볼 수 있습니다.

사례개념화를 통해 얻은 소중한 정보를 바탕으로 이제는 아동이 문제나 어려움을 관리하기 위해 사용해 온 방법이 실제로 효과적인지 아닌지를 고려해야 합니다. 이를 통해 다음에 설명할 **창조적 절망감**의 개념에 대해 알아보고자 합니다.

창조적 절망감

창조적 절망감creative hopelessness은 ACT Hexaflex나 ACT Kidflex의 과정이 아니라, 문제나 어려움을 통제하거나 회피하기 위해 지금까지 했던 방법이 효과적이지 않는다는 것을 아동이 인식하는 것입니다. 이는 아동이 절망적이라거나 그들의 문제와 어려움이 절망적이어서 해결될 수 없음을 의미하는 것이 아닙니다. 창조적 절망감 메타포 작업의 목적은 효과적이지 않은 전략을 시도하는 것을 멈추고(Hayes et al., 1999), 중요한 것을 선택하고 일관성 있게 행동하기 위해 열린 마음으로 기꺼이 새로운 것을 배우고 시도하게 하는 것입니다.

아동이 자기 경험을 평가하고 감정을 변화시키려는 노력이 효과적이지 않았을 수 있다는 점을 생각해 내도록 돕기 위해, 다음과 같이 질문할 수 있습니다(Hayes et al., 1999).

- "○○는 무엇을 원하나요? 또는 어떻게 바뀌었으면 좋겠어요?"
- "이 문제나 어려움을 관리하거나 해결하려고 무엇을 시도해 보았나요?"
- "무슨 일이 일어났나요? 시도한 것이 도움이 되었나요?"

사례개념화 과정을 통해 아동은 감정을 통제하려고 노력하는 것이 효과적이지 않거나 도움되지 않는다는 것을 인정하고, 그로 인해 어떤 것을 놓치고 있는지 깨닫게 됩니다. 이 경우 창조적 절망감이 발생한 상태이므로 이를 주의 깊게 기록해 둡니다. 다만 아이가 시도한 것이 효과 없다는 사실을 인정하고 있는 만큼 창조적 절망감을 더 발달시키기 위해 다른 어떤 것을 할 필요는 없습니다.

창조적인 절망감이 발달하지 않았고, 아동이 감정을 통제하려고 노력하거나 문제 및 어려움을 회피하려는 노력이 효과적이라고 느낄 때는 메타포를 사용해 이해시킬 수 있습니다. 저는 아동과 함께 메타포를 사용할 때 성인을 위해 개발된 전통적인 ACT 메타포를 사용하는 대신 제가 직접 메타포를 만들어 사용하는 것을 선호합니다. ACT를 배우기 시작했을 때는 아이들과 함께 전통적인 ACT 메타포를 사용했지만, 아이들이 그 개념을 이해하지 못한다는 것을 곧바로 깨달았습니다. 그 개념이 너무 추상적이고, 아동이 쉽게 이해하고 공감할 수 있는 예시가 아니었기 때문입니다.

유용한 힌트

아동에게 사용하는 메타포는 매우 단순하고 실용적이어야 하며, 아이들이 쉽게 상상할 수 있는 시나리오여야 합니다.

다음은 아동과 함께 사용하기 위해 개발한 메타포 예시입니다(Black, 2022).

[메타포] 영화 관람 중 화장실에 가고 싶을 때

○○가 영화관에서 재미있는 영화를 보고 있다고 상상해 보세요. 집중해서 보고, 듣고, 즐기고 있는데 갑자기 화장실에 가고 싶어집니다! 화장실이 건물 반대편에 있어서 다녀오려면 시간이 오래 걸리기 때문에 지금 자리에서 일어나면 영화를 놓치게 됩니다. 영화 내용을 놓치기 싫어서 영화가 끝날 때까지 참기로 합니다. 화장실에 가야 한다는 생각을 최대한 버리려고 애쓰며 영화에 집중하고, 화장실에 가고 싶은 느낌을 무시하려고 노력합니다.

그러다가 생각하기 시작합니다. 영화관에서 재빨리 빠져나와 사람들이 줄을 서지 않은 화장실로 달려간 다음, 빨리 일을 보고 다시 자리로 돌아오는 것을 머릿속에 그려 봅니다. 그러나 어둠 속에서 자리 찾기가 어려울 수 있습니다! 화장실에 가야 한다는 생각을 도무지 멈출 수 없고, 무시하면 할수록 화장실에 더 가고 싶어집니다. 영화 중간에 나가 버리면, 멋진 장면을 놓칠 수 있고, 돌아왔을 때 이야기가 어떻게 진행되는지 모를 수도 있습니다. 안타깝게도 이 문제를 어떻게 해결할지 생각하는 동안 이미 영화 내용을 놓치고 있습니다. 영화를 보는 대신 화장실에 가고 싶은 문제를 해결하는 데 집중하고 있기 때문입니다. 화장실에 가야 한다는 생각을 하지 않으려고 애쓰는 대신, 그냥 화장실에 가야 한다는 사실을 알아차리는 것만 해 보면 어떨까요? 때로는 무언가에 대해 생각하지 않으려고 할수록 그것을 더 생각하게 됩니다. 어쩌면 생각을 다루는 우리의 다른 방식이 더 도움이 될 수 있는데, 때때로 이것은 ○○의 마음이 시키는 것과 반대되는 행동일 수도 있습니다.

유용한 힌트

영화 관람 중에 화장실에 가야 하는 상황에 대한 비유는 집에서 영화를 볼 때도 적용할 수 있는데, 그런 경우에는 영화를 녹화하거나 멈출 수 없다고 말해 주어야 합니다. 그렇지 않으면 영화 내용을 놓치지 않도록 영화를 녹화하거나 잠시 멈추고 화장실에 다녀오겠다고 말할 가능성이 큽니다.

사례개념화 과정을 완료하고 아동의 문제 또는 어려움의 배경을 이해한 후(필요한 경우 추가 질문을 하거나 임상 면담을 시행할 수도 있음), 치료자는 아동 및 부모에게 ACT를 소개합니다. 저는 사례개념화 과정 후 아동에게 ACT를 사용해 어떻게 도울 것인지 정보를 제공합니다. 이를 위해 사례개념화 과정을 통해 파악한 몇 가지 가능한 목표를 포함해 회기에서 무엇에 중점을 둘 것인지 구체적인 예시를 제시합니다. 이제 아이들에게 ACT를 어떻게 소개할지 살펴보겠습니다.

아동에게 ACT 소개하기

첫 번째 회기에서 사례개념화를 완료한 후 치료를 시작할 수 있습니다. 혹은 아동이 오랫동안 문제 또는 어려움을 겪었기 때문에 사례개념화를 상당히 상세하게 진행하느라 첫 회기 대부분을 사용할 수도 있습니다. 이런 경우에는 두 번째 회기까지 기다려야 치료를 시작할 수 있습니다. 그러나 치료를 첫 번째 회기에서 시작하든 두 번째 회기에서 시작하든 상관없이 저는 첫 번째 회기에서 ACT를 소개합니다.

다음은 제가 아동 및 보호자에게 ACT를 소개하는 방법입니다. 이를 자유롭게 변경하거나 응용해 사용해 보세요.

대화 예시

아이들의 문제나 어려움을 해결하기 위해 저는 수용전념치료를 사용하는데, 줄여서 ACT라고 부릅니다. ACT는 감정과 생각을 받아들이고, 중요한 것을 선택하며, 그러한 것을 향해 나아가기 위해 행동하는 것을 의미합니다. 다시 저를 찾아온다면, 대화만 하기보다는 회기 중에 몇 가지 연습을 하면서 ○○가 겪고 있는 일에 대처하는 새로운 방법을 가르쳐드릴 것입니다. 연습에 참여할지 말지는 ○○가 선택할 수 있습니다. 참여를 강요하지 않을 것이며, 참여하길 원한다면 저도 함께 참여할 것입니다. 예를 들어, ○○가 원한다면 함께 그림을 그리거나 색칠을 할 수도 있습니다.

제가 알려드릴 내용 중 일부는 ○○가 다른 사람들에게서 들은 것과 매우 다를 수도 있습니다! 저는 ○○가 생각하는 방식을 바꾸려 하지 않을 것이며, 부정적인 생각을 긍정적인 생각으로 바꾸자고 제안하지도 않을 것입니다. (만약 다른 전문가로부터 인지행동치료[CBT]를 받았다는 사실을 알고 있다면, 먼저 ACT와 CBT의 차이를 설명한 후 말합니다.) 또한 ○○의 마음이 왜 특정한 생각을 떠올리는지 저를 설득하도록 요구하지도 않을 것입니다('당신의 마음이 떠오르게 한다'라는 표현을 사용해 '내려놓기 과정'을 소개합니다). 제가 중점적으로 다루게 될 한 가지는 ○○가 중단했거나 할 수 없는 것 중 일부를 할 수 있도록 돕는 것이며, 그렇게 함으로써 ○○가 중요한 것을 놓치지 않도록 도와주는 것입니다('중요한 것 하기 과정' 소개). 이런 과정이 어떻게 들리나요? 궁금한 점이 있다면 무엇이든 물어보세요.

유용한 힌트

아이들은 치료자가 정말 도와줄 수 있는지 빨리 확인하고 싶어합니다. 그렇지 않으면 다시 찾아오기를 꺼릴 수 있습니다. 따라서 정보만 파악하고 다음 회기에서 전략을 논의하겠다고 말하는 것보다, 시간이 제한되어 있더라도 첫 회기에서 몇 가지 전략을 간단하게라도 제공하는 것이 좋습니다.

제가 참석했던 2015년 워크숍에서 커크 스트로살Kirk Strosahl은 "가장 큰 치료적 변화는 첫 번째와 두 번째 회기 사이에 발생합니다"라고 말했습니다. 첫 번째 회기에서 ACT를 소개함으로써, 아동과 부모는 ACT를 사용하는 회기의 모습이 어떨지 아이디어를 얻게 됩니다. 이는 그들이 다시 치료자를 만나러 올 것인지 결정하는 데 도움이 되며, 치료자는 그들에게 즉시 사용할 수 있는 유용한 기술을 제공할 수 있습니다.

다음으로 아동에게 ACT를 소개할 때와 회기 전반에 걸쳐 고려해야 할 몇 가지 사항을 살펴보겠습니다.

안전한 것에 대해 말하는 것 강조하기

저는 부모와 아동에게 중요한 것(가치)을 선택하고, 불편한 생각과 감정 때문에 중요한 것을 회피하지 말라고 말할 때마다 제가 항상 안전한 것에 관해서만 말한다는 점을 강조합니다. 치료실 밖에서 마음이 위험한 어떤 일을 하지 말라고 말할 때, 치료자가 마음의 말을 경청하지 말라고 한 것으로 오해하지 않도록 안전한 것에 대한 구체적인 예시를 제시합니다. 헬멧 없이 자전거를 타거나, 번지점프를 하거나, 건널목이 아닌 곳으로 길을 건너는 것과 같은 위험한 행동에 대해 말하는 것이 아니라고 언급합니다. 그 대신 학교 육상부에 가입하거나, 부모님과 함께 새로운 식당에 가서 피자를 먹는 것과 같이 안전한 일에 관해서만 이야기한다고 덧붙입니다.

마음의 역할은 우리를 보호하고 안전하게 유지하려는 것이라는 점을 아동에게 설명하는 것은 유용합니다. 다음과 같이 말해 보세요. "때때로 우리 마음은 이 일을 정말 정말 잘 해내요. 친구들과 선생님 앞에서 발표하기 위해 서 있는 것이 정말 무섭게 느껴질 수 있지만(저는 저 또한 이런 일로 불안해한다는 사실을 밝힙니다)(라포를 위한 치료자 개방), 선생님과 학급 앞에서 발표하는 것은 사실 위험한 활동이 아니에요."

아동이 자신만의 슈퍼히어로가 되게 하기

첫 번째 회기를 마치고 아동으로부터 문제나 어려움 그리고 그것이 미친 영향에 관해 이야기를 듣고 나면, 저는 종종 마음이 아이의 목에 두른 목도리의 한쪽 끝을 잡고 큰 소리로 "이렇게 해, 저렇게 하지 마! 이쪽으로 가, 저쪽으로 가지 마!"라고 지시하는 모습이 떠오릅니다.

이런 경우 때때로 제가 느낀 바를 아동에게 말하면서, 틀린 부분이 있다면 바로잡아 달라고 요청합니다. 또한 아이가 자신의 마음을 정말 잘 알고 있다고 덧붙입니다. 실제로 아이들은 누구보다도 자기 마음을 잘 압니다. 왜냐하면 아주 오랫동안 매일 자신의 마음과 함께 살아왔기 때문입니다! 제가 느낀 바를 이야기하면, 아이들은 종종 "와, 어떻게 그걸 알았어요? 그게 정확해요!"라고 말하곤 합니다. 저는 아이들이 이러한 힘을 조금 되찾아 스스로 어떤 일을 하고 어떤 일을 하지 않을지, 어디로 가고 어디로 가지 않을지 선택할 수 있도록 도와주는 자신만의 슈퍼히어로가 될 수 있도록 돕고 싶다고 덧붙입니다. 대부분 아동은 이 아이디어에 상당히 만족해하며 (이런 아이디어에 종종 놀라거나 흥분하기도 합니다) "그렇게 된다면 정말 좋을 것 같아요" 또는 "네, 제발 그러길요"라고 말합니다. 이러한 모습은 종종 부모에게도 호소력이 있으며, 부모는 아이에게 다가가 이를 인정해 줄 수도 있습니다.

유용한 힌트

아동에게 마음이 말하는 것에 귀를 기울이지 않아야 하는 경우와 마음이 시키는 대로 행동하면 안 되는 경우를 생각하게 하거나 치료자만의 예시를 제시함으로써 아이들이 자신만의 슈퍼히어로가 되도록 도울 수 있습니다.

아동에게 마음의 말을 항상 들을 필요는 없다는 것을 가르칠 때는 그들이 공감할 수 있는 단순하고 일상적인 예시(배가 고플 때 수업에서 나와 점심을 먹으러 나가야 한다는 마음의 소리, 또는 수업 시간에 운동장에 나가 농구를 해야 한다는 마음의 소리 등)를 제시하는 것이 효과적입니다.

아이에게 "마음이 하는 말을 듣고 그대로 행동하면 어떻게 될까?"라고 물어보세요. "만약 내가 오후에 치료 약속이 있는데 마음이 피곤하다고 말해서 집으로 돌아가 소파에 앉아 TV를 보며 쉰다면, 그 후에 내 치료실에 오는 아이들은 어떻게 될까?"라고 물어볼 수도 있습니다.

이는 아동과 즐거운 시간을 보낼 수 있는 기회이며, 종종 아이들은 함께 생각해 낸 몇 가지 예시에 웃을 수 있으므로 이는 ACT를 아이들에게 소개하는 좋은 방법입니다.

유용한 힌트

치료 과정에서 재미를 느끼면 아이들은 그것을 더 잘 기억합니다. 진지한 분위기보다는 재미있는 분위기에서 함께 즐거운 시간을 보내세요!

치료는 자발적인 것임을 전달하기

치료자가 보기에 도움이 되지 않지만(특히 회피처럼 ACT와 일치하지 않는 행동) 아동이 자신에게 도움이 된다고 생각하는 행동을 한다면, 설득하거나 납득시키려고 하지 않기를 권합니다. 아동은 자신이 절대적으로 괜찮고 도움이 필요하지 않다고 느낄 수 있습니다(특히 부모가 아이의 동의 없이 약속을 잡은 경우). 아동의 참여를 유도하기 위해 노력했음에도 불구하고 아이가 다시 방문하고 싶어 하지 않는다면, 아이와 부모에게 상담을 계속할지 시간을 갖고 고려해 보라고 제안할 수 있습니다. 이렇게 하면 아동은 자신의 의견이 존중받고 있으며, 상담에 대한 선택권을 갖고 있다는 사실을 알 수 있습니다. 제 경험상, 이는 향후 회기에 대한 아동의 참여도를 높이는 데 상당한 도움이 됩니다. 첫 회기 이후 상담받기를 꺼리는 아동을 몇 명 보았는데, 저는 그들이 돌아오지 않을 것이라고 확신했음에도 몇 주 후에 돌아와 도움받기를 바라며 기꺼이 회기에 참여했습니다.

그러나 때로는 부모가 아이의 결정을 기다리지 않고 그냥 다음 회기를 예약하고자 하기도 합니다. 이런 경우, 아이와 비슷한 어려움을 겪는 아이들을 많이 도와주었고, 이 아이 역시 정말 도와주고 싶다고 말할 수 있습니다. 그런 다음 아이와 한 번 더 회기를 진행해 보고 어떻게 되는지 보자고 제안할 수 있습니다. 이때 아이가 동의하는 경우도 있습니다. 그러나 아이가 여전히 상담을 원하지 않으면, 아이에게 좀 더 생각할 시간을 주라고 부모에게 권합니다. 만약 아동이 오지 않기로 결정해도, 나중에 다시 치료받고 싶을 때 언제든지 기꺼이 상담을 진행해 줄 것이라고 알려 주는 것이 좋습니다. 아이가 나중에 다시 상담받고자 할 때, 치료자가 자신을 돕고 싶어 하지 않을 거라고 생각할 수 있기 때문입니다.

아이와 부모가 며칠 동안 고민해 보기로 하더라도 당황하지 마세요! 마지막으로 몇 가지 사항을 살펴보겠습니다.

- 아동과 부모에게 ACT가 얼마나 훌륭한지 설득하려고 하지 마세요. 우리는 ACT를 판매하려는 것이 아닙니다!
- 치료자의 역할은 아동에게 그들의 대처 전략이 잘못되었다거나 도움이 필요하

다고 말하거나 설득하는 것이 아닙니다.

- "오늘 만나서 정말 반가웠습니다. 다시 만나지 못하더라도 모든 일이 잘되고, 항상 좋은 일이 함께하기를 바랍니다"와 같이 말하세요.

마무리

아동과 첫 번째 회기를 마쳤으며, 아동의 부모도 치료실에서 회기의 일부 또는 전체에 참여했을 것입니다. 치료자는 문제나 어려움에 대한 사례개념화를 통해 그들의 문제 이력을 파악했을 것입니다. 특정 장애에 대한 임상 면접을 진행했거나, 두 번째 회기를 시작할 때 수행할 계획을 세웠을 수도 있습니다. 문제나 어려움이 아동에게 미치는 영향, 아동이 놓치고 있는 것, 대처 전략, 아동에게 중요한 것, 그리고 과거에 아동에게 정말 중요했던 행동 등에 관한 정보는 다음 회기를 계획하는 데 매우 중요합니다. 특히, 이 모든 정보를 사용해 ACT Kidflex의 어떤 과정 또는 어떤 절차로 치료를 시작할지 결정하게 됩니다. 다음 장에서는 아동과 함께 치료를 시작하는 방법을 살펴봅니다. 두 번째 회기에서 다룰 중요한 사항(사전 동의, 자발적 참여 및 치료자의 자기-개방 등)을 다루며, '그대로 두기'와 '내려놓기'를 시작으로 ACT Kidflex의 과정을 안내할 것입니다.

3장

'그대로 두기'와 '내려놓기'

아동 및 부모와의 첫 회기에서 사례개념화를 통해 문제나 어려움에 대한 이력을 파악하고 ACT를 소개했습니다. 이를 통해 문제나 어려움이 아동에게 언제 어디서 나타나는지, 문제에 대처하기 위해 아동이 사용한 전략, 부모나 보호자가 제안한 전략, 그리고 아동에게 도움이 되는 것과 도움이 되지 않는 것이 무엇인지 알게 되었습니다. 이제 두 번째 회기를 시작할 차례입니다. 이 장에서는 아동과의 작업에서 중요한 문제를 다룰 것입니다. 그런 다음 ACT Kidflex 과정인 '그대로 두기let it be'[06]와 '내려놓기let it go'[07]로 치료를 시작하는 방법을 살펴보고, 아동과 함께 작업할 때 선택할 수 있는 다양한 연습을 소개하겠습니다. 또한 부모를 위한 권고 사항을 포함해 자세한 사례를 살펴보겠습니다.

06 저자는 ACT 심리적 유연성의 여섯 가지 요인 중 하나인 수용(acceptance)을 아동·청소년에게 맞는 쉬운 단어로 개념화해 '그대로 두기'라고 사용한다. 수용의 같은 의미를 지니는 다른 표현으로 받아들임, 방어 없이 사적 경험에 온전히 접촉하기, 기꺼이 경험하기 등이 있다(역자 주).

07 저자는 ACT 심리적 유연성의 여섯 가지 요인 중 하나인 탈융합(defusion)을 쉬운 표현인 '내려놓기'로 사용한다. 내려놓기나 탈융합은 거리를 두고 생각을 바라보는 인지적 유연성을 의미한다. 수용을 방해하는 사적 경험에 대한 평가에서 벗어남, 문자적 의미에서 벗어나 생각을 생각으로 보기 등을 의미한다(역자 주).

이 회기에서 다루어야 할 중요한 사항

이 회기의 주요 내용을 살펴보기 전에 두 가지 필수적인 주제인 '사례개념화에 누락된 필요 정보 여부'와 '자발적 참여 문제'를 다루고자 합니다.

저는 보통 첫 번째 회기에서 ACT 사례개념화를 통해 Kidflex의 어떤 과정을 먼저 다루어야 할지 상당히 명확한 그림을 얻습니다. 그러나 때로는 첫 번째 회기 이후 사례개념화를 검토할 때 명확하지 않았던 부분에 대한 몇 가지 질문이 남기도 합니다. 이럴 때는 확실하지 않거나 물어보지 않은 사항을 메모해 두었다가, 두 번째 회기를 시작할 때 아동에게 지난번 만났을 때 아이가 말한 내용을 생각해 보았고 더 알고 싶은 정보가 몇 가지 있다고 말합니다. 때로는 아이의 대답에 따라 어떤 과정으로 치료를 시작할지 달라질 수 있기 때문에 Kidflex를 진행하기 전에 항상 이러한 질문을 합니다.

매 연습을 소개할 때는 어떤 내용이 포함되어 있는지 아동에게 먼저 알려 주고, 그들의 참여 여부는 완전히 자발적이며, 아동은 참여하는 것에 반드시 동의할 필요가 없으며, 그들의 동의 없이는 진행하지 않을 것이라고 알려 주는 것이 좋습니다. 또한 아동에게 그들이 하는 모든 연습에 치료자가 함께 참여할 것이라고 말할 수 있습니다. 이는 '아동에게' 하는 치료가 아닌 '아동과 함께 하는' 치료라는 ACT 정신에 매우 부합합니다.

유용한 힌트

제 경험에 따르면, 아이들은 치료자가 함께 참여한다는 것을 알면 연습에 참여할 가능성이 더 큽니다.

ACT Kidflex는 어디서부터 시작하는가?

모든 아이는 고유한 존재이기 때문에 저는 항상 Kidflex의 같은 지점에서 시작하지 않고, 가장 우선순위가 높아 보이는 과정부터 시작합니다. 이는 사례개념화 양식을 통해 증가 또는 개선이 필요한 것으로 확인된 내용을 기반으로 합니다. 예를 들어, 아동이 "이런 기분을 참을 수 없어요. 그냥 사라졌으면 좋겠어요"라고 말한다면, '그대로 두기'로 치료를 시작합니다. 아동이 "왜 이런 일이 나에게 계속 일어나는지 알아내려고 하는데, 왜 그런지 모르겠어요"라고 말한다면 '내려놓기'로 시작하는 것을 고려합니다.

각 과정에서 이 아동과 왜 이 과정을 다루어야 하는지, 그리고 어떤 기술을 가르치고 싶은지 스스로 질문해 보세요. 이 질문에 대답하기 어렵다면, 그 과정에서 아동이 이 기술을 향상시키지 않아도 되는 이유를 자문해 보세요. 이런 식으로 특정 과정을 아동에게 가르칠 필요가 없는 이유를 스스로 설득하는 것이 치료자의 과제입니다. 이를 통해 ACT Kidflex의 모든 과정을 다루어야 하는지, 아니면 Kidflex의 일부이기 때문에 다루어야 한다고 생각해서 포함시키려는 것인지 파악할 수 있습니다.

유용한 힌트

함께 작업하는 아동과 ACT Kidflex의 모든 과정을 다룰 필요는 없습니다.

ACT를 아동에게 처음 사용하기 시작했을 때, 모든 과정을 사용해야 한다고 생각했습니다. 또한 내담자와 더 많은 과정을 다룰수록 ACT 사용에 능숙해진다고 생각했습니다. 그러나 시간이 지나면서 아이들과 어떤 과정을 선택적으로 다루어야 할지 배우게 되었습니다. 왜냐하면 어떤 아동은 이미 그 과정과 일치하는 매우 좋은 기술을 가지고 있기 때문입니다(예를 들어, 이미 '그대로 두기'나 '내려놓기'를 하고 있거나, 중요한 것을 선택하고 그에 맞게 행동하는 능력이 뛰어날 수 있습니다).

여러 가지 문제(슬픔을 느끼고 지나치게 걱정하는 등)가 있을 때는 "슬픔을 느끼고 또 걱정이 많은 것 같은데, 슬픔과 걱정 중에서 어떤 것이 더 강하게 느껴지니?"와 같이 물어봅니다. 아동이 한 가지를 선택하면 그 문제부터 시작하고 싶은지 물어보고, 오늘 다른 문제에 대해 논의할 시간이 부족하다면 다음 시간에 논의할 것이라고 말합니다.

앞서 언급했듯이 Kidflex를 시작하는 순서에는 정답이 없습니다. 그러나 이 책의 목적에 따라 '그대로 두기'부터 살펴보겠습니다. 아동에게 '그대로 두기' 과정을 소개하고 토의에 참여시키는 방법을 안내해 드리겠습니다.

'그대로 두기' 소개하기

'그대로 두기let it be'는 고통스럽고 대처하기 어려운 사적인 경험(생각, 감정, 정서, 기억, 충동 및 신체적 감각 등)을 없애거나, 회피하거나, 대체하거나, 그것의 반대 증거를 찾으려고 하는 등의 행동을 하지 않고 그대로 두는 것을 의미합니다. 아무런 조치를 하지 않고 그냥 그것이 그곳에 있도록 내버려 두는 것입니다.

아이들은 (가끔은 선의를 가진 부모들도) 매우 자주 문제나 어려움을 제거하거나 회피하기 위해 노력합니다. 그런 경우 '그대로 두기'가 치료를 시작하기에 적절한 방법이며, 이는 아이가 지금까지 했던 것 또는 부모가 제안한 것과 반대되는 접근일 수 있습니다.

'그대로 두기'와 '내려놓기' 과정은 함께 진행할 때 매우 효과적이며, 이 장의 뒷부분에 나오는 비눗방울 불기와 같은 일부 연습에서는 따로 사용하지 않고 결합해 사용하기도 합니다.

모든 일이 항상 기대한 대로 되는 것은 아니다

'그대로 두기'를 소개하기 위해 다음과 같이 논의를 시작할 수 있습니다. "우리는 모든 것을 통제할 수는 없단다. 때로는 평소 하던 일이나 좋아하는 일을 멈추어야 할 때가 있어." 그런 다음 아동에게 "예를 들면 어떤 경우가 있을까?"라고 물어볼 수 있습니다.

만약 아이가 생각해 내지 못한다면, 다음과 같은 예를 사용해 설명할 수 있습니다.

- 열이 나고 몸이 아프면 학교에 가지 못할 수도 있고, 코로나 사태 때 바이러스가 퍼지는 것을 막기 위해 몇몇 학교는 잠시 문을 닫기도 함.
- 친구가 ○○를 집에 초대해 놓고 가족 여행을 가는 날짜와 겹친 것을 나중에 알게 된다면, 다른 시간으로 일정을 변경해야 할 수 있음.
- 부모님과 함께 가장 좋아하는 빵집에 가기로 하고 그곳에 도착했는데 문이 닫혀 있음.

그런 다음 아이에게 평소에 좋아하거나 하고 싶었던 일을 멈춰야 했던 상황을 생각해 보라고 합니다. 아동이 예를 들고 나면, 치료자의 삶에서도 적절한 예를 하나 공유하면서 정말 실망스러운 일이었지만 받아들였다고 덧붙입니다.

또한 "가끔은 우리가 통제할 수 없는 일도 있고, 기대한 대로 풀리지 않을 수도 있지만 괜찮아"와 같은 내용을 덧붙일 수도 있습니다.

기대한 것과 달리 일이 풀리지 않았던 경험을 생각해 보도록 격려하고, 그들의 경험을 공유하고 싶은지 물어보는 것은 통제에 관한 토론을 이끌어 내는 데 도움이 됩니다. 아동이 경험을 공유한다면, 치료자도 적절한 예를 든 후에 "모든 일이 어떻게 될지 늘 알 수 있는 건 아니지만, 그래도 괜찮아"라고 덧붙일 수 있습니다.

마음에게 어떤 것에 대해 생각하지 말라고 할 수 있는가?

'그대로 두기' 과정을 효과적으로 설명하는 방법은 우리의 마음에게 어떤 것에 대해 생각하지 말라고 말할 수 있는지 아동에게 물어보는 것입니다. 그리고 그렇게 하면 마음이 그에 대해 더 많이, 혹은 더 적게 생각하게 되는지 물어보는 것입니다. 이는 종종 아동의 호기심을 유발하고 궁금증을 갖게 합니다.

다음 예시는 대부분 아동이 생각해 볼 수 있는 것입니다. "정말 목이 마를 때 목 마르다는 것을 생각하지 말라고 자신에게 말하고 난 후 더 목이 마른 느낌이 든 적 있니?"

또한 2장의 창조적 절망감 부분에서 읽은 예시를 활용해 더 많은 대화를 이어 갈 수 있습니다. 아동에게 다음과 같이 물어봅니다. "영화를 보고 있는데(또는 아동이 영화관에 있다고 상상할 수도 있음) 매우 흥미롭게 영화의 모든 장면을 집중해 따라가는 중에 갑자기 화장실에 가고 싶어지면 어떨까? 화장실에 가고 싶다는 생각을 하지 말라고 자신에게 말할 수 있을까? 이렇게 하면 어떤 일이 일어날까?"

그런 다음 아동에게 마음에게 어떤 것에 대해 생각하지 말라고 말하는 경우, 또는 마음에게 어떤 것 생각하기를 멈추라고 말하는 경우를 떠올려 보도록 요청합니다.

생각과 감정 알아차리기

아이와 함께 어떤 것에 대해 생각하지 말라고 마음에게 말할 수 있는지 토의한 후, 우리가 마음에게 무언가를 생각하지 말라고 하는 대신 모든 생각과 감정을 그저 알아차리고(Hayes and Smith, 2005), 그것과 싸우지 않고, 있는 그대로 둘 수 있다는 개념을 소개할 수 있습니다. 아동에게 다음 내용을 강조합니다.

> **마음에 어떤 생각과 감정이 떠오르든 아무런 행동을 취하지 않고 그저 그 자리에 있도록 내버려 둘 수 있다.**

다음 페이지에는 아동이 '그대로 두기' 개념을 잘 이해하도록 도와주는 기록지가 있습니다. 이 자료는 웹사이트(http://www.newharbinger.com/49760)에서 다운로드할 수 있습니다. 읽기, 쓰기, 또는 맞춤법에 어려움을 겪는 아동이 있다면 치료자가 질문을 읽어 주고 기록지에 답변을 대신 적어 줄 수 있습니다. 만약 아동이 회기 중에 기록지 작성을 원치 않는다면 괜찮다고 말하고 집으로 가져가게 할 수 있습니다. (아동이 동의한다면 부모에게 집에서 완성할 기록지를 아동에게 주었다고 알리고, 적절한 시간에 아동이 기록지를 작성하도록 상기시키거나 완성하는 동안 지도해 주면 좋겠다고 제안할 수 있습니다.)

기록지 1: 생각 그대로 두기

나는 마음에게 어떤 생각을 하지 말라고 말하나요?

이것은 쉬운가요, 어려운가요?

마음에게 그것에 대해 생각하지 말라고 하지 않고 그냥 내버려 두기를 시도해 볼 한두 가지 생각은 무엇인가요?

이러한 생각 중 하나에 대해 아무것도 하지 않고 그냥 내버려 두는 자신의 모습을 그려 보세요.

유용한 힌트

아동이 회기 중에 기록지를 완성하면, 그것을 집으로 가져갈 것인지 물어보세요. 만약 가져가고 싶어 한다면, 기록지를 사진으로 남기거나 복사해도 되는지 동의를 구하고 복사본을 아동의 파일에 넣어 두겠다고 알려 주세요.

이제 치료 회기 중 아이들과 함께 진행할 수 있는 '그대로 두기' 과정의 연습 몇 가지를 살펴보겠습니다.

'그대로 두기' 연습

'생각 그대로 두기' 기록지 작성을 (아동이 회기 중이나 집에서 완료할 수 있도록) 제안한 후, 아동과 함께 '그대로 두기'가 의미하는 바를 경험할 수 있는 연습에 참여하도록 권하는 것도 좋은 방법입니다. 다음의 첫 번째 연습은 대부분 아동이 즐길 수 있는 짧고 재미있는 연습입니다.

[연습 1] 초콜릿케이크 생각하지 않기

저는 아이들과 이 연습을 하는 것을 정말 좋아하는데, 창의력을 발휘해 원하는 방식으로 표현을 바꿀 수 있기 때문입니다. 초콜릿케이크는 많은 아동이 쉽게 상상할 수 있고 흥미를 느끼는 것이기에 대부분이 기꺼이 참여합니다. 만약 아동이 참여하고 싶어 하지 않으면 괜찮다고 말하고, 다음에 다시 참여하고 싶을 때 알려 달라고 말하면 됩니다.

유용한 힌트

모든 ACT 연습에서 대본을 단어 그대로 따를 필요는 없습니다. 다른 사람의 말을 따라 할 필요 없이 자신만의 창의력을 발휘해 연습을 수정할 수 있습니다. 이것이 제가 ACT를 사용하면서 가장 좋아하는 점입니다. ACT를 배우기 시작했을 때는 연습을 수정하는 것에 긴장했지만, 창의적으로 연습을 수정하는 것을 권하지 않는 다른 치료법을 사용했을 때보다 ACT를 사용했을 때 훨씬 더 진정성이 느껴진다는 것을 곧 깨달았습니다.

다음은 '초콜릿케이크 생각하지 않기' 연습의 예시입니다(Hayes et al., 1999).

> "○○의 마음이 원하는 것을 무엇이든 생각해도 좋아. 어떤 생각이 떠오르든 그냥 내버려 두면 돼. 하지만 초콜릿케이크는 절대로 생각하면 안 돼! 갓 구운 초콜릿케이크 조각에서 어떤 향이 나고 어떤 맛이 날지, 특히 초콜릿으로 뒤덮여 있다면 아마도 따뜻한 초콜릿 시럽이 흐를 텐데 그 맛과 향이 어떨지 생각하면 안 돼. 다른 것은 다 괜찮지만, 초콜릿케이크만큼은 생각하면 안 돼!"

이 연습을 시행한 후 아동에게 연습 중에 무슨 일이 일어났는지, 그리고 무엇을 생각했는지 물어볼 수 있습니다. 만약 아이가 초콜릿케이크를 생각했다고 말하면, 치료자도 거대한 초콜릿케이크를 상상했고, 이야기하면서 입 안에 침이 고이는 것을 느꼈다고 말해 주세요.

어떤 아이들은 초콜릿케이크를 생각하지 않았다고 말할 수 있습니다. 이 경우, 아동의 경험에 대해 논쟁하거나 다른 방식으로 설득하려 하지 마세요. 오히려 많은 사람에게 이러한 일이 일어난다는 것을 알려 줌으로써 그들이 자신에게 문제가 있거나 연습을 제대로 수행하지 못했다고 느끼지 않도록 도와주세요.

이 연습은 특정한 생각이 마음에 떠오르지 않게 하는 것이 정말로 어렵다는 사실과 그것을 피하려고 할수록 더 많이 생각하게 된다는 것을 경험함으로써 '그대로 두기'가 실제로 얼마나 유용한지 이해하도록 돕습니다. 만약 아동이 마음이 초콜릿케이크에 대해 생각하지 않게 하는 것이 어려웠다고 말한다면, 그리고 당신도 같은 경험을 했다면, 아이에게 당신 또한 자기 마음을 통제할 수 없었다고 말해 주는 것을 추천합니다.

유용한 힌트

치료자 역시 자기 생각을 통제하는 것이 얼마나 어려운지 말하며 이것이 정상적이라고 하는 것은 아동에게 도움 될 수 있습니다. 치료자도 인간이며 아동이 겪는 것과 같은 어려움을 가지고 있다는 것을 보여 줄 때 아이들은 종종 더 개방적으로 자기 생각을 다루는 새로운 방법을 기꺼이 고려하게 됩니다. 따라서 '그대로 두기' 과정을 가르치는 데 매우 강력하고 효과적인 방법이 될 수 있습니다.

'그대로 두기'와 '내려놓기'는 상호 보완적이고 함께 사용할 수 있다는 것을 기억해 두세요. 예를 들어, 생각이 떠오르면 그에 대해 아무것도 하지 않고 그냥 두었다가 그 생각을 내려놓을 수 있습니다. 따라서 다음에 소개하는 네 가지 '그대로 두기 연습'은 모두 '내려놓기' 연습과 함께 사용할 수 있습니다. 먼저 미술 작업으로 시작해 생각을 그대로 두는 방법을 가르치기 위한 체험적인 연습과 생각이 어떻게 만들어지는지를 보여 주는 연습을 하고, 마지막으로 생각과 감정에 관한 쉬운 연습을 할 것입니다. 치료 회기에 완성하는 기록지와 마찬가지로 모든 미술 작업에 대해서도 아동에게 작업물을 집으로 가져가고 싶은지 물어보고, 가져가겠다고 하면 작업물을 사진이나 복사본으로 남길 수 있도록 허락을 구하는 것이 좋습니다.

[연습 2] 생각 초대하기

아동에게 '그대로 두기'와 '내려놓기'를 소개하는 가장 좋은 방법은 미술 작업을 하는 것입니다. 이 미술 작업에서는 아동에게 배낭, 가방, 또는 핸드백을 그리게 하고, 함께 여행하기 위해 그들이 분투하고 있는 생각, 감정, 신체적인 감각에게 초대장을 보냅니다. 아동이 생각, 감정, 신체적인 감각을 가방에 넣고 다니며 함께 여행하거나, 가방을 들고 가는 것을 돕는 것처럼 상상하도록 제안할 수 있습니다(Coyne, 2011).

[연습 3] 반짝이 병 만들기

반짝이 병을 만들려면 뚜껑이 있는 투명한 작은 플라스틱병과 몇 가지 다양한 색상의 굵은 반짝이가 필요합니다. (반짝이가 너무 작으면 바닥으로 가라앉지 않아 효과가 떨어집니다.) 모양이 있는 반짝이를 사용하는 것도 좋습니다. 병에 물을 채우고 밝은색의 식용색소를 한 방울 넣습니다. 식용색소가 너무 짙으면 반짝이가 보이지 않으므로, 물을 비우고 다시 물을 채워 희석합니다. 그런 다음 주방세제 한 방울을 추가한 후(이는 반짝이가 뜨는 것을 도와줍니다) 반짝이를 넣습니다.

회기 전에 반짝이 병을 미리 준비해 두면 아동에게 '그대로 두기'에 대한 흥미를 유발할 수 있습니다. 저는 보통 회기 전에 아동의 부모에게 연락해 아이가 좋아하는 색을 물어보고, 그 색으로 반짝이 병을 만들어 연습에 대한 아이의 흥미를 높이곤 합니다.

이 연습을 다음과 같이 소개합니다.

"__________에 대한 생각(아동이 여기에 오는 이유 포함)을 멀리 밀어내는 것이 도움이 되니? 아니면 그 생각이 다시 돌아오니?" 이 질문에 아동이 치료에 오는 구체적인 이유를 포함하는 것이 중요합니다. 그렇지 않으면 연습이 자신의 문제와 관련 없는 것으로 인식되어 흥미를 느끼지 못할 수 있습니다. (아이의 대답을 들어보세요.)

그런 다음, 병을 들어 뒤집고 몇 번 위아래로 흔들어 반짝이가 돌아다니게 합니다. "반짝이는 ○○의 생각과 같고, 병은 ○○의 마음과 같아. 병을 뒤집어 반짝이를 바닥으로 밀어내려고 하면 어떤 일이 생길까? 그렇게 하면 반짝이를 병 아래로 가라앉히는 데 도움이 될까? 아니면 병을 가만히 잡고 있는 것이 더 나을까?" (아이의 대답을 들어보세요.)

"가끔은 생각을 밀어내려고 하는 것이 그 생각을 다시 돌아오게 만들 수 있어. 그 대신 마음에서 일어나고 있는 일들을 알아차리고(Hayes and Smith, 2005), 생각이 마음속에서 진정되도록 가만히 두는 것이 오히려 도움이 될 수 있단다. 마치 병을 그대로 두었을 때 반짝이가 병 속에 가라앉는 것처럼 말이야."

대면 회기에서 반짝이 병을 사용하는 경우, 아동이 반짝이 병을 집에 가져가 사용하면서 생각을 그대로 두는 연습을 할 수 있도록 제안하는 것을 추천합니다.

[연습 4] 뒤죽박죽 섞인 글자들

이 연습은 폭풍을 극도로 무서워하는 일곱 살 남자아이 리암Liam과 함께 사용하기 위해 개발한 것입니다. 비가 많이 오면 리암은 천둥과 번개도 칠 것이라며 걱정했습니다. 집에 있을 때 폭풍이 치면 침실로 달려가 폭풍이 멈출 때까지 이불 밑에 웅크리고 있었고, 폭풍이 몰아치는 동안 차 안에 있으면 차 사고가 날까 봐 두려워했습니다. 폭풍 중에 쇼핑몰이나 친구의 집에 있을 때는 계속 일기예보를 확인하면서 폭풍이 완전히 지나간 후에야 집으로 돌아갈 수 있다고 고집했습니다.

이 연습은 특정한 공포(이 예시에서는 폭풍)를 가진 아이들과 함께 할 수 있으며, 자신이 가장 두려워하는 것을 글자로 쓰는 것이 가능한 아동을 대상으로 합니다. 단어의 각 자음과 모음을 한 페이지당 하나씩 확대해서 출력합니다. 자음과 모음의 순서를 의도적으로 섞은 다음(어떤 단어도 이루지 않도록) 아이에게 글자를 살펴보는 연습에 참여할 의향이 있는지 묻고, 이를 바닥에 펼칩니다.

치료자와 아이가 교대로 자음과 모음들을 뒤죽박죽 섞어 다양한 조합으로 글자를 만들면서 함께 이상한 단어를 발음해 보는 것도 재미있는 놀이가 될 수 있습니다. 치료자와 아동이 번갈아 글자를 섞을 때마다 아동에게 글자를 보라고 한 다음, 몸에서 어떤 느낌이 드는지 알려 달라고 요청하세요. 리암과 저는 자음과 모음을 다양한 조합으로 섞는 것을 매우 즐거워했는데, 리암이 흥분하며 "궆퐁은 '폭풍'이었네요!"라고 말했습니다. 저는 다음과 같이 대답했습니다. "맞아, 이 글자들로 '폭풍'이라는 단어를 만들 수 있어. '폭풍'이라는 단어를 말할 때 지금 어떤 느낌이 드니?" (만약 아이가 '폭풍'이라는 단어를 찾아내지 못하면, 치료자가 글자를 올바른 순서로 배열해 단어를 만든 후 이 단어를 볼 때 몸에서 어떤 느낌이 드는지 물어볼 수 있습니다.)

이 연습은 아동에게 자기 생각과 감정이 그들을 해칠 수 없다는 것을 경험하게 해 주며, 이는 '그대로 두기' 과정을 촉진합니다. 뒤죽박죽 섞인 글자가 우리를 다치게 할 수 없는 것처럼, '폭풍'(또는 어떤 단어든)도 우리를 다치게 할 수 없다는 결론을 내릴 수 있습니다. 그런 다음 아동이 이 연습과 '그대로 두기' 과정에 대해 배우는 연관성을 알 수 있도록 다음과 같이 말할 수 있습니다.

"우리 생각과 감정은 글자가 모여 단어가 된 거란다. 우리가 아무리 두려움/걱정/슬픔(아동의 문제나 어려움을 사용)을 느끼더라도, 이러한 단어들은 우리를 해칠 수 없어."

[연습 5] 생각과 감정에 인사하기

이 연습에서는 아동에게 대처하기 어려운 생각과 감정이 나타날 때 "안녕, 슬픔/걱정/두려움. 만나서 반가워"와 같은 말을 건네도록 제안하며, 자기 생각과 감정을 토닥여 주는 것을 상상하게 합니다(Twohig, 2014).

아동에게 이 연습을 가르칠 때는 아이의 생각과 감정을 건드리지 않도록 조심하면서 활기 넘치고 열정적인 목소리로 유머를 가미해 가르칠 수 있습니다. 이를 위해 아동이 겪는 문제나 어려움보다는 치료자 자신이 경험한 중립적인 예시를 사용할 것을 추천합니다. 예를 들어, 치료자가 가족을 위해 새로운 요리를 할 때 늘 긴장한다면 그럴 때 "안녕, 내 요리에 대한 걱정들. 만나서 정말 반가워" 또는 "안녕, 내 요리에 대한 걱정들. 너 오늘 완전 멋져 보인다!"라고 말할 수 있습니다.

이 연습은 자신의 생각과 감정을 없애려 하거나, 바꾸려고 애쓰거나, 그것에 도전하는 대신 그대로 두는 법을 가르칩니다. 또한 생각과 감정을 두려워하지 않아도 된다는 것을 가르칩니다. 사람들은 대부분 힘든 생각과 감정이 해롭다고 생각하며 그것을 줄이거나 없애는 방법을 찾는데, 이는 아마도 아동이 듣고 싶어 하는 말과 정반대일 것입니다.

회기에서 사용할 수 있는 생각과 감정에게 인사하는 더 많은 예는 다음과 같습니다.

- "안녕, 걱정들. 다시 만나서 반가워!"
- "안녕, 두려움. 오늘 멋져 보여!"
- "슬픔아, 다시 온 걸 환영해. 널 만나서 너무 기뻐!"

이 전략은 모든 생각과 감정을 단지 알아차리기만 하면 되는 것이라고 아동에게 설명할 수 있습니다(Hayes and Smith, 2005). 생각과 감정을 없애려고 노력하지 않아도 됩니다. 또한, 우리가 때때로 생각과 감정을 없애려고 하거나 스스로 어떤 생각이나 감정을 떠올리지 않으려고 애쓰는 이전의 방식이 정말 어려운 것임을 상기시켜 줄 수도 있습니다.

유용한 힌트

이전 장에서 언급한 대로, 아이들은 재미있는 경험을 하면 회기에서 했던 것을 더 잘 기억합니다. 생각과 감정에게 인사를 하고 심지어 그들을 환영하는 것이 아이들에게 매우 놀랍게 느껴질 수 있습니다. 특히 아동의 고민보다 치료자 자신의 고민에 유머를 사용한다면 아이들이 웃음으로 반응할 수 있습니다.

'그대로 두기' 연습을 마치고, 이제 '내려놓기' 연습을 살펴보겠습니다.

'내려놓기' 소개하기

'내려놓기'는 한 발짝 물러서서 자신과 생각 사이에 일정한 거리를 두는 것을 의미합니다. 그렇게 함으로써 그 생각에 갇혀 있거나 집착하지 않게 됩니다. 생각을 없애려고 하거나, 나타나는 빈도를 줄이려고 하거나, 다른 것으로 대체하려고 하는 것이 아닙니다. '내려놓기'는 생각이 큰 영향력을 행사하지 않도록, 생각은 그저 생각일 뿐이라는 사실을 객관적으로 보는 것입니다.

제가 함께 작업하는 아이들의 몇몇 부모는 자녀가 친구, 형제자매, 부모와의 다툼에서 빨리 벗어나게 도와 달라고 요청합니다. 실망, 분노, 좌절감에서 회복되고 억울함을 품지 않기를 바랍니다. 아이들에게 '내려놓기' 과정을 가르치는 것은 다른 사람과의 갈등을 줄이는 데 매우 도움이 됩니다.

아동과 함께 할 수 있는 다양한 연습을 통해 '내려놓기'를 소개할 때 이렇게 말해 주세요. "우리는 내 마음이 말하는 모든 것이 진실이라고 믿는 대신, 우리의 생각을 그저 생각으로 보는 것을 연습할 거야."

'내려놓기' 연습

이 책은 매우 다양한 내려놓기 연습을 소개하는데, 일부는 아동이 회기 외의 시간에도 쉽고 빠르게 연습할 수 있는 간단한 것들입니다. 그림 그리기와 재미있는 상호 작용 연습뿐 아니라, 치료자와 아동이 함께 하는 경험적인 연습도 있습니다. 아이들에게 매우 효과적이고 널리 사용되는 ACT 연습부터 시작하겠습니다.

[연습 6] 나는 ~라는 생각이 들어요

이 연습을 아동에게 소개할 때, "나는 ~라는 생각이 들어요"라는 문구로 자기 생각을 이야기하도록 제안할 수 있습니다(Hayes and Smith, 2005). 이를 어떻게 할 수 있는지 다음과 같이 예시를 보여 주세요. "나는 '지루하다'라는 생각이 들어요" 또는 "나는 '이것을 할 수 없다'라는 생각이 들어요" 등입니다. 아동에게는 중립적인 예(지루함)와 아동이 겪는 어려움과 관련된 예("나는 '학교 공부를 이해하지 못한다'라는 생각이 들어요" 또는 "나는 '오늘 학교에서 쉬는 시간에 무엇을 할지 모르겠다'라는 생각이 들어요")를 제시하는 것이 좋습니다.

이러한 방식으로, 아동에게 골치 아픈 생각뿐 아니라 너무 괴롭지 않은 일상적인 생각에 대해서도 이 연습을 활용하는 방법을 가르칠 수 있습니다. 이는 아동이 이 방법을 대처 도구의 일부로 받아들일 가능성을 높입니다. 몇 가지 예를 제시한 후 "나는 ~라는 생각이 들어요" 문구를 활용하는 다양한 방법을 생각할 수 있는지 물어보고 함께 이야기해 보세요. 그런 다음 이 문구를 어떻게 사용하면 좋을지 물어보고, 가정이나 학교 등 다른 곳에서 이 문구를 사용하면 도움이 될 만한 몇 가지 구체적인 예시를 찾아보도록 제안해 보세요.

이 연습은 아동이 자기 생각과 거리를 둠으로써 생각을 내려놓도록 도와줍니다. "나는 ~라는 생각이 들어요"라는 문구를 사용하면 생각이 자신을 크게 괴롭히지 않게 되고, 자신의 생각을 반드시 반응하거나 부응해야 할 필요가 없는 단어로 보게 됩니다.

[연습 7] 이야기에 제목 붙이기

이것은 아동과 생각 사이의 거리를 만드는 데 도움이 되는 또 다른 내려놓기 연습으로, 아동이 자기 생각으로 인해 너무 괴로워하거나 압도당하지 않게 해 줍니다. 이 연습은 생각이 떠오를 때마다 그 생각을 이야기 제목처럼 바꾸어 표현하는 것입니다(Harris, 2007). 치료자는 아동에게 그들의 생각을 이야기의 일부인 것처럼 생각해 보도록 설명하고, 자기 이야기에 제목을 붙이게 할 수 있습니다.

저는 아이들에게 잘못된 제목이나 올바른 제목은 없으며, 아이들이 생각해 낸 제목을 판단하지 않을 것이라고 분명하게 말합니다. 치료자가 먼저 자신의 예를 들어 아이들이 개념을 이해할 수 있도록 하는 것도 도움이 됩니다. 예컨대, "여기 '이번 주에 테니스를 어떻게 하면 잘 칠까 걱정하는 나' 이야기가 있어" 또는 "이건 '아들에게 생일 케이크를 제대로 못 만들어 줄까 봐 걱정하는 엄마' 이야기야"라고 말할 수 있습니다. 아이가 자기 이야기에 어떤 제목을 붙여야 할지 잘 모른다면, "이건 '학교에서 누구랑 이야기할까?' 이야기구나" 또는 "여기 '캠프에 가기 싫어하는 소년' 이야기가 있네"와 같이 아동의 문제나 어려움과 관련된 예를 제시할 수 있습니다.

아동이 이야기 제목을 생각해 내면 그 제목을 성우가 영화 예고편을 소개하는 것처럼 표현한다면 어떻게 들릴지 상상하게 한 다음, 이야기 제목을 예고편처럼 소리 내어 말해 보고 싶은지 물어봅니다. 이는 종종 연습에 재미를 불러일으킵니다. 아이가 동의하면 아동이 먼저 이야기 제목을 성우처럼 말하고, 치료자도 상호 작용을 위해 자신의 이야기 제목("이건 '직소 퍼즐을 못 하는 나의 이야기'입니다" 등)을 성우처럼 소리 내어 말합니다.

치료자가 자기 생각에 대해 과장된 목소리를 사용하면 아동은 들으면서 재미있어 할 것이며, 아동이 자기 생각에 과장된 목소리를 사용해 화답하면 연습이 더욱더 재미있어질 것입니다. 이 책에서 여러 번 언급했듯이 아이들은 재미있게 연습하면 더 잘 기억하며, 이 연습에도 동일하게 적용됩니다.

[연습 8] 마음아, 고마워

앞의 '이야기에 제목 붙이기' 연습과 유사하게, 이 내려놓기 연습은 흥미로운 생각을 하고 있는 마음에게 감사하는 마음을 갖게 합니다(Luoma et al., 2007). 또한 생각을 내려놓음으로써 생각에 덜 영향을 받고 짓눌리지 않도록 도와줍니다. 아동에게 이 연습을 소개할 때, 마음에게 감사할 만한 생각의 예를 제시해 주세요. 예를 들 때 활기 있는 목소리를 사용하고, 아동에게 자신의 예를 생각해 보고 싶은지 물어보는 것이 좋습니다.

예를 들어 이렇게 말할 수 있습니다. "마음아, 나의 40번째 생일 파티에서 아무도 즐거워하지 않을 거라고 말해 줘서 고마워. 정말 신기한 생각이구나. 실제로 오늘 온종일 들었던 생각 중에 가장 흥미로운 것 같아!" 제가 이 연습을 아이들과 함께 사용하고 저의 예시를 공유할 때, 아이들은 보통 미소를 짓거나 웃음을 터뜨립니다. 이 연습은 생각을 가볍게 느끼도록 함으로써 내려놓기를 쉽게 하도록 도와주고, 결과적으로 아이들이 자기 생각에 대한 부담이나 걱정을 덜게 됩니다.

[연습 9] 바다의 파도

이 내려놓기 연습은 Hayes and Smith(2005)를 각색한 것입니다. 이 연습에서는 아동이 주위를 둘러보지 않고 집중할 수 있도록 눈을 감거나 바닥의 한 곳에 주의를 기울여 봅니다. 이 장의 앞부분에서 언급했듯이, 대본을 그대로 읽지 않는 것이 좋습니다. 대신 아동에게 천천히 말하도록 노력하고, 대본에 적힌 것과 다르게 마음대로 수정해도 됩니다. 완벽할 필요는 없습니다! 만약 대본에 있는 내용을 정확히 기억하지 못할 거라는 생각이 떠오르거나 실수할까 봐 걱정되더라도, 그 생각을 알아차리고 그냥 시도해 보세요. 대본을 보지 않을 때 더 진정성 있게 대화하고 아동에게 더 풍부하고 의미 있는 경험을 제공할 가능성이 큽니다. ACT Kidflex의 목표는 '유연한 나'라는 점을 기억하세요. 이는 치료자 자신의 유연함과 연습을 완벽하게 수행할 필요가 없음을 아동에게 보여 주는 좋은 방법이기도 합니다.

'바다의 파도' 대본 예시

여름에 해변에 가는 것을 상상해 보세요. 햇살이 내리쬐고, 모래는 너무 뜨겁지 않고 적당히 따뜻해 맨발로 걸어도 발이 데지 않습니다. 물가로 가서 발이 잠길 정도로 바다에 들어가 보세요. 파도가 모래에 부딪혀 부서지면서 밀려오는 소리를 들어보고, 바다가 얼마나 푸른지 느껴 보세요. 파도가 지나간 후 발가락 사이와 발밑의 모래가 조금씩 가라앉는 촉감을 느껴 보세요. 발과 발목을 감싸는 물이 얼마나 시원한지도 느껴 보세요. 이제 마음이 무엇을 생각하고 있는지 알아차려 보세요. 파도가 밀려오면 그것을 지켜보고, 더 가까이 다가오면 그 생각을 파도에 얹어 생각이 파도와 함께 바다 먼 곳으로 밀려 나가는 것을 상상해 보세요. 다음에 드는 생각도 알아차리고, 또 다른 파도가 들어올 때 그 생각을 파도 위에 올려놓으세요. 그리고 파도가 멀리 사라지는 것을 바라봅니다. 여러 가지 생각이 떠올라도 괜찮습니다. 모든 생각을 하나의 파도 위에 올려놓을 수 있습니다. 준비되면 눈을 뜨고 저와 함께 있는 이 방으로 돌아옵니다(온라인으로 연습하고 있다면 "저와 함께 있는 이곳 온라인으로 돌아옵니다"라고 말합니다).

토론을 위한 아이디어 내기: 잠시 멈추어 아동이 자기 생각이나 감정과 함께 머무르는 시간을 갖게 합니다. 그리고 주의를 치료실로 돌린 후 다음과 같이 부드럽게 물어봅니다.

1. "이 연습이 어땠나요?" (아동에게 "이 연습에서 무엇을 발견했니?"라고 묻지 마세요. 그러면 아이들은 문자 그대로 받아들여 '발견'한 것이 없다고 대답할 수 있습니다.)
2. "해변에 있는 모습을 상상하고 생각을 파도 위에 올려놓는 것이 어려웠나요?" (만약 아동이 해변과 바다를 상상할 수 없었다고 말하면 "괜찮아, 가끔 그럴 때도 있어"라고 대답하고, 연습 중에 생각했던 것을 공유하고 싶은지 물어보세요.)
3. "이 연습을 집이나 학교 또는 다른 장소에서 적용해 보고 싶나요? 이 연습이 도움이 될 것 같은 상황이 있나요?"

유용한 힌트

아동과 연습할 때, 저는 연습을 하는 데는 잘못된 방법이나 옳은 방법이 없다고 알려 줍니다. 만약 아이들이 연습을 좋아하고 집이나 학교 등 다른 장소에서 혼자 시도해 보기를 원한다면, 연습 내용을 자유롭게 섞어도 좋고 지금 했던 내용을 정확하게 기억해서 할 필요도 없다는 것을 말해 줍니다.

[연습 10] 그림에 생각 적기

이 연습에서는 아동이 선택지 중 하나를 골라 그림을 그릴 수 있습니다. 마음에 자주 떠오르는 생각 또는 고민하는 것을 그림 위에 적을 수 있습니다. (각 대상 위에 다양한 생각을 적을 수 있도록 그림을 크게 그리도록 제안하는 것이 좋습니다.)

또한 아동이 아래 목록에서 고르는 대신 원하는 것을 그리게 할 수도 있습니다.

- 바다의 파도
- 병에 든 사탕
- 그릇에 담긴 과일샐러드
- 도시의 고층 빌딩
- 호수에서 헤엄치는 오리
- 해변에 있는 서핑보드
- 초원의 소
- 들판에 피어 있는 해바라기
- 모래 위의 조개껍데기
- 꽃병에 꽂혀 있는 꽃들
- 숲속의 나무
- 책장에 꽂힌 책

이러한 대상을 그리는 대신 자기 모습과 말풍선을 그린 후, 말풍선 안에 생각을 적을 수도 있습니다.

[연습 11] 비눗방울 불기

이것은 제가 매우 좋아하는 연습 중 하나며, 아주 재미있습니다. 이 연습은 '그대로 두기'와 '내려놓기' 두 가지 측면을 모두 포함하며, 모든 연령의 아동(아동의 형제자매 포함)과 그들의 부모도 즐기는 경험입니다. 특히 치료 과정에 불편함을 느끼는 아이들과의 라포를 형성하는 데 도움이 되는 좋은 방법입니다. 아동의 형제자매나 부모 또는 보호자가 대기실에 있는 경우, 아동에게 이 연습에 그들을 초대하고 싶은지 물어볼 수 있습니다.

저는 이 연습을 하기 위해 작은 플라스틱 비눗방울을 몇 개 구매합니다(비눗방울이 잘 만들어지지 않거나 쏟을 경우를 대비해 여분을 몇 개 더 준비합니다). 그리고 연습을 위해 아동과(아동이 원한다면 형제자매/부모/보호자도) 함께 밖으로 나갑니다. 원한다면 실내에서도 할 수 있지만, 바람에 날리는 비눗방울을 볼 수 있기 때문에 아이들은 밖에서 하는 것을 좋아합니다. 아동(그리고 부모 등 다른 사람들)에게 비눗방울 병을 주고, 저도 하나 챙깁니다.

권장 사항: 다음과 같은 말로 연습을 소개합니다. "이제부터 번갈아 가며 마음이 우리에게 말하고 있는 것을 관찰할 거예요. 먼저 한 가지 생각을 소리 내어 말한 다음, 비눗방울을 한 번 불어 줍니다. 비눗방울을 없애기 위해 어떤 행동도 하지 않을 거예요. 비눗방울을 누르거나 터뜨리거나 밟지 않고 가만히 지켜볼 거예요. 그러고 나서 다음 사람이 차례대로 자기 생각을 소리 내어 말하고 비눗방울을 불어요. 이렇게 번갈아 가며 계속 진행할 거예요."

그리고 치료자가 먼저 다음과 같이 연습을 시작합니다. "나는 오늘 저녁에 무엇을 요리해야 할지 잘 모르겠다는 생각이 들어요"라고 말하고 비눗방울을 붑니다. 아동에게 전달하고자 하는 생각의 유형을 균형 있게 조절해 중립적인 생각과 힘든 생각을 번갈아 표현합니다("오늘 내가 비눗방울을 잘 불지 못할 거라고 마음이 말하고 있어요"). 이렇게 하면 치료자도 어려움을 겪을 수 있으며, 우리 마음에는 영향을 크게 끼치지 않는 사소하고 일상적인 생각에서부터 우리를 괴롭히는 생각까지 다양한 생각이 있다는 것을 보여 줄 수 있습니다.

아동이 연습을 충분히 했다고 말하면(또는 비눗방울을 다 사용하면) 함께 치료실로 돌아갑니다(아동의 형제/부모/보호자도 대기실로 돌아가게 합니다). 아동이 연습 경험에 관해 이야기하도록 권하고, 그 이야기를 지금 치료자를 만나고 있는 상황과 연결합니다. 연습에서 경험한 것을 그들의 문제나 어려움에 어떻게 활용할 수 있는지 물어보고, 아무것도 하지 않은 채 그저 자기 생각을 알아차리는 것을 어렵게 만드는 것이 있는지 질문합니다. 마지막으로 아동에게 비눗방울을 집에 가져가고 싶은지 물어봅니다.

[연습 12] 노래로 생각 표현하기

모든 연령대 아동이 이번에 소개할 '내려놓기' 연습을 재미있어합니다. 많은 아이가 이 연습 후에 생각이 가벼워지거나 덜 성가시게 느껴진다고 언급하기도 했습니다. 아동에게 곡조에 맞추어(Hayes and Smith, 2005) 자기 생각을 노래로 부르는 연습을 해 보도록 권합니다. 만약 아동이 동의하면, 치료자가 먼저 적절한 개방과 함께 이 연습을 수행한 후, 아동에게 순서를 넘깁니다. 저는 노래를 부르기 전에 보통 이렇게 말합니다. "나는 내가 노래를 잘하지 못한다는 것을 ○○가 너무 빨리 알게 될 거라는 생각이 들어." 이것은 "나는 ~라는 생각이 들어요"라는 '내려놓기' 전략을 보여 주며, 치료자의 마음이 부정적인 평가에 대해 생각하고 있을 때도 이 연습을 계속 수행하는 모습을 보여 줍니다. 예를 들어, 저는 'The Sounds of Silence'(Simon and Garfunkel, 1964)라는 곡의 가사를 다음과 같이 바꾸어 부를 수 있습니다.

> "안녕, 나에 대한 의심, 나의 옛 친구여, 다시 보니 반갑군.
> 너는 내 상담 능력 앞에 나타나 내게 충분하지 않다고 말해.
> 그러면 나는 말하지, 마음아 고마워."

이 노래를 부른 가수를 잘 모르는 대부분 아동은 이 곡조를 알아듣지 못할 수도 있지만 괜찮습니다!

[연습 13] 악기를 사용해 생각을 음악으로 표현하기

이번 '내려놓기' 연습은 로리 그레코와 데브라 에머리가 주최한 워크숍(Greco and Emery, 2010)에서 배운 것으로, 아이들뿐만 아니라 치료자에게도 매우 즐겁고 효과적입니다. 위에서 언급한 '노래로 생각 표현하기' 연습과 마찬가지로 저는 이 연습을 비장애 아동과 자폐 스펙트럼 장애 아동 모두에게 성공적으로 사용했습니다.

이 연습을 할 때는 흥미를 불러일으키도록 다양한 악기를 준비해 아동에게 선택하게 하는 것이 좋습니다. 아이들이 가지고 있는 장난감 악기를 사용하거나, 병원이나 학교처럼 음악을 사용하는 기관에서 일한다면 악기 대여를 요청할 수도 있습니다. 저는 주로 저렴하게 구할 수 있는 마라카스, 탬버린, 심벌즈, 캐스터네츠, 종 등을 사용합니다. 악기를 구하기 어렵다면, 작은 플라스틱병에 쌀이나 콩을 채워 직접 만들 수도 있습니다. 또는 금속 숟가락으로 개봉하지 않은 캔을 두드릴 수도 있고, 자로 탁자를 두드릴 수도 있으며, 열쇠 꾸러미를 흔들 수도 있습니다.

권장 사항: 먼저 악기를 아동에게 보여 주고, 참여하고 싶다면 악기를 연주하면서 서로 대처하기 어려운 생각을 번갈아 노래할 것이라고 알려 주세요. 아동이 잘 이해할 수 있도록 치료자가 자기 생각 중에서 적절한 예를 보여 주는 것이 좋습니다.

아동에게 이것은 음악 경연대회가 아니고, 잘하고 못 하는 것은 없으며, 이미 노래와 악기 연주를 잘하지 못할 거라고 말하는 자신의 마음을 알아차리고 있다고 덧붙일 수 있습니다.

만약 아동이 참여에 동의한다면, 치료자가 먼저 악기를 흔들면서 "나는 충분히 똑똑하지 않아" 또는 "나는 빵을 정말 못 만들어. 난 항상 케이크를 태우지", "나는 너무 인내심 없는 엄마야"와 같이 적절한 노랫말을 만들어 먼저 노래합니다. 그런 다음 아동에게 다음 차례를 넘깁니다. 이 연습을 언제 마칠지는 아이가 결정하게 해 주세요. 중요한 것은 이 연습을 하는 동안 즐거운 시간을 갖는 것입니다.

그 후에 아동과 함께 이 연습을 해 본 경험에 관해 이야기하고, 아동이 나중에 악기가 없어도 자기 생각을 음악으로 표현해 보고 싶은지 물어봅니다.

[연습 14] 지나가는 자동차 관찰하기

이 연습을 하기 전에 아동에게 모든 생각을 알아차리는 개념을 소개할 수 있습니다. 떠오르는 생각에 대해 뭔가를 하려고 하지 않고, 마치 자동차가 집 앞을 지나가는 것처럼 생각이 오고 가도록 그냥 두는 것입니다. 이를 통해 우리의 생각은 왔다가 가고, 나중에 다시 돌아올 수도 있으며, 아무런 문제가 되지 않는다는 것을 알려 줄 수 있습니다!

저는 자폐 스펙트럼 장애가 있는 아동 데일Dale과 함께 작업하면서 다음과 같은 연습을 개발했습니다. 데일의 혼란스러운 표정을 보면서 생각이 자동차처럼 오고 가도록 두자는 제안이 그에게는 별로 의미가 없다는 것을 금방 깨달을 수 있었습니다. 대신 창밖으로 자동차가 건물 앞을 지나가는 모습을 관찰해 보자고 제안하자, 데일은 빠르게 일어나 창문 쪽으로 걸어갔습니다. 그의 어머니도 함께 있었는데, 데일이 자동차를 좋아한다고 알려 주었습니다. 데일은 자동차에 대한 지식을 자랑스럽게 뽐내며 꽤 멀리 있는 자동차의 이름도 정확히 맞혔습니다. 데일은 이 연습에 꽤 오랫동안 참여했고, 그 결과 눈에 띄게 편안해졌습니다. 이 연습은 데일과 라포를 형성하는 데 큰 도움이 되었습니다.

권장 사항: 치료실에 혼잡한 도로가 보이는 창문이 있는 경우, 아동에게 창가에 서서 지나가는 모든 자동차를 관찰하고 자동차의 색상(데일처럼 인식할 수 있는 경우에는 브랜드)에 관해 이야기해 보라고 제안할 수 있습니다.

이 과제의 목표는 특정한 자동차에 대한 판단에 사로잡히지 않고 자동차를 단지 알아차린 후 그다음 자동차를 알아차리는 것입니다.

아동에게 각각의 자동차와 그다음 자동차를 그저 알아차리기만 하도록 안내하고, 자동차가 마음에 드는지 오래된 차인지 새 차인지 좋은 차인지 나쁜 차인지 판단하기 시작하면 단지 알아차리는 것에 주의를 기울이도록 유도합니다. 예를 들어, "저기 빨간 차가 있네. 지프가 있어" 등입니다.

이 연습이 끝나면, 아동에게 다음 기록지를 작성하도록 권유합니다. 해당 기록지는 http://www.newharbinger.com/49760에서 다운로드할 수 있습니다.

기록지 2: 지나가는 자동차처럼 우리의 생각 알아차리기

몇 분 동안 마음에 떠오르는 각각의 생각을 알아차리되, 그 생각에 대해 어떤 판단도 하지 마세요. 이제 떠오르는 몇 가지 생각을 적어 보세요.

마음에 자주 떠오르는 생각 중에서 판단하지 않고 단지 알아차리는 연습을 할 수 있는 생각 두 가지는 무엇인가요?

우리는 자동차가 지나가는 것처럼 우리의 생각을 알아차릴 수 있어요. 자동차의 색깔, 모양, 크기를 판단하지 않고 단지 알아차리는 거예요. 아래에 자동차를 몇 대 그리고, 내 마음에 자주 떠오르는 생각을 각각의 차 위에 적어 보세요.

회기가 끝날 무렵에는 아동이 회기 중 연습했던 것을 하나 선택해 집에서 수행하도록 몇 가지 보너스 활동을 제안할 수 있습니다. 저는 '숙제'라는 용어를 사용하지 않는데, 이 용어는 보통 학교와 관련되어 있기 때문입니다. 대신에 '보너스 활동'이라는 용어를 써서 아이들이 숙제에서 오는 부담을 느끼지 않게 합니다(자칫 할 일에 대해 동기부여가 떨어질 수 있습니다). 아동에게 "이것을 하기 힘들게 만드는 것은 무엇이니?"라고 물어보는 것을 추천합니다. 새로운 기술을 시도하는 것을 어렵게 만드는 어려움이나 장애물을 다루면 아동이 실제로 보너스 활동을 시도할 가능성이 커집니다.

유용한 힌트

필요에 따라 회기가 끝날 때 부모를 치료실로 데려와 아동에게 추천하는 보너스 활동과 회기에서 배운 내용을 상기시킬 수 있도록 가정에서 할 수 있는 활동을 알려 주는 것이 좋습니다.

이제 치료 회기에 통합하기 위해 선택할 수 있는 '그대로 두기'와 '내려놓기' 기법과 연습이 준비되었습니다. 제가 아동 중 한 명과 이러한 기법을 어떻게 사용했는지, 부모에게 어떤 권고를 했는지 살펴보겠습니다.

사례 예시: 보비, 9세

보비Bobby의 부모님은 코로나19로 인한 첫 번째 봉쇄 조치로 학교가 몇 달간 휴교했을 때 저에게 연락했습니다. 보비는 오랫동안 불안증을 겪고 있었습니다. 그의 어머니는 보통 보비와 두 형제를 학교까지 차로 데려다주고, 주차한 후 걸어서 학교 안까지 데려다주었습니다. 그러나 학교가 휴교하기 전 마지막 날에는 차에서 내린 이후로는 건물 안으로 같이 들어갈 수 없었습니다. 그날 교사들은 교문 앞에서 의료용 마스크를 착용하고 있었고, 이는 보비가 전혀 예상하지 못한 일이었습니다. 보비는 교사들의 모습을 보고 겁에 질려 울었고, 차에서 내리려고 하지 않았습니다.

보비와 회기를 진행하기 전에 저는 아이의 어려움에 대한 이력을 파악하기 위해 보비 없이 부모님만 한 차례 만났습니다. 보비에 대한 부모님의 목표는 아이가 불안을 관리하고 독립심과 자신감을 키우는 전략을 배우는 것이었습니다. 보비가 학교에 복귀하기 전에 두 차례 회기를 진행했으며, 코로나19로 인해 모든 회기는 온라인으로 진행했습니다. 임상 평가 결과, 보비는 범불안장애Generalized Anxiety Disorder 진단 기준을 충족했습니다. 보비가 불안을 관리할 수 있도록 저는 노출(내담자가 두려워하거나 어려움을 겪는 일들을 치료 회기 안에서 안전한 방식으로 시도하는 것)을 사용했습니다. 여기에는 보비가 마지막으로 학교에 가던 날을 회상하고, 학교에 도착했을 때의 기억을 이야기하면서 그의 생각과 감정에 대해 아무것도 하지 않고 그저 머물게 하는 것이 포함되었습니다(그대로 두기).

보비와 함께 진행한 '그대로 두기'와 '내려놓기'

다음은 보비와 진행한 회기 중 일부의 녹취록으로, 노출 치료 기법이 어떻게 '그대로 두기' 과정을 경험하도록 도와주는지 보여 줍니다. 대화록 끝부분에 저는 '내려놓기' 과정에 대해 간단히 언급했습니다.

치료자 보비, 널 걱정하게 만드는 일이 있다고 말했는데, 어떤 것들이니? 가장 걱정되는 게 뭐야?

보비 변화요.

치료자 많은 아이, 청소년, 어른이 변화에 대해 걱정하지. 네가 걱정하는 변화는 어떤 거니?

보비 익숙하지 않거나 무슨 일이 일어날지 모르는 거요.

치료자 네가 어딘가에 갔을 때 상상했던 것과 달라서 걱정되었던 상황을 생각해 볼 수 있을까?

보비 네, 홈스쿨링이 시작되기 며칠 전에 형들과 학교에 갔는데 거기에 도착하니 모든 게 너무 달랐어요. 선생님들이 하얀 마스크를 쓰고 있었고, 부모님들은 학교에 들어갈 수 없었어요. 저는 너무 겁이 나서 차에서 내리기 싫었고 울었어요.

치료자 네가 예상했던 것과 다른 상황에서 마음이 조금 허둥지둥하고 걱정이 몰아치는구나. 맞니?

보비 네.

치료자 아주 아주 잘하고 있어. 그럼 이제 나한테 말한 것에 관해 이야기하면서 그때를 생각해 보는 연습을 해 볼까?

보비 좋아요.

치료자 원한다면 눈을 감을 수도 있고, 아니면 바닥의 한 지점을 바라봐도 좋아. 그냥 연습에 집중하려는 거니까. (보비가 눈을 감음) 네 몸에서 어떤 느낌이 일어나는지 집중해 보자. 먼저 엄마 차 안에 있을 때를 상상해 봐. 엄마가 학교에 차를 세우고, 선생님들이 마스크를 쓰고 있는 게 보여. 엄마 차에 있는 네 모습을 상상하면서 가슴, 목, 배에서 어떤 느낌이 드는지 살펴보자. 마음에 떠오르는 몇 가지 생각과 감정에 대해 생각해 보렴.

보비 정말 이상했어요. 진짜 이상했던 건 부모님들이 학교 안에 들어가지 못하게 막았다는 거예요. 그날 아침 교실에 들어가니까 의자가 다르게 놓여 있었어요. 보통 의자와 책상이 가까이 붙어 있는데, 그날은 책상마다 의자가 하나씩만 있고, 책상도 서로 멀리 떨어져 있었어요. 교실로 들어갔을 때 친구들이 카펫 위에 앉아 있었는데 서로 멀리 떨어져 있었고요.

치료자 그러니까 그날 아침 너에게 많은 변화가 있었구나. 이 모든 것을 기억하느라 애썼어. 정말 잘하고 있어. 그러면 그날 어떻게 엄마 차에서 내려 혼자서 학교에 들어갈 수 있었던 거야?

보비 혼자 들어가지 않았어요. 너무 화가 나 있어서 엄마가 학교 주변을 차로 여러 번 돌았고, 점심시간에 데리러 오겠다고 말했어요. 다시 학교로 돌아왔는데, 선생님이 차 안에서 울고 있는 저를 보고 다가오셨어요. 그리고 함께 교실로 갔어요.

치료자 그날 아침을 기억하는 지금은 어떤 느낌이 드니?

보비 안 좋아요. 울었던 기억이 나고, 가슴이 쿵쾅거리고 떨려요.

치료자 다른 아이들이 걱정할 때 도움이 되고, 가끔 나도 사용하는 방법을 너에게 가르쳐 주고 싶어. 괜찮겠니?

보비 좋아요.

이 시점에서 저는 몇 가지 '내려놓기' 연습을 진행했습니다. 보비에게 그의 감정이 어떤 색인지, 어떤 크기와 모양인지, 만약 그 감정을 동물로 상상해 본다면 어떤 동물인지 질문했습니다.

치료자 학교에 다시 가게 되어 학교 주차장에 도착하면 어떤 기분이 들 것 같아?

보비 좀 이상한 기분이 들 것 같아요. 아마 지난번에 학교에 갔을 때랑 비슷한 기분이 들 것 같지만, 이번에는 선생님들이 마스크 쓰는 걸 예상하고 있으니까요.

치료자 보통 개학 첫날에 조금 긴장하거나 걱정하는 편이니?

보비 네.

치료자 나도 학교에서 일하는데, 나한테도 그런 일이 일어난단다. (잠시 멈추어 보비가 이 생각에 대해 아무것도 하지 않고 그대로 두도록 시간을 줌) 지금은 기분이 어떠니?

보비 좋아요, 좀 편안해졌어요.

보비와 반짝이 병 사용하기

보비와 저는 온라인으로 함께 작업했기 때문에 회기 전에 부모님에게 이메일을 보내 반짝이 병 만드는 방법을 알려 주었습니다. 이렇게 하면 아이는 회기 중에 자기 반짝이 병을 사용할 수 있고, 이후에도 집에서 연습할 수 있습니다. 다만, 회기 중에 흥미를 잃지 않도록 회기 이전에 반짝이 병을 보여 주지 않도록 부탁했습니다. 반짝이 병을 만드는 방법과 이 연습을 위한 대본은 이 장의 앞부분에 있는 '[연습 3] 반짝이 병 만들기'에서 확인할 수 있습니다.

다음 대화록은 반짝이 병 연습이 보비가 '그대로 두기' 개념을 이해하는 데 어떻게 도움이 되었는지 보여 줍니다.

치료자 걱정을 밀어내려고 시도하면 사라질까? 아니면 다시 돌아올까? 어떻게 생각하니?

보비 가끔은 사라지지만, 때로는 사라지지 않아요.

치료자 반짝이 병을 한번 살펴보렴. 반짝이들은 걱정과 비슷하고, 병은 네 마음과 비슷해. 병을 뒤집어서 반짝이를 가라앉히려고 하면 무슨 일이 벌어질까?

보비 반짝이가 떨어져서 병 안에서 마구 돌아다녀요.

치료자 반짝이가 사라지니?

보비 아니요, 그냥 다른 곳으로 움직여요.

치료자 (보비에게 병을 움직이지 말고 아랫부분을 잡고 있으라고 지시함) 이제 병을 가만히 잡고 반짝이를 가라앉히려는 행동을 아무것도 하지 않으면 어떻게 될까?

보비 반짝이가 바닥으로 내려가요.

치료자 지금도 병 안이 아주 분주하니? 아니면 아주 평온하니?

보비 아주 조용하고 평온해요.

치료자 네가 학교로 돌아가는 것에 대해 걱정하고 있다는 걸 알아. 다음에 많이 걱정될 때, 지금 병을 가만히 잡고 있는 것처럼 가만히 둘 수 있을까? 네 마음에 어떤 생각이 떠오르든 병 안의 반짝이를 알아차리는 것처럼 가만히 있을 수 있겠니? 지금 물이 고요하고 병 안이 아주 평온한 것 보이니?

보비 네, 병 안에서 반짝이를 움직이려고 했을 때와는 아주 달라요.

치료자 반짝이가 바닥에 가라앉게 하는 가장 좋은 방법은 무엇일까? 흔들고 좌우로 돌리는 것? 아니면 가만히 잡고 있는 것?

보비 가만히 잡고 있는 거요. 병을 움직이면 반짝이가 더 많이 움직여요.

치료자 가끔 걱정이 많을 때, 걱정을 밀어내려고 하면 다시 돌아올 수 있어. 걱정을 없애려고 노력하는 대신 마음 안에서 일어나는 일들을 단지 알아차리면, 반짝이를 그대로 두었을 때 병 바닥으로 가라앉듯이 걱정도 진정되고 마음 한구석에 조용히 앉아 있을 수 있단다.

보비의 부모와 작업하기

코로나19로 인해 보비의 학교는 2개월 반 동안 문을 닫았습니다. 그동안 저는 보비를 두 차례 만났습니다. 각 회기의 끝에 약 10분 동안 보비의 어머니에게 피드백했고, 보비에게 도움이 될 만한 보너스 활동을 포함해 우리가 어떤 연습을 했는지 왜 했는지를 설명하고, 집에서 함께 연습하도록 권했습니다.

보비와 치료 작업을 시작하기 전에 그의 어머니는 그동안 보비의 기분이 나아지도록 돕는 방법을 생각해 내려고 노력했는데, 여기에는 종종 주의분산distraction(생각과 감정의 회피를 촉진하기 때문에 ACT에서 사용하지 않는 기법)이 포함되어 있었습니다. 그래서 저는 보비의 어머니에게 아이가 자기 생각과 감정에 대해 아무것도 하지 않고 그대로 두고 받아들이도록 격려하라는 지침을 주었습니다. 보비가 회기에서 배운 대로 자기 생각과 감정이 그를 해치지 못한다는 것을 상기시키도록 권했습니다.

또한 일반적인 내려놓기 기술인 "나는 ~라는 생각이 들어요"(Hayes and Smith,

2005) 문구를 사용해 "저녁으로 무엇을 요리해야 할지 모르겠다는 생각이 들어", "내 마음이 나에게 '피곤해/배고파'라고 말하고 있네"와 같은 말을 덧붙일 것을 제안했습니다. 보비뿐 아니라 남편과 다른 자녀 앞에서도 중립적이고 일상적인 문장으로 소리 내어 말할 것을 권했습니다. 이렇게 하면서 보비가 자기 생각과 관계하고 상호 작용하는 방법으로 이 기술을 스스로 사용하기 시작하기를 바랐습니다.

치료 회기에서 사용되는 ACT 기술을 보비와 어머니가 함께 연습하고 강화하는 것은 보비 혼자서 기술을 기억해 사용하는 것보다 더 빠르고 지속적인 결과를 얻는 데 도움이 됩니다. 보비의 부모는 제가 아이에게 했던 것과 같은 방식뿐 아니라, 보비를 포함한 다른 자녀들과 ACT를 사용하는 방법에 대해 교육받았습니다. 만약 부모가 자녀 앞에서 이러한 기술을 연습하고 가정에서 치료 회기 사이에 일관성을 제공한다면, 자녀가 어떤 전략이 권장되는지 혼란스러워할 가능성을 줄일 수 있습니다.

보비의 어머니가 보비를 위해 연습과 모형 기법을 훈련하는 것 외에도, 보비의 학교 복귀를 위해 부모님에게 다음과 같은 권장 사항을 제공했습니다.

- 등교 첫날 보비를 학교에 데려다 줄 때 평소처럼 차 안에서 이야기를 나누세요.
- 보비가 불안해하면 긴장/두려움/걱정을 느끼는 것은 괜찮다고 부드럽게 안심시켜 주세요. 그리고 그 감정을 학교에 그대로 가져갈 수 있고, 그런 감정은 정상이며, 그와 같은 감정을 느끼는 다른 아이들과 선생님이 있을 거라고 말해 주세요.
- 한동안 학교에 가지 않아서 긴장을 느끼는 건 괜찮다고 알려 주세요. 그리고 긴장/두려움/걱정은 보비를 해칠 수 없으며, 학교는 안전하고 아무런 나쁜 일도 일어나지 않을 거라고 말해 주세요.
- 보비가 그렇게 생각하지 않더라도, 아이가 변화에 잘 대처하고 있다고 말해 주세요. 가족 휴가 때 보비가 수영장에서 다이빙 보드를 타기로 했던 사실을 상기시켜 주세요. 처음 보드를 봤을 때는 몹시 두려웠지만, 다른 사람들이 즐기는 것을 보고 시도하지 않으면 나중에 후회할 것 같아 도전하기로 했다고 했습니다. **(2장에서 살펴본 사례개념화 양식을 기억할 것입니다. 보비와 첫 회기 사례개념화 과정에서 슬픔/두려움/걱정 때문에 무언가를 하지 말라고 마음이 말했던 때를 생각해 낼 수 있느냐고 물었을 때, 자신이 수영장에서 다이빙 보드를 탔던 일을 들려주었습니다. 아동이 말한 내용 중 중요한 것을 선택하고, 중요한**

것을 하는 사례개념화 과정의 예시를 가져와 슬픔/두려움/걱정을 '그대로 두도록' 도와주세요.)

- 학교에 도착해 보비가 눈물을 글썽인다면, 학교를 떠나서 주위를 배회하지 마세요. 학교 바로 앞이나 근처에 차를 세우고 안심시키는 건 괜찮습니다. 보비에게 "너는 이것을 스스로 극복할 수 있는 너의 슈퍼히어로야"라고 말해 주세요.
- 보비에게 일찍 데리러 오겠다고 말하지 마세요. 대신 보비의 생각과 감정을 그대로 두어도 괜찮고, 그것은 보비를 다치게 하지 않을 것이며, 영원히 함께하지도 않을 거라고 안심시키세요.
- 보비가 걱정을 느낄 때 다른 상황에서 스스로 극복했던 것과 마찬가지로 학교생활을 하는 데 필요한 모든 것을 갖고 있다고 말해 주세요.
- 우리는 보비에게 걱정이 두렵고 피해야 할 대상이라거나, 걱정이 심할 때는 상황을 떠나야 한다고 가르치지 않는다는 점을 기억하세요.
- 방과 후에 보비가 학교에 간 것이 얼마나 자랑스러운지 말하고, 아이가 혼자서 해냈다는 것을 상기시켜 주세요.

보비의 어머니는 아이가 다시 등교하는 첫날에 학교에 데려다주었고, 보비가 행복하고 편안해 보였다고 이메일로 알려 주었습니다.

부모를 위한 제안

어떻게 하면 아이들에게 '그대로 두기'와 '내려놓기'를 상기시키고 가정에서 이러한 과정을 강화할 수 있는지 부모에게 제안할 때, 저는 부모가 일상에서 사용할 수 있는 간단하고 중립적인 예를 추천합니다. 부모가 ACT Kidflex 과정과 일치하는 언어를 사용하면 아동은 치료 회기에서 배운 내용을 상기하고 ACT 전략을 자신의 대처 도구로 도입할 가능성이 큽니다.

치료 회기 중 아동과 함께 했던 연습 중 일부를 활용해 보도록 부모에게 권장할 수 있습니다. 예를 들어, 요리할 때 "이 새로운 레시피를 잘 따라가지 못하는 것 같아. 마음아, 이 생각을 해 줘서 고마워. 오늘 내가 종일 생각했던 것 중 가장 재미있는 생각이야!"라고 말할 수 있습니다. 또한 자기 생각을 좋아하는 노래의 곡조에 맞춰 부를 수도 있습니다(아동이 알고 있는 곡을 선택하면 더 즐거워할 수 있습니다). 또한 생각을 이야기 제목으로 바꿔 표현할 수도 있습니다("여기 '요리를 못하는 나' 이야기가 있네", "이건 '형편없는 요리사' 이야기야" 등). 그런 다음 이야기 제목을 마치 성우처럼 말하고, 아이에게 부모의 이야기 제목을 다른 목소리로 말해 보라고 할 수 있습니다. 이는 부모와 아이 모두에게 즐거운 경험이 될 것입니다.

마무리

이번 회기에서는 아동에게 '그대로 두기'와 '내려놓기' 개념을 소개하고, 그들의 생각 및 감정과 상호 작용할 수 있는 새로운 방법을 제시했습니다. 여기에는 아동이 지금껏 자신의 문제나 어려움을 다루려고 시도한 방식과는 상당히 다른 재미있는 연습이 포함되어 있습니다. 이러한 연습을 치료 회기에서 수행하고, 새로운 기술을 실제로 적용하기 위해 가정에서 보너스 활동과 병행하면, 아동이 이전 회기에서 배운 것을 강화하고 확장하는 데 도움이 됩니다. 다음 장에서는 아동이 자신에게 정말 중요한 것을 식별하고, 중요한 일을 회피하는 대신 할 수 있는 행동을 하도록 돕는 데 중점을 둡니다.

4장

'중요한 것 선택하기'와 '중요한 것 하기'

이전 장에서 아동과 함께 '그대로 두기let it be'(원치 않는 사적인 경험에 대해 무엇을 하려고 하지 않고 그 자리에 그냥 두는 것)와 '내려놓기let it go'(나와 생각 사이에 어느 정도 거리를 두고 물러섬으로써 생각에 갇히거나 밀착되지 않는 것)로 치료를 시작하는 것이 적합하다는 내용을 살펴보았습니다. 이 두 가지 과정을 다루는 두 번째 회기 이후에는 '중요한 것 선택하기choose what matters'[08](반려동물 돌보기처럼 아동에게 중요한 것을 찾게 하는 것)와 '중요한 것 하기do what matters'[09](반려동물이 충분히 운동하도록 함께 마당에서 놀기처럼 중요한 것 선택하기와 관련된 행동을 하는 것)를 세 번째 회기에서 다루는 것이 효과적입니다. 이번 장에서는 중요한 것 선택하기와 중요한 것 하기에 관해 아동과 대화를 나누는 방법, 그리고 이 두 가지 과정에 적합한 연습을 수행하는 방법을 살펴보겠습니다.

만약 사례개념화를 통해 중요한 것 선택하기와 중요한 것 하기에 관한 명확한 근

08 저자는 ACT 심리적 유연성의 여섯 가지 요인 중 하나인 가치(Value)를 쉬운 언어로 구체화해 '중요한 것 선택하기'라고 사용한다. 가치는 삶의 방향이고, 현재에 관한 것이며, 관심이 있는 것에 따라 행동하는 것이다. 어떤 사람이 되고 싶은지, 어떻게 되기를 바라는지와 관련 있다(역자 주).

09 저자는 ACT 심리적 유연성의 여섯 가지 요인 중 하나인 전념적 행동(committed action)을 직관적이고 쉬운 용어인 '중요한 것 하기'로 사용한다. 가치 추구의 구체적 목표를 따라 행동하되, 그에 따르는 심리적 장애물들을 수용하면서 전념을 유지하는 것을 말한다. 대체하는 개념으로 참여하기, 가치 연관 행동하기 등이 있다(역자 주).

거rationale를 찾아낸다면, 아동에게 이를 소개할 때 이 두 가지 과정과 아동이 저를 만나러 오는 이유 사이의 연결고리를 명확히 할 수 있을 것입니다. 만약 그렇게 하지 않고 아동이 연결고리를 만들 거라고 가정해 버리면, 아동은 토의와 연습이 그 개념들과 어떤 관련이 있는지 알지 못하거나 연습의 목적이 무엇인지 이해하지 못할 수 있습니다. 예를 들어, 학교에서 동물원이나 박물관 또는 낯선 장소로 체험학습을 가는 것에 불안을 느끼는 아동과 함께 작업한다고 가정해 보겠습니다. 아동은 불안감에 대한 반응으로 모든 체험학습에 가지 않습니다. 체험학습에 참여하지 않는 것이 아동으로 하여금 불안에 대한 경험을 회피하도록 돕지만, 아동은 점점 가족이 여행을 가고 방문하고자 하는 장소를 포함해 모든 낯선 장소를 두려워합니다. 그리고 같은 반 친구들이 체험학습에서 돌아온 뒤 무엇을 즐기고 왔는지 신나게 이야기하면, 아동은 점점 소외감과 불편함과 당황스러움을 느낍니다. 낯선 장소에 가지 않는 것은 불안감을 느끼지 않게 해 주지만(회피 전략), 아동은 체험학습 이후 또래로부터 단절감 느끼는 것을 좋아하지는 않습니다. 아동이 회피하는 것은 ACT Kidflex의 목표인 '유연한 나'와 일치하지 않기 때문에, 아동과 함께 중요한 문제를 다루는 데 집중할 수 있습니다(이 사례에서는 또래와 연결되어 있다고 느끼게 하는 것입니다). 치료자는 아동이 체험학습에 참여해야 한다는 불안으로부터 자유롭지 않더라도, 즉 친구들과 체험학습을 가기 위해 불안을 느낄 때도 낯선 장소에 방문하게 함으로써 중요한 것 하기를 도울 수 있습니다.

'중요한 것 선택하기'와 '중요한 것 하기' 소개하기

앞서 언급한 바와 같이 ACT의 과정을 어떤 순서로 다루어야 하는지에 대한 규칙이나 합의는 없습니다. 어떤 치료자는 가치(중요한 것 선택하기)와 전념 행동(중요한 것 하기)으로 치료를 시작하는 반면, 다른 치료자는 마지막 회기에서 이 과정을 다룹니다. 아동이 그 시간에 배워야 한다고 생각하는 것에 따라 어떤 과정을 언제 다룰지 유연하게 대처하는 것이 중요합니다. 이를 고려하면서 저는 그대로 두기와 내려놓기 이후 중요한 것 선택하기와 중요한 것 하기에 초점을 두는 것이 아동에게 효과적이라는 것을 알게 되었습니다. 왜냐하면 아동이 자기 생각과 감정을 그대로 두고 내려놓을 도구를 미리 주면, 대부분 자신에게 중요한 것을 시작하거나 시작할 준비가 되었다고 느끼기 때문입니다.

중요한 것 선택하기와 중요한 것 하기를 치료의 종결이 아닌 시작에 가깝게 두고 다룸으로써 아동은 중요한 것을 하기 위해 노력하면서 마주하게 되는 어려움을 나눌 기회를 얻게 됩니다. 하지만 만약 이와 같은 과정을 마지막 회기까지 다루지 않는다면, 아동은 치료를 마친 후에만 중요한 것 하기를 시작할 수 있고, 자신의 경험을 치료자와 함께 이야기할 기회를 갖지 못할 수 있습니다. 아동이 대처하는 방법에 효과적이고 지속적인 변화를 주기 위해서는 그들의 어려움을 함께 이야기하는 것이 중요합니다. 또한 역할에 따른 시간 제약으로 인해 아동을 몇 회기만 만날 수 있는 경우도 있으므로(예를 들면, 학교에서 일하는 경우 개별 아동을 몇 회기만 만날 수 있습니다), 중요한 것 선택하기와 중요한 것 하기를 초반에 다루는 것은 빠르고 효과적인 치료에 도움이 됩니다.

아동에게 '중요한 것 선택하기'와 '중요한 것 하기'에 대해 가르칠 때, 이는 종종 아동의 마음에 주어진 힘의 일부를 되찾는 씨앗이 되기도 합니다. 저는 이 두 가지 과정을 아이들에게 소개할 때, 떠오르는 생각을 선택할 수는 없지만 생각이 무엇을 해야 하는지 하지 말아야 하는지 지배하게 하는 것은 선택할 수 있다고 설명합니다. 아동, 부모, 또는 보호자가 아동이 이전에 또는 오랫동안 하지 않았던 일들(답이 틀릴지도 모른다는 불안을 느끼면서도 수학 시간에 대답하기 위해 손을 번쩍 드는 것, 자신의 프로젝트가 훌륭하지 않다는 것을 알면서도 발표하기 위해 자원하는 것 등)을 하기 시작했다고 말하면, 아동이 이러한 아이디어에 반응하고 있다는 것을 알게 될 것입니다.

아동이 치료자를 만나러 올 때쯤이면 이미 주변 사람들로부터 문제나 어려움에 대처하기 위해 무엇을 해야 하는지에 관한 다양한 전략을 들었을 것입니다. 아동에게 중요한 것 선택하기와 중요한 것 하기를 소개할 때, 그들이 한 번도 들어본 적 없는 개념을 소개해야 할 가능성이 큽니다. 즉, 중요한 것이 있다면 어떠한 문제나 어려움도 중요한 것을 하는 데 방해가 될 수 없다는 개념 말입니다. 아동이 중요한 것 선택하기와 중요한 것 하기를 할 수 있는 기술을 갖추게 되면 종종 새로운 자유와 안도감을 느낍니다. 특히 아동이 대처하기 힘든 어려움으로 매우 부담을 느끼거나 압도당했을 때 그들의 자존감에 긍정적인 영향을 미칩니다.

중요한 것 선택하기와 중요한 것 하기를 소개할 때, 아동은 종종 문제나 어려움을 어떻게 다룰 수 있는지 선택권이 있다는 말을 듣고 매우 긍정적으로 반응합니다. 그럴 때 저는 아이들의 자세 변화를 자주 관찰하는데, 아이들은 중요한 것을 선택하고 행동할 수 있다는 제안에 의자에 털썩 주저앉는 것부터 똑바로 앉아서 활짝 미소 짓는 모습까지 다양한 반응을 보입니다. 또한 부모가 자녀에게 "좋을 것 같아. 한번 해 볼래?"라고 말하며 생기 있고 열정적으로 반응하는 것도 보았습니다. 이와 같은 부모의 반응은 아동이 스스로 변화를 일으킬 수 있다는 확신을 갖게 해 줍니다. 일단 아동이 중요한 것 선택하기와 중요한 것 하기에 대해 알게 되면, 그들은 종종 대처 방법에 몇 가지 변화를 시도하기 위해 역량을 강화하게 됩니다.

이제 아동에게 중요한 것 선택하기와 중요한 것 하기를 어떻게 설명할 수 있는지, 그리고 아동이 이 두 가지 과정을 이해하는 데 도움이 되는 질문들을 살펴보겠습니다.

아동이 중요한 것을 선택하도록 돕기

중요한 것 선택하기에 대해 말할 때, 아동은 치료자가 듣기 좋아하는 것을 말하거나 부모나 선생님이 중요하다고 언급했던 것을 말할지도 모릅니다. 이러한 점을 염두해 두고 중요한 것 선택하기를 소개하는 방법은 다음과 같습니다. "부모님과 선생님이 관심 가져야 한다고 말하는 것, 즉 ○○의 삶에서 중요하게 여겨야 한다고 어른들이 말하는 것 말고, ○○에게 정말 중요한 것이 무엇인지 생각해 봐. ○○의 심정heart[10] 안에 무엇이 있는지, 그리고 네가 가장 중요하게 여기는 것이 무엇인지 생각해 보렴."

다른 과정과 마찬가지로, 치료자 자신의 삶에서 예시를 찾아 들려주는 것은 아동의 참여에 도움을 줍니다. 아동에게 무엇이 중요한 것인지 예시를 제공한 후에는 "○○의 생각과 감정이 ○○에게 중요한 것을 하지 못하게 방해하고 있니?"라고 질문하면서 아동이 놓칠 수 있는 것으로 초점을 옮깁니다.

다음 페이지에는 아동에게 작성하도록 권할 기록지가 있으며, 이는 http://www.newharbinger.com/49760에서 다운로드할 수 있습니다.

10 이 책에서 일부 'heart'는 '마음'으로 볼 수 있으나 자동적 인지 및 mind와 구분하기 위해 '심정(心情)'으로 번역했다. 각주 3번 참고(역자 주).

기록지 3: 나에게 감사 카드 쓰기

매우 중요하게 생각하는 일 중에서 내가 하고 있는 일 한 가지를 생각해 보세요. 예를 들면, 반려동물을 돌보거나, 다른 사람들을 친절하게 대하고 배려하는 것 말이죠. 이제 그 한 가지 일을 해낸 나에게 감사 카드를 써 보세요. 내용을 다 쓰면 카드를 꾸며 보세요.

다음 영역에서는 중요한 것 선택하기 과정에서 마법 지팡이 질문을 사용하는 방법을 간략히 개괄합니다(2장의 사례개념화 양식 참조).

마법 지팡이 질문

2장에서 아동에게 마법 지팡이를 가지고 있는 것처럼 행동하도록 요청할 수 있으며, 이는 아동이 전에 해 보지 않은 중요한 것을 시작하게 하거나 더 자주 하게 한다는 점을 다루었습니다.

사회불안장애가 있는 아동에게 마법 지팡이 질문을 어떻게 사용할 수 있는지 살펴봅시다.

"○○가 마법 지팡이를 갖게 되었다고 상상해 보자. 실제로 그러면 좋겠지만, 마법 지팡이는 진짜가 아니니까 그럴 수는 없어. 하지만 그냥 그렇게 생각해 보는 거야. 그것이 ○○의 생각과 감정에 대처하는 데 도움이 된다고 상상해 봐. 그리고 ○○는 주변 사람들과 관련된 일을 시작할 수 있어. 이 일들은 ○○가 전에 해 보지 못했던 것이고, ○○에게 정말 중요한 거야. 아니면 이 일들을 더 자주 해 볼 수도 있어. 무엇을 시작하거나 더 자주 해 볼 수 있을까?"

아동은 생일 파티나 가족 모임에 가거나, 가족과 함께 교회에 가거나, 또는 사람이 많은 쇼핑몰에 가거나, 제시간에 학교에 도착해 다른 학생들과 함께 교실로 걸어갈 거라고 대답할 수 있습니다. 아동에게 이번 회기에서 그중 한두 가지 목표를 선택하고 싶은지 물어보세요. 이는 아이가 본인에게 중요한 무언가를 시작해 볼 수 있도록 치료자가 도와주고 싶어 한다는 것을 깨닫게 합니다.

만약 아동에게 마법 지팡이 질문을 하기로 결정했다면, 다음의 기록지를 완성하게 할 수 있습니다. 이 기록지는 http://www.newbarbinger.com/49760에서 다운로드할 수 있습니다. 이 기록지를 회기 중에 사용하려면 색연필이나 마커, 또는 크레파스 등 다양한 도구를 제공할 것을 추천합니다. 또한 다양한 색상의 하트 모양, 별 모양, 그리고 라인스톤[11] 스티커 등 지팡이를 장식하는 데 사용할 수 있는 모든 것을 활용할 수 있습니다. 이는 아동이 연습에 적극적으로 참여하도록 이끌 수 있습니다. 아동이 기록지를 완성하면, 이것을 집에 가져가고 싶은지 물어봅니다. 또는 그것을 벽이나 방 안의 잘 보이는 곳에 놓아두도록 제안할 수 있습니다. 기록지를 볼 때마다 중요한 것이 무엇인지 상기시켜 주기 때문에 아동 스스로 중요한 것을 선택하는 데 도움을 줍니다. 만약 아동이 회기에서 기록지 완성하기를 원치 않는다면, 집으로 가져가 완성하게 할 수 있습니다. 사례개념화 예시에서는 치료자가 마법 지팡이를 갖고 있다고 상상하도록 안내하지만, 기록지에서는 아동 자신이 마법 지팡이를 갖고 있다고 상상하게 합니다. 이는 아동이 기록지를 치료 회기에서뿐만 아니라 치료자가 없는 가정에서도 사용할 수 있게 하려는 것입니다.

11 옷이나 단추, 손톱 장식에 쓰이는 모조 보석(역자 주).

기록지 4: 마법 지팡이

실제로 마법 지팡이는 없지만, 우리 생각과 감정에 대처하는 데 도움을 주는 마법 지팡이가 있다고 상상해 보세요. 이 마법 지팡이는 우리가 정말 중요한 것을 시작하고 더 자주 하도록 도와준답니다. 마법 지팡이를 그리고, 시작해 보고 싶은 일이나 더 자주 하고 싶은 것을 적어 보세요.

그림을 완성하면, 이제 마법 지팡이를 꾸며 보세요.

중요한 것을 선택하는 심정heart

아동이 자신에게 중요한 것을 선택했다면, 그것의 어떤 점이 중요한지 물어보세요. 아이에게 그것이 왜 중요한지 이유를 묻는 것이 아니라는 점을 알려 주는 것이 좋습니다. 그러면 치료자가 그것이 아동에게 중요하지 않다고 말하는 것이 아니라는 점을 이해할 수 있습니다. 예를 들어, 만약 아동이 파티에 참석하지 않으면서 파티에 가는 것을 중요한 것으로 선택한다면, "파티가 왜 중요하니?"라고 묻는 대신 "파티에 가는 것이 ○○에게 어떤 점에서 중요할까?" 또는 "파티에 가지 않기로 결정했을 때 무엇을 놓칠 수 있다고 생각하니?"라고 물어볼 수 있습니다.

유용한 힌트

아동에게 중요한 것이 무엇인지 묻는 것은 실제로 그 문제를 다루거나 대처하는 데 어려움을 느끼는지, 아니면 그 문제에 어떻게 대처하고 영향받는지를 염려하는 사람들(부모나 교사 등)을 힘들어하는지 명확하게 파악하는 데 도움이 됩니다.

대니얼Daniel이라는 가상의 내담자에게 중요한 것 선택하기를 소개하는 몇 가지 방법을 살펴봅시다. 대니얼은 동네에서 하키를 하는 7세 소년입니다. 그의 부모님은 대니얼이 우울감을 느끼고 최근 하키 연습에 가는 것을 거부하고 있어서 치료자에게 데려왔습니다. 대니얼은 우울할 때 이런 감정을 없애거나 피하기 위해 어떤 것도 하려 하지 않는다고 말했습니다. 또한 슬픈 기분이 들면 하키를 즐기지 못하기 때문에 하키 연습에 가지 않고 집에 가만히 있는다고 했습니다. 치료자는 대니얼이 자기 생각과 감정에 덜 압도되고 덜 통제받도록 처음 그를 만났을 때 그대로 두기와 내려놓기를 하게 했습니다. 대니얼이 우울을 느낄 때 자신에게 중요한 일을 중단해 버리면 그의 생각과 감정이 더 강해지는 만큼, 두 번째 회기에서는 중요한 것 선택하기를 다룹니다. 대니얼에게 하키를 하고 연습에 참여하는 것이 그에게 중요한 일인지 묻고, 연습에 참여하지 않을 때 놓치게 되는 것은 무엇인지 질문합니다. 대니얼은 친구들과 재미있게 놀고, 팀의 일원이 되는 것을 즐기며, 연습에 참여하고 난 뒤 더욱더 활기를 느낀다고 말합니다. 치료자는 대니얼이 골키퍼이며, 그가 공을 잘 막아 낼 때 팀 동료들이 그를 응원해 주는 것이 팀에서 가치 있는 일원이라는 느낌을 받게 한다는 것을 알게 됩니다.

이 시점에서 취할 수 있는 접근 방식은 무엇일까요? 대니얼의 마음이 그에게 '기분이 우울하니까 연습에 가지 않아도 된다'라고 말할 때도 그가 하키 연습에 참여하도록 격려할 수 있습니다. 또한 대니얼에게 우울할 때 연습에 참여하는 것을 힘들게 만드는 것이 무엇인지, 그리고 연습에 참여하기 위해 무엇을 하고자 시도하는지 물어볼 수 있습니다. 또 다른 접근법은 대니얼의 마음이 '연습에 갈 수 없거나 가고 싶지 않다'라고 말할 때, 대니얼이 연습에 가도록 부모님이 도울 수 있는 일은 무엇인지 생각해 보게 하는 것입니다. 예를 들어, 대니얼의 마음이 연습에 가고 싶지 않다고 말할 때 부모님은 일단 대니얼이 연습 장소에 도착하면 진심으로 하키를 즐긴다는 것을 상기시켜 줄 수 있습니다(치료자는 대니얼에게 내려놓기 과정을 상기시키기 위해 "마음이 말한다"라는 문구를 의도적으로 사용하고 싶을 겁니다).

또한 대니얼에게 종이 한 장을 주고 하키를 하는 것이 그에게 중요한 이유를 적어 보게 할 수 있습니다. 대니얼이 이유를 다 쓰면, 그 종이를 침실 벽에 붙여 놓고 하키 연습에 가기 싫을 때마다 그것을 보도록 제안할 수 있습니다. 이는 그의 마음이 연습에 가고 싶지 않다는 생각을 할 때조차 무엇이 중요한지 상기시켜 줍니다(이는 중요한 것 선택하기, 중요한 것 하기, 내려놓기를 결합한 것입니다).

이번 회기에서 사용할 수 있는 중요한 것 선택하기 연습에는 여러 가지가 있는데, 가정에서 보너스 활동을 하도록 부모에게 제안하는 것뿐 아니라 기록지나 미술 작업도 포함됩니다.

'중요한 것 선택하기' 연습

앞서 3장에서 미술 작업을 통해 그대로 두기와 내려놓기 과정을 아동에게 알려 주는 방법을 다루었습니다. 미술 작업은 아동에게 중요한 것 선택하기를 소개하는 데도 좋은 방법입니다. 이제 중요한 것 선택하기와 관련된 미술 작업을 살펴보겠습니다.

[연습 15] 보물 상자 또는 배낭 그리기/색칠하기

아동이 중요하게 여기는 모든 것이 들어 있는 보물 상자나 배낭을 그리게 합니다. 그런 다음 보물 상자나 배낭 옆에 어떤 것들이 들어 있는지 목록을 쓰게 합니다. 아동이 보물 상자나 배낭을 꾸미고 싶어 할 수도 있습니다(Coyne, 2011에서 각색).

[연습 16] ‘너라서 고마워’ 감사 카드 쓰기

아동에게 자신에 대해 무엇이 중요한지 생각해 보고 친구, 가족, 선생님, 코치가 아동에게 ‘너라서 고마워’ 감사 카드를 쓰고 있다고 상상하게 합니다. 그런 다음 아동 자신에게 이 카드를 써 보게 합니다. 무슨 내용을 써야 할지 자신 없어 한다면, 아동이 가정에서 도움 준 일에 가족들이 고마워하거나, 학교 선생님이 항상 자원해서 도와준 아동에게 감사하는 예시 등을 들 수 있습니다. 카드를 적고 난 후에 꾸미게 해도 좋습니다.

참고: 아동이 ‘기록지 3’을 완성했다면, 이 연습은 반복되므로 제안하지 마세요.

[연습 17] 나에게 생일 축하 카드 쓰기

아동에게 자신에게 보내는 생일 축하 카드를 써 보게 합니다. 카드에 자신과 관련된 중요한 모든 것을 적고, 생일 카드를 꾸미게 합니다.

[연습 18] 초등학교 졸업 카드 쓰기

아동에게 자기 자신에게 보내는 초등학교 졸업 카드를 쓰게 합니다. 지금 하고 있는 중요한 모든 일(다른 사람을 친절하게 대하고 보살피는 일, 반려동물을 돌보는 일 등)에 대해 쓰고, 카드를 꾸미게 합니다.

[연습 19] 하트 모양 그리기/색칠하기

아동에게 하트 모양을 그리거나 색칠하게 한 뒤, 그들에게 중요한 것을 하트 모양 안에 쓰게 합니다. (만약 아동이 물감으로 색칠하기를 선택했다면, 물감이 마를 때까지 기다렸다가 별도의 종이에 글을 써서 그림 위에 붙이게 합니다.)

이제 또 다른 가상의 내담자를 예로 들어 회기에서 이 같은 미술 작업 중 하나를 어떻게 사용할 수 있는지 살펴보겠습니다. 세라Sarah는 여섯 살이고, 몇 주 전 삼촌이 돌아가셨습니다. 세라에게는 가까운 누군가가 사망한 일이 처음입니다. 세라는 삼촌이 돌아가신 이후 숙모와 사촌들 만나는 것을 피하고 있습니다. 세라는 사촌들을 그리워하지만, 삼촌이 집에서 돌아가셨기 때문에 그 집에 가는 것이 슬프고 긴장되고 불편하게 느껴집니다. 세라는 숙모와 사촌들을 사랑하고 걱정하지만, 그들을 보러 가야 할지 말아야 할지 혼란스러워합니다. 치료자는 숙모와 사촌들을 세라에게 중요한 것과 연결시키도록 돕기 위해 중요한 것 선택하기를 소개하기로 합니다.

여기서 어떻게 접근할 수 있을지 생각해 봅시다. 치료자는 세라에게 왜 친척들과 시간 보내는 것을 좋아하는지(친척들과 함께 시간을 보내는 것에 대해 '무엇이 중요한지' 물으면 세라가 이해하지 못할 수 있음), 그리고 친척 집에 가는 것을 회피함으로써 놓치게 되는 것은 무엇인지 물어볼 수 있습니다. 예를 들어, 세라는 사촌들과 함께 고양이와 놀거나 어항에 있는 물고기 보는 걸 좋아한다는 사실을 알게 될 것입니다. 또는 숙모와 사촌들과 함께 시끌벅적한 시간을 보낼 때마다 그들과 유대감을 느끼고, 사촌들과 자신이 자매라면 좋겠다고 말할 수도 있습니다. 세라의 마음이 사촌들 집에 가는 것이 슬프고 긴장된다고 말하더라도, 치료자는 세라에게 그들을 만나 보라고 격려해 줄 수 있습니다.

세라가 그림 그리기를 좋아한다는 것을 알고 있으므로 종이를 한 장을 주고 하트 모양을 그리도록 권할 수 있습니다. 그런 다음 하트 모양 안쪽에 친척들과 함께 시간 보내는 걸 좋아하는 이유를 적어 보라고 제안합니다(글쓰기나 맞춤법에 어려움을 겪는다면, 치료자가 대신 적어 줄 수 있습니다). 세라가 이 작업을 완성하면, 숙모와 사촌을 만나고 싫어 하는 이유를 상기시키기 위해 그림을 집에 가져가고 싶은지 묻습니다.

지금까지 중요한 것 선택하기에 대해 살펴보았습니다. 이번에는 아동에게 중요한 것 하기를 어떻게 소개할 수 있는지 살펴보겠습니다.

아동이 중요한 것을 하도록 돕기

아동이 자신에게 중요한 것이 무엇인지 파악하도록 도운 뒤에는 자신에게 중요한 것을 바탕으로 시작할 수 있는 구체적인 행동을 생각해 내도록 도울 수 있습니다. 아동에게 중요한 것을 어떻게 실행해 옮길 것인지 함께 이야기하는 데 시간을 충분히 할애할 것을 권하는데, 이는 치료자와 아동이 구체적인 행동을 생각해 내는 데 도움을 주기 때문입니다. 예를 들어, 아동이 숙제가 어려워 걱정하고 있지만 학교에서 공부를 잘하는 것이 자신에게 중요하다고 말할 수 있습니다. 이때 아동이 시작해 볼 수 있는 행동은 숙제를 완수하기 어려울 때 선생님에게 도움을 요청하는 것입니다. 이는 학교에서 잘 해내고 싶은 마음에서 비롯된 것입니다.

아동이 치료 회기에서 하는 연습 외에도 회기에 참여하기, 치료자가 권하는 보너스 활동 수행하기, 중요한 것을 선택해 시작해 보기 등이 중요한 것 하기에 포함됩니다. 커크 스트로살은 중요한 것 하기에서 내담자가 실패보다는 성공을 경험할 가능성이 큰 현실적이고 달성 가능한 계획을 개발하도록 돕는 게 필수라고 제안합니다 (Strosahl, 2015).

아동에게 "너에게 중요한 일을 하기 위해 시작할 수 있는 가장 작은 일은 무엇일까?"라고 질문하는 것은 중요한 것을 하기 위한 실행 가능한 계획을 세우는 데 도움이 됩니다. 예를 들어, 어떤 아동은 학교에서 더 많은 친구 또는 새로운 친구를 사귀고 싶어 하지만 아이들이 자신과 놀거나 대화하는 걸 좋아하지 않을까 봐 노력하지 않는다고 말합니다. 또한 친구 대부분이 자신에 대해 알게 되면 좋아하지 않을 거라고 생각합니다. 치료자는 아이에게 점심시간에 혼자 있는 친구에게 먼저 다가가 함께 밥을 먹거나 놀이터에서 놀자고 초대해 보는 것부터 시작해 보도록 제안할 수 있습니다.

아동이 자신에게 중요한 것을 하도록 돕는 매우 효과적인 방법은 회기 내에서 역할극role-play을 하는 것입니다. 더 많은 친구를 사귀고 싶어 하거나 새로운 친구를 사귀고 싶어 하는 아동의 경우, 치료자가 아동의 학교 친구 역할을 하며 함께 역할극을 해 볼 수 있습니다. 역할극에서 아동이 치료자에게 다가가 점심시간에 함께 밥을 먹자고 하거나 놀이터에서 함께 놀자고 초대합니다. 치료자는 역할극을 하는 동안 아동이 몸에서 어떤 느낌을 느끼는지 알아차리고, 이러한 느낌과 감각에 대해 어떠한 것도 시도하지 않고(이는 아동에게 그대로 두기를 상기시킵니다) 그대로 두도록 격려할 수 있습니다. 역할극이 끝나면 몸에서 어떤 느낌이 들었는지, 친구에게 먼저 다가가 함께 밥을 먹자고 초대한 경험이 어땠는지 물어 볼 수 있습니다. 그런 다음 아동에게 다음 주에 한두 번 정도 친구에게 먼저 다가갈 수 있다고 생각하는지 묻습니다. 만약 아동이 매일 하겠다고 답하면, 일주일에 한두 번을 목표로 천천히 시작하기를 제안하는 것이 좋습니다. 그래야 시간이 지나면서 달성 가능하고 지속 가능할 가능성이 큽니다(반면 매일 시도하면 아동이 스트레스를 받거나 압도되어 단기간에 포기하기 쉽습니다).

중요한 것 하기에 도전할 때, 목표는 아동이 자신에게 중요한 것과 일치하는 행동을 할 때 어떤 요소가 이를 방해하는지를 탐색하는 것입니다. 직접적인 방법은 아동에게 "○○가 이것을 할 때 어렵게 만드는 것이 있니?"라고 묻는 것입니다. 만약 아동이 그렇다고 대답하면 이에 대해 더 많은 정보를 요구할 수 있고, 그런 뒤 "○○가 이것을 하는 데 도움이 되도록 무엇을 할 수 있을까?"라고 물어볼 수 있습니다.

예를 들어, 점심시간에 누구에게 다가갈지 결정하기 어렵다고 말하면 학교 가기 전날 밤에 어떤 친구에게 먼저 다가가면 좋을지 부모님과 토의할 의향이 있는지 물어 볼 수 있습니다. 또한 먼저 다가갈 아이를 몇 명 생각해 보도록 제안할 수 있습니다. 그리고 친구들에게 먼저 다가가는 것에 자신감을 갖도록 아동의 가족 중 누군가와 역할극 연습을 하도록 격려할 수 있습니다. 이러한 연습은 아동이 말하고 싶은 것을 기억하게 하는 데 도움을 주며, 기꺼이 참여하는 마음willingness을 증진시켜 줍니다.

3장에서 살펴본 것처럼 그대로 두기와 내려놓기는 상호 보완적이며, 중요한 것 선택하기와 중요한 것 하기 또한 마찬가지입니다. 이제 두 과정을 어떻게 결합할 수 있는지 살펴보겠습니다.

'중요한 것 선택하기'와 '중요한 것 하기'를 결합하는 연습

이번 영역에서는 여러 활동을 아우르는 사례 예시를 통해 아동과 함께 중요한 것 선택하기와 중요한 것 하기를 결합하는 연습과 기술을 배워 볼 것입니다.

[연습 20] 내 심정heart 안에 있는 것

5~8세 아동에게 매우 효과적인 접근법은 하트 모양을 그리거나 색칠하는 활동으로 중요한 것 선택하기를 시작하는 것입니다. 그리고 아동에게 가장 중요한 것 중 한 가지 또는 그들에게 가장 중요한 것을 선택하게 합니다. 다음과 같이 예를 제시할 수 있습니다. "예를 들어, 주말에 동생들과 시간을 보내는 것이 ○○에게 중요하다면, 너는 동생들과 게임을 하거나 공을 차거나 미술 활동을 함께 하자고 물어볼 수 있어."

아동은 자기에게 중요한 것을 생각한 뒤 하트 모양 안에 이것을 써 볼 수 있습니다(글쓰기를 어려워한다면 치료자가 써 주겠다고 제안할 수 있습니다). 그런 다음 자신에게 중요한 것과 관련해 할 수 있는 한 가지 행동을 생각하게 하고, 그것을 하트 모양 안에(공간이 부족하면 하트 모양 밖에) 쓰게 합니다. 아동이 어떤 행동을 생각해 내면, 그 행동을 하기 위해 먼저 해야 할 일이 있는지 물어봅니다. 예를 들어, 동생과 미술 활동을 하기로 했다면 동생의 나이에 적합한 활동은 무엇인지, 그리고 언제 그 활동을 하는 것이 좋은지 부모에게 물어볼 필요가 있습니다.

저는 9~12세 아동을 위해 조금 더 복잡한 버전의 연습을 개발했습니다. 하지만 내담 아동에게 적합한지는 아동에 대한 치료자의 판단과 지식을 활용해야 합니다. 만약 연습이 너무 복잡하다고 생각되면, 앞서 설명한 5~8세 아동을 위한 간단한 연습을 사용할 수 있습니다. 이 연습은 Dahl and Lundgren(2006)의 '과녁'을 각색한 것입니다.

첫 번째 단계로, 아동에게 종이 한 장과 필기구(사인펜, 연필 등)를 주고 하트 모양 모양을 그리게 합니다. 그런 다음 자신에게 가장 중요한 것을 하나 선택하게 하고(중요한 것 선택하기), 하트 모양 가운데에 그것을 적게 합니다. 앞서 언급한 예시처럼 동생과 시간을 보내는 것이 중요하다면, 그 내용을 적도록 권합니다. 그런 다음 '동생과 함께 시간을 보내는 것'처럼 중요한 일을 실제로 하고 있는지 묻습니다.

다음 단계는 하트 안에 점을 찍어서 아동에게 중요한 것(동생들과 함께 시간 보내기 등)을 하는 것으로부터 얼마나 가깝거나 멀리 떨어져 있는지 보여 달라고 요청하는 것입니다. 만약 아동이 형제자매와 많은 시간을 보내고 있다고 느낀다면 하트의 중앙 부분에 점을 찍고, 많은 시간을 보내지 않는다고 느낀다면 멀리 떨어진 곳에 점을 찍을 수 있습니다. 아동에게 그들이 자신에게 중요한 일을 실제로 하고 있는지에 대해 질문하고 있다는 점을 설명해 주는 것이 좋습니다. 이는 아동이 이 일을 하기 위해 얼마나 자주 시간을 보내는지 생각해 보는 데 도움이 됩니다.

아동이 하트 모양 안에 점을 찍으면 그 행동(형제자매와 시간 보내기 등)을 하기 어렵게 만드는 것이 있는지, 그리고 자신에게 중요한 것에 더 가까이 다가가기 위해 어떤 행동을 할 수 있는지(중요한 것 하기)를 묻습니다. 치료자가 예를 하나 들어 줄 수도 있습니다(형제자매와 함께 게임하기 등). 그런 다음 아동 스스로 몇 가지 행동을 생각해 보게 하고, 그것을 하트 모양 바깥에 쓰도록 제안합니다. 마지막으로, 아동에게 "이러한 행동을 규칙적으로 하는 것을 어렵게 만드는 것은 뭐니?"라고 물어봅니다.

제 경험에 비추어 볼 때, '내 심정heart 안에 있는 것' 연습은 아동이 자신에게 중요한 것이 무엇인지 생각하도록 도울 뿐 아니라, 그들이 중요한 것으로부터 얼마나 가깝거나 멀리 떨어져 있는지 알게 해 줍니다. 이번 장 초반에서 살펴본 마법 지팡이 기록지처럼 이 연습은 아동에게 멋진 시각 자료를 제공해 주며, 아동은 침실 벽에 붙여 놓기 위해 그림을 집으로 가져가고 싶어 할 것입니다.

[연습 21] 두 개의 길

제가 10대였을 때 어머니가 "사람은 대부분 상황에서 두 가지 선택권을 가진다"라고 말씀하셨던 것이 기억납니다. 하나의 길을 가면 하나의 결과로 이어지고, 다른 길을 가면 다른 결과로 이어지게 된다는 것입니다. 어머니는 자신의 어린 시절에 대해 이야기하며, 부모가 어떤 방식으로 행동하는지 보고 자라더라도 나이가 든 후에 그와 똑같이 행동할지 아니면 다르게 할지 선택할 수 있다고 말했습니다. 어머니 말씀을 염두에 두고, 저는 중요한 것을 선택하고 중요한 것을 하는 두 가지 길을 결합하는 연습을 개발했습니다. 이 연습은 아동이 자신에게 중요한 것을 하지 않는 행동이 어디로 이어지는지, 그리고 자신에게 중요한 것을 하는 행동이 어디로 이어지는지 보도록 도와줍니다. 저는 이 연습이 아동에게 두 가지 과정을 이해하는 데 도움을 줄 뿐 아니라, 아동과 매우 밀접하게 관련된 두 과정을 결합하는 데 도움이 된다는 것을 깨달았습니다. 또한 대면 및 비대면 회기에 모두 효과가 좋다는 것을 알게 되었습니다. 요약하자면, 이 연습은 다음과 같은 내용을 포함합니다. 첫째, 아동에게 가장 중요한 어떤 것을 글로 적게 합니다(중요한 것 선택하기). 둘째, 두 개의 길을 그립니다.

셋째, 길 두 개 중 하나의 옆에 자신이 중요하게 생각하는 것을 하지 못하게 만드는 것을 나열하고, 다른 길 옆에는 중요한 것과 가까워지게 하는 것을 나열하게 합니다. 아래에서 이 연습을 좀 더 자세하게 설명하겠습니다.

이제 중요한 것 선택하기와 중요한 것 하기를 결합한 두 가지 사례를 살펴보겠습니다.

사례 예시: 자하라, 11세

자하라Zahara의 어머니는 자하라가 친구들로부터 원치 않는 부적절한 활동을 강요받은 일을 경험한 이후 저에게 연락했습니다. 코로나19 상황이라 모든 회기를 온라인으로 진행했습니다. 자하라를 만나기 전에 어머니를 먼저 몇 분간 만났습니다. 어머니는 자하라가 더 사랑받을 수 있는 아이라고 묘사했고, 좀 더 자신감을 가지고 친구들의 강요나 불편감을 느끼는 상황에서 스스로 벗어나길 바란다고 말했습니다. 저는 자하라를 세 차례 만났습니다.

아래 대화록은 자하라에게 중요한 것 선택하기를 소개하는 내용입니다.

치료자 자하라, 만약 너 자신에게 중요한 것을 시작하도록 내가 도울 수 있다면, 무엇을 하고 싶니?

자하라 음, 학교에서 친구들과 일이 좀 있었어요. 저는 싫다고 말했지만, 같이 어울려야 한다는 부담감을 느꼈어요. 저는 다른 사람에게 굴복하지 않는 방법을 알고 싶어요. 남에게 좌지우지되지 않고, 제가 일으킨 문제가 없다면 친구들과 거리를 두고 싶어요. 엄마는 제가 너무 착하다고 말해요. 왜냐하면 제가 사람들에게 거절했다가도 결국 부탁을 들어주기 때문이에요.

치료자 너는 다른 사람들과 함께 있을 때 어떤 사람이 되고 싶어? 친구들과 함께 있을 때 너의 행동에서 중요한 게 무엇이니?

자하라 저는 똑똑하고, 배려하고, 친절하고, 친근하고, 용감하고, 저 자신이 되는 것을 두려워하지 않으며, 제가 생각하기에 옳지 않다고 느끼면 아니라고 말할 수 있는 용기를 갖고 싶어요. 옳은 것을 스스로 주장할 수 있으면 좋겠고, 사람들이 타인에게 못되게 굴 때 따르지 않으면 좋겠어요.

치료자 너에게 중요한 것이 많구나. 그중에서 가장 중요한 것은 무엇일까? 가장 중요한 것 한 가지 또는 중요한 몇 가지를 선택한다면 말이야.

자하라 음, 뭔가 옳지 않다는 것을 알게 되었을 때 아니라고 말할 수 있는 용기를 갖는 것, 나 자신이 되는 것을 두려워하지 않는 것, 내 의견을 스스로 주장할 수 있는 것은 확실한 것 같아요.

치료자 이제 네가 친구들과 함께 있을 때 원치 않는 것에 관해 생각해 보면 좋겠어. 너는 어떤 행동을 하고 싶지 않니?

자하라 못되게 굴거나 거만하게 굴고 싶지 않아요. 그리고 지나치게 친절하고 받아주는 것 대신 옳은 것을 주장하고 싶어요. 다른 사람이 원치 않는 것을 하라고 말하고 싶지도 않고요.

자하라에게 무엇이 중요한지 들은 후, 저는 자하라가 중요한 것과 관련된 것을 어떻게 선택하는지 알 수 있도록 '두 개의 길' 연습을 하기로 했습니다.

자하라와 '두 개의 길' 연습하기

자하라에게 종이 한 장과 필기구를 준비하게 한 후 친구들을 포함해서 다른 사람과 시간을 보낼 때 그녀가 행동하길 바라는 방식에서 중요한 것은 무엇인지 생각해 보게 했습니다. 그리고 그것을 종이 위쪽에 한 문장으로 쓰게 했습니다. 자하라는 "자신감 있거나 재미있는 척하는 대신 나 자신이 되는 것"이라고 적었습니다. 그런 다음 자하라에게 두 개의 길을 그리되 길 사이에 글을 적을 수 있는 공간을 두게 하고, 첫 번째 길을 'A길' 그리고 두 번째 길을 'B길'이라고 이름 붙이게 했습니다. 이어서 A길 왼쪽에는 '친구들과 어울리고 싶지 않은 방식', B길 왼쪽에는 '친구들과 어울리고 싶은 방식'이라고 쓰게 했습니다.

자하라에게 A길 옆에 다른 사람들과 어울리고 싶어 하는 방식으로부터 멀어지게 만드는 모든 행동(학교에서 친구들이 누군가를 괴롭힐 때 그 행동을 따라 하는 것 등)을 쓰게 했습니다. B길 옆에는 다른 사람들과 어울릴 때 그녀가 되고 싶어 하는 모습에 더 가까워지게 만드는 모든 행동(친구들이 다른 사람을 흉볼 때 방어하는 것, 다른 사람을 욕하는 것은 좋지 않다고 말하는 것 등)을 나열하게 했습니다.

자하라가 두 개의 길 옆에 모든 행동을 나열한 후에는 다음 질문들을 생각해 보게 했습니다.

- "만약 네가 A길에 있는 무언가를 하고 있다는 것을 알아차린다면(다른 사람을 흉보는 것처럼 네가 되고 싶지 않은 모습), 어떤 일들을 할 수 있을까?"
- "네가 B길(친구들이 다른 사람을 흉볼 때 자리를 피하거나, 그런 행동은 좋지 않다고 말하는 것 등)에 머물 수 있도록 도와주는 것은 무엇이 있을까?"

저는 자하라에게 이와 같은 질문을 할 때, 자하라가 다른 사람들과 어울리고 싶은지 또는 그러고 싶지 않은지에 대해 이미 알려 준 진술을 사용했습니다. 자하라에게 각각의 길이 무엇인지 상기시키기 위해 이 질문을 했고, 그녀가 이미 생각해 낸 행동들을 사용함으로써 A길과 B길이 무엇인지 매우 명확해졌습니다.

두 개의 길 연습은 온라인 회기에서 정말 효과적이었습니다. 자하라는 모든 작업을 이해할 수 있었고, 매우 열정적으로 참여했습니다. 회기를 마무리할 때는 이 연습이 매우 도움이 되었다고 말했습니다. 만약 온라인으로 이 연습을 할 경우, 회기 시작 전에 부모님에게 연락해 아동이 회기 내에서 사용할 종이와 필기구를 준비하도록 부탁할 수 있습니다. 연습이 끝나면 아동에게 핸드폰으로 그림을 사진 찍게 하고, 부모님에게 요청해 파일 사본을 이메일로 받을 수 있습니다. 만약 아동에게 핸드폰이 없다면, 부모님에게 사진을 찍어 메일로 보내 달라고 하는 것이 편한지 물어볼 수 있습니다.

이제 다른 아동의 사례를 통해 같은 회기 내에서 중요한 것 선택하기와 중요한 것 하기를 결합하는 방법을 소개하겠습니다. 먼저, 초반의 두 회기에서 무슨 작업이 이루어졌는지 자세히 설명하고, 두 번째 회기에서 그대로 두기와 중요한 것 선택하기, 중요한 것 하기에 중점을 둔 이유(두 과정을 소개하기 위해 세 번째 회기까지 기다리는 대신)를 설명할 것입니다. 그런 뒤 두 번째 회기에 대한 대본을 제공합니다.

사례 예시: 벨린다, 8세

벨린다Belinda는 강박장애가 있는 아동으로, 수도꼭지를 4의 배수 빈도로 틀었다가 잠그기를 반복합니다. 그리고 강박행동을 하지 않으면 나쁜 일이 생길 거라며 불안해합니다. 벨린다와 그녀의 어머니와 함께한 첫 번째 회기에서는 사례개념화에 시간을 할애했는데, 벨린다의 심적 어려움은 이모가 사망하고 삼촌이 암 진단을 받은 후인 몇 달 전에 시작되었기 때문에 그 기간이 꽤 짧았습니다. 사례개념화를 완료한 후에도 회기 종료까지 시간이 남아서 그대로 두기에 관한 토의를 시작했습니다(그대로 두기에 대한 내용은 3장 참조).

두 번째 회기를 시작할 때, 벨린다와 어머니는 그녀가 여전히 수도꼭지를 틀었다 잠그기를 반복한다고 했고, 혹시라도 나쁜 일이 생길까 봐 등교하는 것을 제외하고는 외출하지 않는다고 했습니다. 저는 여름 방학이 시작되기 전 마지막 날에 6주 동안 벨린다를 만나지 못하게 될 것을 예상했습니다. 벨린다가 앞으로 6주 동안 집 밖으로 나갈 생각이 없다고 말하는 것을 듣고, 저는 내려놓기를 건너뛰기로 했습니다. 그리고 중요한 것 선택하기와 중요한 것 하기를 소개할 뿐 아니라, 그대로 두기를 지속해 보기로 했습니다. 저는 벨린다가 6주 동안 외출하지 않으면 방학이 끝난 뒤 학교로 돌아가는 것이 정말 힘들 것이고, 결국 등교를 거부하게 되지 않을까 염려되었습니다. 따라서 벨린다가 외출하도록 돕는 가장 빠르고 강력한 방법은 벨린다에게 중요한 것 선택하기와 중요한 것 하기를 알려 주는 일이라고 판단했습니다.

중요한 것 선택하기와 중요한 것 하기에 초점을 두기 전에 먼저 벨린다에게 ACT와 노출 및 반응 방지 치료Exposure and Response Prevention[ERP](Hofmann and Smith, 2008)를 사용해 그대로 두기를 연습해 보게 했습니다. ERP는 치료 회기에서 아이들이 두려워하거나 힘들어하는 것을 안전한 방법으로 시도해 보는 과정을 포함합니다. 저는 ERP가 강박장애에 매우 효과적인 치료법인 만큼 큰 도움이 될 것이며, ERP와 결합된 ACT는 ERP를 단독으로 사용할 때만큼 효과적일 것으로 판단했습니다(Twohig et al., 2018).

치료자는 아동과 함께 ERP를 하는 것에 불안함을 느끼고 걱정할 수 있습니다. 이러한 불안은 처음 사용할 때 정말 흔하게 나타나는 반응이니 안심해도 됩니다. 저도 처음 시도할 때 이 방법이 틀리거나 아동이 거부할까 봐 걱정했습니다. 어쩌면 ERP와 ACT를 함께 사용하는 것에 자신이 없을 수 있습니다. 만약 ERP 사용을 아동에게 제안한다면, ERP가 아동과 청소년과 성인에게 큰 효과가 있다는 것이 밝혀졌다고 설명하도록 권장합니다. 이러한 설명이 아동(부모도 마찬가지로)을 안심시켜 줄 수 있기 때문입니다.

이제 벨린다 사례에서 그대로 두기에 중점을 두고 ACT와 ERP를 어떻게 결합했는지 살펴보겠습니다.

벨린다 사례에서 ACT와 ERP 사용하기

저는 벨린다와 어머니에게 사람들이 어떤 것에 대해 두려워할 때, 그것을 치료 회기 내에서 안전하게 다루는 것이 종종 큰 도움이 된다고 설명했습니다. 마찬가지로 아동이 수도꼭지를 틀거나 잠그는 것 같은 특정한 행동을 해야 한다고 생각할 때 두려워하는 것을 회기 내에서 함께 해 보는 것이 도움이 될 수 있으며, 이는 노출 및 반응 방지법, 줄여서 ERP라고 부른다고 설명했습니다. 또한 치료실 안에 있는 세면실에 가서 벨린다가 수도꼭지를 트는 모습이 어떤지 보고 ERP를 시작해 보자고 제안했습니다.

제가 제안하자마자, 벨린다는 자리에서 벌떡 일어나 그 방법을 시도해 보고 싶다고 말했습니다. 그녀의 어머니는 벨린다의 열성적인 반응에 기뻐했고, 이에 동의했습니다. 우리 셋은 세면실로 갔고, 저는 벨린다가 세면대를 마주하고 서 있을 때 몸에서 어떤 느낌이 드는지 알아차리게 했습니다(그대로 두기). 벨린다는 괜찮다고 대답했습니다. 그런 다음 벨린다에게 수도꼭지를 틀고 잠그기를 반복하지 않고, 그냥 수도꼭지를 틀었다가 잠글 의향이 있는지 물었습니다. 그녀는 동의했고, 이를 완수했습니다. 세면실 앞에 서 있는 동안 저는 벨린다에게 다시 몸에서 어떤 느낌이 느껴지는지를 알아차리게 했고(그대로 두기), 또한 마음에서 어떤 생각이 드는지 알아차리게 했습니다(벨린다에게 이것이 내려놓기라고 소개했습니다). 벨린다는 기분은 괜찮지만, 마음이 수도꼭지를 다시 틀라고 말하고 있다고 했습니다(벨린다는 스스로 내려놓기를 하기 시작했습니다).

우리가 수도꼭지를 보고 서 있을 때, 저는 벨린다에게 1부터 10까지의 척도를 상상해 보라고 했습니다. 1은 전혀 강하지 않고 10은 매우 강한 것이라고 설명한 다음, 수도꼭지를 다시 틀고 싶은 생각이 얼마나 강한지 점수를 매기게 했습니다. 벨린다는 7점으로 평가했습니다. 저는 그녀에게 그 생각을 알아차리게 했으며(그대로 두기), 세면실에서 나가 치료실로 갔습니다. 치료실로 돌아와 자리에 앉은 후, 벨린다에게 수도꼭지를 다시 틀고 싶은 느낌이 얼마나 강한지 다시 한번 평가해 보라고 했습니다. 그리고 세면실에 있을 때와 같은 점수를 매기더라도 괜찮다고 알려 주었습니다. (벨린다가 점수를 낮게 매김으로써 치료자를 기쁘게 만들 필요가 없다는 것을 알게 하려는 것입니다). 벨린다는 그 느낌을 4점으로 평가했습니다.

앞서 벨린다가 나쁜 일이 생길까 봐 등교하는 것 외에는 집 밖에 나가지 않았다는 것을 기억할 겁니다. 나쁜 일이 일어날 것 같은 생각이 든다고 해도 벨린다가 외출하는 일에 있어 무엇이 중요한지 알고(중요한 것 선택하기), 자신에게 중요한 것을 할 수 있도록 알려 주는 것(중요한 것 하기)은 벨린다를 돕는 데 있어 매우 중요합니다. 이러한 생각을 염두에 두고, 이제 벨린다와의 회기에서 두 번째 부분을 살펴보겠습니다. 이 내용은 세면실에서 돌아와 치료실에서 나눈 대화에 초점을 두고 있습니다.

치료자 벨린다, 지난번에 만났을 때 뭔가 나쁜 일이 생길까 봐 걱정하고, 이런 생각이 떠오를 때 어떤 행동을 했었잖니?

벨린다 네, 손을 씻거나 샤워하기 전에 수도꼭지를 몇 번 틀었다 잠갔다 하면서 물병이나 컵에 물을 채웠어요. 항상 4의 배수로요.

치료자 네 마음이 그렇게 하라고 했는데도 그런 행동을 하지 않았던 때를 생각해 볼 수 있겠니?

벨린다 코로나19 전인 올해 초에는 마음이 하는 소리를 듣지 않았지만, 최근에는 마음이 시키면 그대로 해요. 그렇게 하지 않으면, 나쁜 일이 일어날 것만 같아요.

치료자 네가 마음에 귀를 기울이지 않았을 때(그대로 두기), 그리고 수도꼭지를 여러 번 틀었다가 잠그는 것을 하지 않았을 때, 무슨 일이 일어났니?

벨린다 실제로 몇 달간 그 생각이 안 들었어요.

치료자 그 생각이 다시 들기 시작했을 때 무슨 일이 일어났지?

벨린다 그 생각이 되살아 난 후로 씻거나 물을 마실 때마다 4의 배수로 수도꼭지를 틀었다가 잠가요. 그러지 않으면 뭔가 나쁜 일이 일어날 것 같아요.

치료자 4의 배수로 수도꼭지를 틀고 잠그는 행동이 너의 시간을 빼앗는다고 생각하니?

예를 들어, 그 행동을 하지 않는다면 그 시간에 다른 것을 하고 있을까?

벨린다 물론이죠! 예전에 외출하기 전에 수도꼭지를 40번은 틀고 잠갔어요! 그리고 걱정하는 데 시간을 너무 많이 쓰게 돼요. 특히 제가 학교 화장실을 사용하거나 놀이터에서 물병에 물을 담을 때 친구나 선생님이 제가 수도꼭지를 틀고 잠그는 걸 알게 될까 봐 걱정스러워요.

치료자 만약 마음이 시키는 것을 하지 않는다면, 너의 삶은 어떨 것 같니?

벨린다 스트레스를 받지 않고 화도 내지 않겠죠. 그리고 에너지도 더 많아져고, 더 차분해지고 자유로워질 것 같아요. 꼼짝하지 않고 가만히 있지는 않을 것 같아요.

치료자 그런 생각들을 다루려고 노력하느라 네가 놓친 것이나, 가야 하는데 가지 못한 곳이 있을까?

벨린다 친구들이 집에 초대하고, 영화관이나 쇼핑몰에 같이 가자고도 했지만 매번 거절했어요. 그리고 예전에는 부모님이랑 오빠랑 일요일마다 점심을 먹으러 할아버지 할머니 집에 갔는데, 지금은 집이 더 안전하다고 느끼기 때문에 더는 가지 않아요. 만약 외출한다면, 제가 아플까 봐 또는 외출하는 동안 집에 무슨 일이 생길까 봐 걱정하면서 내내 시간을 보낼 거예요.

치료자 이런 걱정이 생기기 전에 친구들이랑 외출하거나 친구네 집에 놀러 가기도 했니? 그런 장소나 할아버지 할머니 댁에 가는 건 어땠어?

벨린다 아주 좋아했어요. 친구들 집에 가면 재밌게 놀았고, 또 가장 친한 친구가 최근에 강아지를 키우기 시작했는데 정말 보고 싶어요. 그리고 할아버지 할머니 댁에 가는 것도 매우 좋아해요. 거기에 닭이 있어서 달걀을 모을 수 있거든요. 큰 채소밭도 있고 할머니랑 채소를 따서 집에 가져가기도 해요.

치료자 와, 이런 일들 하는 것이 너에게 정말 중요한 것처럼 들려.

벨린다 맞아요.

치료자 친구들을 만나고 할아버지 할머니 댁에 방문하는 것과 관련해 가장 중요한 것이 뭐니? 만약 대답하기 어렵다면, 친구를 만나고 조부모님을 만나는 것이 너에게 중요한 것인지 생각해 볼 수 있겠니?

벨린다 친구들과 재밌게 놀고, 월요일에는 학교에서 주말 동안 함께 했던 것을 이야기해요. 그리고 할아버지 할머니 댁에 방문하면 할머니가 빵 굽는 방법을 알려 주시거나, 함께 퍼즐을 맞추고 맛있는 초콜릿과 쿠키를 먹어요.

치료자 네가 친구들과 할아버지 할머니를 만날 때, 매우 특별한 시간을 보내는 것처럼 들리는구나. 그럼 질문을 하나 해 볼게. 너는 마음이 가진 힘이 얼마나 크다고 생각해? 그 힘이 작아서 마음이 하는 말에 귀 기울이는 정도를 네가 조절할 수 있어?

아니면 그 힘이 너무 커서 마음이 너를 지배하고 무엇을 하고 하지 말아야 하는지 알려 주니?

벨린다 확실히 힘이 커서 마음이 시키는 것은 무엇이든지 하는 것 같아요.

치료자 어떤 생각이 떠오르는데, 그 전에 먼저 이 얘기가 이상하게 들릴 수 있다는 걸 말해 주고 싶어. 왜냐하면 나쁜 일이 일어날 것 같은 걱정에 대해 그동안 네가 해 왔던 것과 많이 다르기 때문이야. 방금 세면실에서 너의 마음이 수도꼭지를 여러 번 틀고 잠그라고 말할 때 네 마음이 말하는 것을 모두 해야 할 필요가 없다는 것을 알게 되었어(그대로 두기). 나는 네가 친구들을 만나고, 가장 친한 친구가 키우는 강아지도 보고, 할아버지 할머니 댁에 방문하는 것처럼 너에게 중요한 일들을 해 볼 수 있다고 제안하고 싶어. 설령 마음이 나쁜 일이 일어날 거라고 말할 때도 말이야. 걱정을 없애기 위해 아무것도 하지 않아도 돼. 그 걱정과 함께 갈 수 있어(그대로 두기).

벨린다 (웃음)

치료자 약간 이상한 소리처럼 들릴 수 있어! 하지만 이런 것들이 너에게 정말로 중요하다면, 너의 걱정이 이것을 막아서는 안 돼.

벨린다 이게 효과가 있을까요? 어떻게 걱정과 함께 가죠?

치료자 친구네 집에 갈 때, 혹은 친구들과 쇼핑몰에 갈 때 보통 어떻게 가니?

벨린다 부모님이 태워다 주세요.

치료자 그러면 언제 걱정이 들기 시작하니?

벨린다 대부분 집에서 나가기 전이요. 전화해서 약속을 취소하고 가지 않을 핑계를 대요.

치료자 만약 외출하기 전 집에 있을 때, 친구에게 전화를 걸어 약속을 취소하거나 부모님이 대신 전화를 걸어 취소하게 하는 대신 "걱정아, 어서 와(내려놓기). 차에 함께 타자(그대로 두기). 이제 나갈 시간이야"라고 말하면서 네가 걱정하고 있다는 것을 알아차린다면 어떨까? 그리고 차에 타면 네 옆에 걱정을 위한 공간을 만들고(그대로 두기), 걱정이 네 옆에 앉아 있다고 상상해 보는 거야(내려놓기). 그러면 걱정은 너와 함께 친구네 집이나 할아버지 할머니 댁에 갈 수 있고 쇼핑몰에도 같이 갈 수 있어. 걱정이 네가 외출하는 것을 막는 것 대신 말이야.

벨린다 제가 하던 것과 매우 다르긴 하지만, 한번 시도해 볼게요.

치료자 혹시 이것을 하기 어렵게 만드는 것이 있을까?

벨린다 처음에는 좀 이상한 느낌이 들 것 같은데, 한번 해 보고 싶어요.

치료자 벨린다, 오늘 너의 생각과 감정에 대해 말하고 새로운 것 시도하는 일을 정말 잘했단다. 이런 걱정을 해결하기 위해 기꺼이 다른 방법을 시도해 본다는 건 정말 대단한 일이야.

벨린다의 부모님과 작업하기

회기가 끝날 때마다 벨린다의 어머니와 시간을 보내면서 벨린다가 배운 것을 연습하도록 어떻게 도울 수 있는지 조언해 주었습니다. 제가 벨린다와 함께 작업을 시작하기 전 벨린다의 어머니는 아이가 수도꼭지를 여러 번 틀고 잠가야 한다는 생각이 들 때 스스로 주의 전환distract을 하도록 벨린다에게 권했습니다. 벨린다의 어머니는 주의 전환이 도움 되지 않는다는 것을 인정했는데, 3장에서 살펴보았듯이 주의 전환은 생각과 감정을 그대로 두기보다는 회피하게 만들기 때문에 ACT에서는 쓰지 않습니다. 그 대신 저는 벨린다(그리고 나머지 가족들) 앞에서 자신의 걱정거리(자녀들에게 공개하기 적합한)를 큰 소리로 말함으로써 벨린다에게 자기 생각을 그대로 두고 내려놓기 하는 것을 상기시키도록 격려했습니다. 벨린다의 어머니는 다음과 같이 시도했습니다. "직장에서 새로운 컴퓨터 프로그램을 배우는 것에 대한 걱정아, 이리 와(내려놓기). 이제 일하러 가야 할 시간이야(그대로 두기)." "나는 회사에 갈 때 새로운 컴퓨터 프로그램을 배워야 한다는 걱정이 내 옆에 앉아 있다고 상상할 거야(내려놓기)."

유용한 힌트

일상적인 상황을 사용해 부모가 자녀에게 ACT Kidflex 과정을 상기시키는 방법을 가르치면 치료 회기에서 아동이 배운 것을 강화할 수 있습니다. 이는 아동이 그 과정을 사용하고 더 나은 대처 기술을 개발하는 데 도움이 됩니다.

벨린다가 자신에게 중요한 것과 연결시키도록 돕기 위해 벨린다의 어머니에게 아이가 조부모님 댁에 방문하는 것에서 무엇이 중요한지 물어보고, 조부모님 댁에 가는 것을 얼마나 좋아하는지 상기시키게 했습니다. 그런 다음 벨린다가 가족과 함께 조부모님 댁에 방문할 생각을 갖도록 격려해 주라고 제안했습니다. 아무리 벨린다의 마음이 두렵다고 말할지라도, 조부모님은 그녀에게 중요한 존재이며 벨린다는 그들과 함께할 때 즐겁기 때문입니다(중요한 것 하기).

또한 벨린다가 조부모님을 방문한 이후, 다음 목표는 친구들과 약속을 잡는 것이라고 제안했습니다. 벨린다에게 친구들과 노는 것에 있어 무엇이 중요한지 물어봄으로써 이를 도와주도록 권했습니다(중요한 것 선택하기). 그뿐 아니라, 친구네 집에 가서 노는 것을 즐기는 이유를 상기시키고, 벨린다의 마음이 아직 걱정하고 있다고 말하더라도 스스로 준비하도록(중요한 것 하기) 격려하게 했습니다. (이는 또한 벨린다에게 그대로 두기와 내려놓기를 상기시켜 줍니다).

제가 조부모님 댁 방문하는 것에 중점을 둔 회기 다음 날, 벨린다는 조부모님 댁에 갔습니다. 어머니는 방문이 매우 성공적이었고 벨린다가 정말 잘 대처했다고 알려 주었습니다. 또한 조부모님 댁에 가는 길에 벨린다가 차에 타면서 "걱정아, 앉아. 우리는 할머니와 할아버지를 만나러 갈 거야"라고 혼잣말을 했다고 말해 주었습니다. 게다가 회기 이후로 벨린다가 수도꼭지를 반복적으로 틀고 잠그는 행동을 하지 않는다는 것과 친구들과 함께 공원에 놀러 가기로 약속했다는 것도 알려 주었습니다.

지금까지 회기 내에서 중요한 것 선택하기와 중요한 것 하기를 결합하는 방법에 대한 예시를 살펴보았습니다. 이제 ACT Kidfelx의 과정을 서로 연결하는 방법, 아동이 수행한 연습과 연결하는 방법에 대해 살펴보겠습니다.

ACT Kidflex 과정 연결하기

앞서 살펴본 두 번째 회기에서 저는 벨린다에게 그대로 두기, 중요한 것 선택하기, 중요한 것 하기에 대한 사례개념화 양식의 질문을 몇 가지 했습니다. 벨린다가 각 요소가 어떻게 서로 연관되어 있는지 알고, 그것을 어떻게 함께 사용할 수 있는지 배울 수 있도록 과정 간의 연결고리를 매우 명확하게 했습니다.

아동에게 중요한 것 선택하기와 중요한 것 하기가 이전 회기에서 했던 연습들과 어떻게 관련되는지를 설명하는 것은 중요합니다. 치료자가 무언가에 대해 가르쳐 주려는 이유를 아동이 깨달을 때 일상에서 전략을 스스로 채택하고 연습할 가능성이 더 커지기 때문입니다. 아동의 부모에게 피드백을 제공할 때는 이전 회기에서 사용한 연습과 중요한 것 선택하기, 중요한 것 하기가 어떻게 연관되는지 강조할 수 있습니다. 가능한 경우 각 과정에서 이 작업을 수행하는 것이 좋습니다.

이전 회기에서 수행했던 연습을 상기시키고, 각 과정을 개별적이 아닌 함께 사용하는 방법을 설명함으로써 아동에게 보너스 활동을 줄 때 연결고리를 만들어 볼 수도 있습니다. 저는 종종 아동에게(적합한 경우 부모에게) 우리가 치료에서 하는 것은 문제나 어려움에 대처하고 관리하는 방법을 위한 도구를 만드는 것과 같고, 어떤 도구가 다른 것보다 더 중요하다고 볼 수 없으며, 각각의 도구가 모두 중요하다고 말합니다. 때로는 회기에서 배운 도구를 한 번에 여러 가지를 사용할 수도 있고, 때로는 한두 가지 도구만 사용할 수도 있지만 괜찮다고 말해 줍니다.

유용한 힌트

ACT Kidflex 과정 간의 연결을 명확하게 설명하지 않고 이전 회기에서 사용했던 연습과 연결짓지 않은 채 개별적으로 다루면, ACT가 연관성 없는 별도의 과정으로 구성된 것처럼 어색해 보일 수 있습니다. 특히 ACT를 처음 접하는 경우에는 이런 일이 매우 흔합니다. 치료자가 ACT를 더 많이 사용할수록, 내담자와 함께 그리고 자신의 삶에서 연습할수록 ACT를 더 부드럽게 사용할 수 있으며, 내담자를 위해 과정을 연결하는 방법을 찾을 수 있습니다.

중요한 것 선택하기와 중요한 것 하기 회기 종결하기

아동과 함께 중요한 것 선택하기와 중요한 것 하기를 다루었고, 곧 회기를 종결할 것입니다. 회기를 마무리하기 위한 몇 가지 효과적인 전략을 살펴보겠습니다.

아동에게 다음과 같이 질문하며 회기를 요약할 수 있습니다.

1. "오늘 우리가 이야기한 것 외에 ○○에게 중요한 것은 무엇이고, ○○에게 가장 중요한 것 한 가지는 무엇이니?"
2. "그 한 가지를 생각해 볼 때, 그것을 위해 네가 시작할 수 있는 작은 일은 어떤 것이 있을까?" (아동이 가장 중요하게 생각하는 것에 이름을 붙일 수 있습니다.) 만약 아동이 스스로 무엇을 할 수 있는지 확신하지 못한다면 "친구를 사귀는 게 중요하다면, 부모님에게 주말에 학교 친구 한 명을 초대할 수 있는지, 아니면 공원이나 쇼핑몰에 함께 갈 수 있는지 물어볼 수 있단다"라며 관련된 예를 들어 줄 수

있습니다.

3. “○○가 이 작업을 하는 것을 어렵게 만들거나 방해하는 것이 있니?”

만약 아동이 잠재적인 문제를 인식하고 있다면 과제task를 세분화함으로써 아동이 수행할 수 있는 쉬운 단계로 만들 수 있습니다. 예를 들면, 아동에게 부모와 함께 학급 명부class list를 살펴보면서 편안함을 느끼는 아이를 찾아보라 제안한 뒤, 아동이 집에 누군가를 초대하는 역할극을 부모님과 연습해 보도록 제안할 수 있습니다. 만약 제안한 모든 단계를 아동이 거부한다면, 아동이 스스로 할 수 있는 더 작은 단계의 행동(학교 친구에게 쉬는 시간에 함께 공놀이하자고 물어보는 것 등)을 권할 수 있습니다. 이와 같이 작은 단계를 시도하는 것은 아동이 주말에 같이 놀 친구를 초대하는 것 같은 더 대담한 단계를 시도하는 데 도움이 됩니다.

유용한 힌트

아동이 스스로 할 수 있는 작고 현실적인 것들을 파악하면, 치료 과정을 따르고 중요한 것을 시도해 볼 가능성이 커집니다. 만약 아동이 대담하고 어려운 일을 해 보기로 선택했다가 끝까지 해내지 못한다면, 아동은 쉽게 포기하며 자신이 정말 중요한 일을 할 수 없다고 생각할 수 있습니다.

이번 장을 마치기 전에, 중요한 것 선택하기 및 중요한 것 하기와 관련해 회기를 종결할 때 치료자가 부모에게 제안할 수 있는 몇 가지 사항을 살펴보겠습니다.

부모를 위한 제안

아동이 중요한 것 선택하기와 중요한 것 하기에 대해 배운 내용을 강화할 수 있도록 부모에게 아이가 특정한 것을 중요하다고 생각하게 된 이유를 함께 브레인스토밍하고, 이와 관련해 할 수 있는 행동을 함께 생각해 보도록 권합니다. 예를 들어 아동이 새로운 친구를 사귀고 싶어 한다면 부모는 “새로운 친구를 사귀는 것이 너에게 어떤 점에서 중요하니?"라고 물어볼 수 있습니다. 아동이 몇 가지 이유를 말하면, 부모는 "새로운 친구를 사귀기 위해 할 수 있는 행동은 무엇일까?"라고 물을 수 있습니다. 만약 아이가 이유를 말하길 꺼린다면 그래도 괜찮다고 알려 주고, 그럼에도 불구하고 아동이 새로운 친구를 사귀기 위해 시도해 볼 수 있는 몇 가지 행동을 생각해 보게 할 수 있습니다.

또한 아이에게 중요한 일을 할 수 있는 몇 가지 방법(쉬는 시간에 다른 친구에게 다가가기, 주말에 친구들을 놀이에 초대하기 등)을 부모가 제안할 수 있다고 알려 줍니다. 부모는 아동과 함께 집에서 역할극을 하면서 아이가 새로운 친구에게 다가가는 기술을 연습하도록 도울 수 있고, 만약 부모가 학교에 데려다준다면 아동이 학교에 도착해 친구에게 뭐라고 말할지 기억하도록 차에서 역할극으로 연습할 수도 있습니다.

마무리

이번 회기에서는 아동에게 중요한 것 선택하기와 중요한 것 하기를 소개하고, 아동은 단지 자기 생각과 감정 때문에 자신에게 중요한 장소나 상황을 회피할 필요가 없다는 것을 배웠습니다. 아동은 이번 회기를 통해 힘을 얻을 가능성이 크며, 자기 마음에 얼마나 귀를 기울이는지 그리고 그들의 문제나 어려움이 주는 영향을 통제할 수 있다고 느낄 수 있습니다. 이번 회기에서 했던 연습은 작고 현실적이며 성취 가능한 단계를 통해 아동이 자신에게 중요한 것을 선택하고 중요한 것을 하는 것을 어떻게 시작할 수 있는지 보여 주었습니다. 이와 같은 기술은 이전 회기에서 배운 그대로 두기와 내려놓기에 중점을 둔 내용을 바탕으로 만들어졌습니다. 그러나 아동이 가장 필요로 하는 것에 따라 그대로 두기와 내려놓기를 소개하고 난 이후가 아닌 첫 번째 회기를 마친 뒤에 중요한 것 선택하기와 중요한 것 하기를 소개할 수도 있습니다. 다음 장에서는 아동에게 현재에 머무르기를 가르치는 방법을 알아볼 것입니다. 생각과 감정에 사로잡히기보다 주변에 일어나는 일을 알아차리는 것은 아동의 행동이 미치는 영향에 대해 더 많은 통찰을 줄 수 있습니다.

5장

'여기 머무르기'와 '자기 알아차리기'

지금까지 그대로 두기let it be와 내려놓기let it go, 중요한 것 선택하기choose what matters와 중요한 것 하기do what matters를 살펴보았습니다. 이제 ACT Kidflex의 마지막 두 가지 과정을 다루고자 합니다. 여기 머무르기stay here[12](노래를 듣고 모든 소리, 악기, 단어를 듣는 것처럼 현재 경험을 알아차리는 것)와 자기 알아차리기notice yourself[13](가장 아끼는 티셔츠를 동생이 허락 없이 입었을 때 그에게 소리치는 것을 멈추고 매우 화가 난다는 사실을 알아차리는 것처럼 뒤로 물러서 자신을 관찰하는 것)입니다. 이 장에서는 아동에게 이 두 가지 과정을 소개하며, 여기 머무르기와 자기 알아차리기 연습을 회기에서 사용하고, 가정에서 실습하도록 아동과 부모에게 연습을 추천하는 방법을 알아보겠습니다.

12 저자는 심리적 유연성의 여섯 가지 요인 중 하나인 현존하기(being present)를 '여기 머무르기'로 표현한다. 이는 개방적이고 비방어적으로 현재에 접촉하는 것을 말한다. 마음챙김 범주의 일부로 지금-여기에 있기 등 다양하고 쉬운 말로 설명해 줄 필요가 있다. 오롯이 여기에 잘 존재한다면 수용과 탈융합이 수월하며, 가치가 잘 떠오르고 전념행동으로 연결될 수 있다(역자 주).

13 저자는 심리적 유연성의 여섯 가지 요인 중 하나인 맥락으로서의 자기(self as context)를 '자기 알아차리기'로 표현한다. 사적 경험의 수용을 방해하는 '개념적 자기' 대신 '지금-여기' 경험을 '관찰하는 자기'를 말한다. 마음챙김 범주의 일부로 '나를 주목하기', '나 관찰하기', '관찰하는 나', '체스 말이 아닌 체스판' 등 다양하고 쉬운 말과 비유로 설명해 주는 것이 좋다(역자 주).

'여기 머무르기' 소개

저는 아동에게 여기 머무르기를 소개할 때, '마음챙김mindfulness'이라는 말을 들어본 적이 있는지 물어봅니다. 그러면 대부분 학교에서 마음을 진정시키는 데 초점을 둔 프로그램을 해 본 적 있다며 "명상을 이야기하는 거죠? 학교에서 하고 있어요"라고 대답합니다. 또는 잠자기 전에 휴식을 돕기 위해 휴대폰의 애플리케이션을 사용한다고 말하기도 합니다. 이런 경우, 저는 이렇게 말합니다. "명상은 여기에 머물면서 현재 일어나고 있는 일에 마음을 집중시키려고 노력하는 한 가지 방법이란다. 하지만 다른 방법도 있어. 내가 함께 작업했던 아이들에게 도움이 되었던 몇 가지 연습을 소개하고 싶어."

아동에게 여기 머무르기를 설명할 때 '자기의 몸과 주변에서 지금 일어나고 있는 일을 실제로 알아차리는 것'이라고 설명합니다. 자기 생각에만 집중하는 것이 아니라 정말로 그 순간에 머무르는 것입니다. 저는 아이가 여기 머무르기 개념을 이해할 수 있도록 "친구가 너에게 말을 걸고, 네가 바로 앞에서 말하고 있는 친구의 눈을 보고 있는데도, 실제로는 그 말을 듣지 않고 다른 생각을 하고 있다는 걸 깨달은 적 있니? 그래서 친구가 한 말을 전혀 기억하지 못했던 경험이 있니?"라고 종종 묻습니다. 대부분은 그렇다고 대답합니다!

혼자 책을 읽을 수 있는 더 큰 아동(8~12세 정도)에게 적용하는 또 다른 예시 질문은 "책을 읽을 때 페이지의 맨 아래까지 읽었는데, 읽은 내용이 하나도 기억나지 않는다는 걸 깨달은 적 있니?"입니다. 아이가 그렇다고 대답하면, 치료자도 자신을 포함한 많은 사람에게 이런 일이 일어난다고 대답할 수 있습니다! 이는 우리가 여기에 머무르는 상황과 우리 마음이 다른 곳에 있는 상황에 대해 아이와 이야기를 나눌 좋은 기회입니다.

이제 아동과 이 토의를 계속하는 데 사용할 수 있는 연습을 살펴보겠습니다.

[연습 22] 여기에 머무르며 다른 곳에 존재하기

저는 루이스 헤이즈(Louise Hayes)와 함께 이 연습을 개발했습니다(Black, 2016). 디지털 화이트보드를 사용하는 온라인 회기에서 아이들과 함께 이 연습을 진행했고, 종이를 사용하는 대면 회기에서도 진행했습니다. 이 연습을 위해 화이트보드 또는 종이 가운데에 두 칸짜리 표를 만듭니다. 왼쪽 칸의 맨 위에 '여기 머무르기(Staying Here)'라고 쓰고, 오른쪽 칸 맨 위에는 '다른 곳에 존재하기(Being Othere)'라고 씁니다. 각 칸에 중립적인 예를 써넣으며 연습을 시작하는 것이 좋습니다. 예를 들어, 치료자는 요리할 때가 여기에 머무는 시간이고, 은행이나 우체국에 줄을 서는 것이 일반적으로 다른 곳에 있는 시간이라고 말할 수 있습니다. 예시를 제공한 후에는 아동에게 각 칸에 써넣을 자신의 예를 생각해 보라고 합니다. 만약 아동이 잘 떠올리지 못한다면 아침을 먹는 것, 수업을 듣는 것, 악기를 연주하는 것, 수영 강습에 참석하는 것, 집안일을 하는 것, 가장 좋아하는 노래를 듣는 것, 공예나 퍼즐을 하는 것과 같은 경험을 물어볼 수 있습니다. 아동에게 칸에 적을 몇 가지 예시를 제시하게 한 후 화이트보드 또는 종이에 씁니다(아동이 원하는 경우 직접 작성하게 합니다). 각각의 예와 관련해 그 상황에서 아동이 여기에 머물러 있다고 느끼는지, 아니면 다른 곳에 있다고 느끼는지 물어봅니다. 그런 다음 아래와 같이 질문합니다.

여기에 머물기	다른 곳에 존재하기
요리할 때	은행이나 우체국에 줄을 설 때

- "여기에 머무르는 것을 방해하는 것이 있다면 무엇이니?"
- "여기에 머무르는 연습을 할 수 있는 상황은 어떤 상황일까?"
- "여기에 머무르기 위해 어떤 작은 일부터 시작할 수 있을까?"

여기에 머물며 다른 곳에 존재하기 개념을 소개한 후에는 체험적인 연습을 통해 아동에게 여기 머무르기 과정을 알려 줍니다. 이제 이 연습 중 몇 가지를 살펴보겠습니다.

'여기 머무르기' 연습

회기에서 아동과 함께 할 수 있는 체험적 연습 중 여기 머무르기 연습을 한 가지 선택하는 것이 좋습니다. 아이들은 회기가 끝난 후에 그 연습을 기억하고, 원한다면 가정이나 학교에서 실습할 수 있기 때문에, 여러 개가 아닌 회기당 한 가지 연습을 하는 것이 더 강력합니다. 하지만 연습이 빨리 끝나거나, 아이가 연습에 참여하지 않는다면 (무관심하거나 다른 것을 해도 되는지 묻는다면), 다른 연습을 시도해 볼 수 있습니다. 다음에서 각 연습에 대해 몇 가지 지침을 제안하지만, 자유롭게 수정할 수 있습니다.

[연습 23] 여기에 머무르며 먹기

이 연습을 할 때는 사전에 아동의 부모로부터 다음 회기에서 아동과 이 연습을 하는 것에 동의를 받는 것이 중요합니다. 부모가 동의하면 다음 회기에 아이가 먹을 것을 가져다 달라고 부탁하고, 말린 과일이나 신선한 과일, 채소 스틱, 작은 캔디바 등 이 연습에 적합한 음식의 예시를 알려 주는 것이 좋습니다.

아동을 연습에 초대하고, 잠시 후 집에서 가져온 음식을 꺼내라고 한 다음, 음식을 먹기 전에 치료자의 설명을 주의 깊게 들어야 한다는 지침을 전달합니다. 이러한 지침을 먼저 제안하는 이유는 실제 연습에서 초콜릿이나 사탕을 사용한 경험이 있는데, 우리가 무엇을 할 것인지 알려 주기 전에 아이가 음식을 먹어 버렸기 때문입니다!

다음은 에이미 살츠만과 필립 골딘이 여기에 머물며 먹기에 대해 작성한 대본입니다(Saltzman and Goldin, 2008). 이 대본은 http://www.newharbinger.com/49760에서 다운로드할 수 있습니다. 반드시 정확한 대본을 사용할 필요는 없으며, 자신의 대본을 만들 수 있다는 점을 기억하세요.

> 한 입 베어 물고, 입안에서 무슨 일이 일어나고 있는지, 무슨 맛인지 알아차려 보세요. 서두르지 말고, 한 번에 한 입씩, 맛이 어떻게 변하는지, 치아와 혀가 어떻게 움직이는지 주의를 기울여 보세요. … 삼키고 싶은 충동을 알아차리고, 음식을 삼킬 때 목구멍으로 넘어가는 것을 느껴 보세요. … 삼킨 후에 다시 준비되면, 한 입 베어 무세요. 천천히 하세요. 자신의 경험에 호기심을 가져 보세요. 지금 이 순간 몸, 마음, 심정(heart)이 어떻게 느끼는지 주의를 기울이세요.

[연습 24] 여기에 머무르며 음악 듣기

이것은 루이스 헤이즈와 함께 개발한 또 다른 연습입니다(Black, 2016). 회기에서 아동이 들을 수 있는 음악의 종류에 문화적 또는 종교적 제한이 있을 수 있으니 아동의 부모에게 미리 물어보는 것이 좋습니다. 이 연습에서는 사전에 어떤 지시 없이 노래를 들려줍니다. 만약 아이가 무엇을 해야 하는지 묻는다면, 규칙이 무엇인지 궁금해하는 아동의 마음을 알아차리고 있다고 대답해 줍니다. 노래를 재생한 후, 노래를 들으면서 무슨 생각을 했는지 물어봅니다. 그런 다음 다시 노래를 들려주고, 이번에는 여기에 머물기를 하면서 노래를 듣게 합니다. 노래를 듣고 난 후, 처음에 듣지 못했던 것을 두 번째에서 들은 것이 있는지 물어봅니다.

[연습 25] 미역처럼 움직이기

이 연습은 Saltzman and Goldin(2008)을 각색한 것으로, 일반적으로 8세 이하의 아동에게 사용합니다(8세 이상 아동에게 적합한지는 치료자의 판단에 따라 결정하세요). 이 연습을 할 때는 아동에게 바닥이나 카펫에 눕거나 의자에 앉아 있을 수 있는 선택권을 줍니다. 제가 이 연습을 제안한 아이들은 대부분 바닥에 눕는 것을 선택했습니다(제 사무실과 치료실에는 카펫이 있습니다. 만약 사무실에 카펫이 없다면 요가 매트를 준비해 바닥 대신 매트 위에 눕도록 제안할 수 있습니다). 저는 부모들이 치료실에서 아이와 함께 바닥에 눕거나 앉아서 참여하는 것을 좋아하고, 이후 가정에서 아이와 함께 이 연습을 하고 싶다고 말하는 것을 종종 보았습니다. 이 연습은 아동에게 여기 머무르기 과정을 가르치는 좋은 방법입니다. 왜냐하면 아이들은 움직임에 주의를 기울이면서 동시에 그들의 생각과 느낌을 알아차리는 것을 배우기 때문입니다. 이 연습은 그저 알아차리는 것을 통해 그대로 두기 과정과 여기 머무르기 과정을 결합합니다. 아래 제시하는 대본을 사용하되 얼마든지 수정할 수 있습니다.

> ○○이가 바다 밑바닥의 모래 위에 누워 있고, 등이나 발로 모래를 단단히 붙잡고 있는 미역이라고 상상해 보세요. 파도가 크고 빠르게 움직여서 미역이 좌우로 흔들립니다. 물이 ○○이를 앞뒤로 밀어 ○○이의 팔과 다리가 움직이고 있다고 상상해 보세요. ○○이는 팔과 다리를 움직이고 팔을 좌우로 흔들거나 위아래로 흔들 수 있습니다. 파도가 점점 작아지고, 바다는 거의 움직임 없이 고요하고 조용해집니다. 모래 위에서, 바다

> 밑에서, 전혀 움직이지 않는 미역처럼 휴식을 취하는 것은 어떤 느낌일지 상상하면서 가만히 누워 있어 보세요. 이렇게 하는 동안 ○○이의 몸에 무엇이 느껴지는지, 무엇을 생각하는지, 그리고 어떤 느낌이 드는지 알아차려 보세요.

이 연습을 한 후에는 아동이 스트레스나 걱정이나 분노와 같은 감정을 경험할 수 있는 상황을 생각해 보도록 권유하고, 화가 나거나 괴로워하는 상황에서 이 연습이 도움이 될 수 있다고 생각하는지 물어봅니다. 일부 부모는 회기에서 자녀와 함께 이 연습에 참여한 후 자녀가 괴로워할 때(형제자매와 말다툼할 때 등) 가정에서 연습하도록 유도했는데, 아이의 감정이 고조되는 것을 방지하고 진정하도록 돕는 데 매우 효과적이었다고 알려 주었습니다.

[연습 26] 마음챙김 호흡

앞서 3장에서 아이에게 눈을 감거나 바닥의 한 지점을 선택해 집중하게 하면 주의가 흐트러지는 것을 줄일 수 있다고 설명했습니다. 지금 소개하는 연습은 불안하고 공황 발작을 경험하기 쉬운 아동에게 특히 좋습니다. 호흡을 조절해 과호흡을 방지하는 데 도움이 되기 때문입니다. 이 연습은 불안감을 느끼는 상황에서 빠르고 신중하게 자기 자신을 도울 수 있는 도구를 제공함으로써 아이들에게 힘을 주고 공황 발작을 일으킬 가능성을 줄여 줍니다. 저는 마이크 투히그와 진행한 워크숍에서 이 연습을 배웠고(Twohig, 2014), 대본을 수정했습니다. 대본은 그대로 사용하거나 수정할 수 있습니다.

> 손을 배 위에 편안하게 올립니다. 코로 숨을 들이마시면서 콧속의 시원한 공기를 느끼고, 입으로 천천히 숨을 내쉽니다. 그리고 다시 천천히 숨을 들이마십니다. 코로 들이마시고, 입으로 내쉬면서 배가 부드럽게 부풀어 올랐다가 들어가는 것을 느껴 보세요. 마치 풍선을 불 때처럼 말이에요. 만약 ○○이가 걱정되는 상황에 처해 있다면, 여기에 머물면서 스스로 진정할 수 있도록 도울 수 있습니다. ○○이는 이것을 혼자서 할 수 있고, ○○이가 이 호흡을 하는 이유를 아무도 알 수 없습니다. 이 호흡이 도움이 된다고 느낀다면 집, 자동차, 교실 또는 어느 곳에서든 할 수 있습니다.

유용한 힌트

이 연습을 사용하는 아동이 스트레스 또는 불안을 경험하거나 특정 대상(개, 벌레, 거미 등)에 공포증이 있는 경우, 아이가 스트레스를 받거나 불안해하는 특정 상황을 대본에 포함해 연습하는 것이 좋습니다.

회기에서 이러한 체험적 연습을 수행하는 것 외에도 다음 기록지를 작성하도록 제안하거나, 집으로 가져가 완성하게 할 수 있습니다. 기록지는 http://www.newharbinger.com/49760에서 다운로드할 수 있습니다.

기록지 5: 여기 머무르기

생각에 사로잡히는 대신 여기에 머무르면서 내 주변에서 무슨 일이 일어나고 있는지 실제로 알아차리기 위해 할 수 있는 연습에는 어떤 것이 있을까요? (예: 음악 듣기, 그림 그리기, 색칠하기 등)

여기 머물면서 주변에 무슨 일이 일어나고 있는지 알아차리기 위해 무엇을 할 수 있나요?

여기 머무르기를 연습할 날짜와 시간을 적고, 이를 연습하기 위해 할 수 있는 몇 가지 활동을 적어 보세요.

앞서 살펴본 바와 같이, 아동이 회기 사이에 연습을 계속하는 것은 매우 유익합니다. 이 과정을 훈련하고 더 발전시키기 위해 아동과 부모에게 가정에서 여기 머무르기 연습을 하도록 권하는 방법을 생각해 봅시다.

집에서 하는 '여기 머무르기' 연습

여기 머무르기 과정에 초점을 맞춘 회기가 끝날 무렵이면, 저는 아동에게 집에서 여기 머무르기를 연습할 수 있는 활동에 관해 이야기합니다. 만약 부모가 회기 동안 대기실에 있다면 치료실로 초대해 여기 머무르기 과정에 대해 몇 분간 설명해 줍니다. 그런 다음 아이와 제가 회기에서 했던 여기 머무르기 연습을 어떻게 하는지 방법을 가르쳐 주고, 이 연습을 집에서 실습하도록 아이를 격려하는 방법도 조언해 줍니다.

유용한 힌트

보너스 활동을 권유할 때는 아동이 좋아할 만한 것을 선택하세요. 아동이 미술을 좋아한다면 **여기 머무르기**를 하는 동안 색칠하기나 그림 그리는 것을 제안할 수 있지만, 만약 미술을 좋아하지 않는다면 다른 연습을 제안하세요. 아이들이 꺼릴 수 있는 추가 활동을 제안하는 것보다, 아이가 이미 일상에서 하고 있는 활동을 제안하는 것이 좋습니다.

아래의 각 연습에는 아동과 부모에게 연습을 설명하는 방법을 확인할 수 있도록 몇 가지 지침을 포함했지만, 이를 수정하거나 대본을 직접 만들어도 좋습니다. 이제 아동과 부모에게 추천할 수 있는 몇 가지 일상적인 연습을 살펴보겠습니다. 아동이 가정에서 혼자 할 수도 있고, 부모가 아이와 함께 할 수도 있습니다.

[연습 27] 음악 듣기

회기에서 여기 머무르기 연습으로 음악 듣기를 했던 아동을 포함해 모든 아이에게 이 방법을 제안하는 것이 좋습니다. 다음과 같이 이 연습을 소개할 수 있습니다.

> 단어, 소리 그리고 다른 악기에 주의를 기울이면서 ○○이가 좋아하는 음악을 들어 보세요. 음악에서 이전에 들어 보지 못했던 소리가 들리는지 확인해 보세요. 만약 ○○이의 관심이 노래에서 멀어지고, 관련이 없는 다른 것에 대해 생각하는 자신을 발견한다면, 부드럽게 음악을 듣는 것으로 주의를 되돌려 보세요.

[연습 28] 양치질하기

회기에서 실제 연습으로 양치질을 하지는 않지만, 집에서 양치질하는 동안 여기 머무르기를 연습하는 방법을 아동과 부모에게 알려 줄 수 있습니다. 다음은 제가 이 연습을 제안할 때 사용하는 대본의 예시입니다.

> ○○이가 이를 닦을 때 치약의 냄새와 맛, 칫솔이 치아에 닿는 느낌과 소리, 그리고 물의 온도에 주의를 기울여 보세요. 칫솔이 손에서 어떻게 느껴지는지, 칫솔을 꽉 잡고 있는지, 느슨하게 잡고 있는지 확인해 보세요. 거울에 비친 자기 모습을 볼 수도 있습니다. 내 모습을 보려고 노력하고, 양치질하면서 자기를 보고 있다는 것을 알아차려 보세요. 또한 세면대, 수도꼭지, 배수구의 색상이나 질감, 그리고 세면대 위에 있는 비누 등을 알아차릴 수도 있습니다. 만약 ○○이의 마음이 오늘이나 내일 무엇을 할 것인지 또는 오늘 했던 일들에 관한 생각으로 방황한다면, 양치질하는 것에 주의를 되돌리도록 노력하세요.

저는 “자기를 보고 있다는 것을 알아차린다”라는 표현을 사용해 아동에게 자기 알아차리기 과정, 그리고 여기 머무르기와 자기 알아차리기를 결합하는 방법을 소개합니다.

[연습 29] 색칠하기 또는 그림 그리기

아동에게 가정이나 학교에서 색칠하거나 그림을 그리면서 여기에 머무르는 연습을 해 보도록 제안

할 수 있습니다. 아동과 부모는 집에 있는 탁자에 앉아 각자 그림을 그리거나 색칠할 수 있고, 그림을 그리고 색칠하면서 여기에 머무르려고 했던 경험을 공유할 수도 있습니다. 다음 대본을 사용하거나 직접 수정할 수 있습니다.

> 그림을 그릴 때 붓을 잡은 손의 감각과 붓이 색을 섞는 느낌을 알아차려 보세요. ○○이의 붓이 종이에 닿을 때 느낌이 어떤지도 알아차려 보세요. 붓을 물에 씻을 때 나는 소리와 물통에서 물이 찰싹거리는 소리를 들어 보세요. 붓 대신 손가락을 사용해 그림을 그리는 것도 좋습니다. 손과 손가락이 종이에 닿는 느낌을 느끼면서 손가락과 손바닥에 닿는 물감의 시원한 감촉을 알아차릴 수도 있습니다. 물감 대신 연필을 사용하는 경우 연필이 손과 종이에 닿는 느낌에 주목하고, 그림에 사용하는 다양한 색에도 주의를 기울입니다.

[연습 30] 가족과 함께 저녁 식사 하기

이것은 다른 여기 머무르기 연습보다 더 자주 추천하는 연습입니다. 부모들은 보통 이 연습에 꽤 열정적으로 반응합니다. (특히 부모가 집에서 요리를 전담할 경우, 이 연습을 통해 부모님의 요리에 대한 감사가 더 커질 수 있기 때문입니다!) 제 경험상 많은 부모가 TV, 태블릿, 스마트폰 소음이 없는 조용한 저녁 식사 시간을 바라기 때문에 이 연습에 참여하는 것이 도움이 될 수 있습니다. 저녁 식사를 위해 가족이 모두 자리에 앉으면 부모가 아이에게 여기 머무르기 기술을 가르쳐 달라고 요청합니다. 이때 아동에게 먼저 지시 사항을 말할 기회를 주고, 필요하다면 부모가 도움을 줍니다. (아래 대본을 http://www.newharbinger.com/49760에서 다운로드해 아동의 부모에게 제공합니다.) 부모는 아이가 말하는 동안 다른 가족 구성원에게 귀 기울여 달라고 요청할 수 있습니다. 이 연습은 다음과 같습니다.

> 가족이 모두 식탁에 앉아 함께 식사합니다. 식사를 시작하기 전에 평소 먹던 것과는 다른 방식으로 식사를 시도해 보겠다고 말합니다. 가족에게 음식의 냄새, 색깔, 질감 그리고 맛에 주의를 기울이면서 천천히 침묵 속에서 먹도록 요청합니다. 마음이 이것으로부터 멀어지면 이를 알아차리고 다시 부드럽게 음식으로 주의를 돌릴 수 있다고 말해 줍니다. 모든 사람이 식사를 마치면 서로 자기 경험에 관해 이야기할 수 있습니다. 어떤 냄새, 색깔, 질감, 맛을 알아차렸나요? 만약 이전에 먹던 음식이라면 같은 맛이었나요,

> 아니면 다른 것을 알아차렸나요? 다른 사람이 이야기하는 동안 끼어들고 싶어 하는 사람이 있다면, 그들은 먼저 말하고 싶은 마음을 알아차리고 자기 차례를 기다릴 수 있습니다. 매일 저녁 말하는 순서를 바꾸어 돌아가면서 먼저 말하게 하는 것이 좋습니다.

[연습 31] 잠들기 전 여기에 머무르기

아이들은 종종 뇌나 마음의 활동을 멈출 수 없거나 생각이나 걱정을 멈출 수 없어 잠드는 것이 힘들다고 말합니다. 다음 대본을 사용해 잠드는 데 어려움을 겪는 아이를 도울 수 있습니다. 대본은 원하는 대로 수정할 수 있습니다.

> 침대에 누우면 눈을 감고, 방 밖에서 들리는 소리에 귀를 기울입니다. 그런 다음 방 안에서 나는 소리를 듣고, 자신의 숨소리에 귀를 기울입니다. 만약 ○○이의 마음이 낮에 있었던 일이나 내일 일어날 일 등 다른 생각으로 질주하는 것을 발견한다면, ○○이 자신의 호흡 소리로 부드럽게 주의를 되돌려 보세요.

이 연습은 아동의 마음을 차분하게 진정시키고 생각을 늦추어 잠들 수 있게 해 줍니다. 저는 아이들이 이 연습에 정말 잘 반응한다는 것을 발견했습니다. (제가 지시 사항을 들려주고 나면 하품을 하는 경우가 종종 있는데, 이는 아이들이 이 연습으로 인해 상당히 편안해졌음을 나타냅니다.) 이 연습을 직접 사용해 보고 도움이 된다면 함께 작업하는 아동과 사용하며 치료자의 경험을 공유할 수 있을 것입니다.

아동과 부모에게 여기 머무르기 실습을 위해 추천하는 연습은 다음과 같습니다(학교에서도 사용할 수 있습니다).

- 다른 사람의 말에 귀 기울이기
- 책 읽기
- 보드/카드 게임하기
- 공놀이

각 연습을 할 때마다 아동이 연습에 집중하도록 격려하고, 만약 자기 마음이 멀어지는 것을 알아차린다면 부드럽게 그들의 주의를 연습으로 되돌리도록 도와줍니다.

이제 아이들에게 자기 알아차리기 과정을 가르치는 방법을 살펴보겠습니다.

'자기 알아차리기' 소개

아동에게 자기 알아차리기 과정을 소개할 때, 저는 한 발 뒤로 물러서서 자신에게 주의를 기울이는 것이라고 정의합니다. 거울에 비친 자기 모습을 볼 때 때로는 기대했던 모습을 볼 수도 있고, 때로는 거울에 보이는 모습에 놀랄 수도 있는 것과 비슷하다고 설명합니다. 그리고 우리 자신을 알아차릴 때 실제로는 거울이 없을 수도 있다고 덧붙입니다. 대신 무언가를 하는 도중 멈추어 실제 거울을 보지 않고도 그 행동을 하는 자신을 알아차릴 수 있습니다. 아동에게 다음과 같은 예를 들려주는 것이 도움이 됩니다.

> ○○이가 거실 소파에 앉아 있는데, 내일까지 해야 할 숙제가 있다고 상상해 보세요. ○○이는 너무 피곤해서 방에 들어가 숙제하고 싶지 않습니다. ○○이의 마음은 몇 분만 더 있다가 일어나라고 말합니다. ○○이가 소파에 앉아 피곤하다고 생각하고, 숙제하기 위해 움직이고 싶지 않다고 생각하고 있는 것을 알아차립니다. 그것은 ○○이 자신을 알아차리는 것입니다! ○○이는 학교 공부에서 뒤처지고 싶지 않고, 내일 저녁에 해야 할 숙제가 훨씬 더 많다는 것을 알기 때문에, 어쨌든 일어나 방으로 가서 책을 펴고 숙제를 시작하는 것을 선택할 수 있습니다.

아마도 제가 ACT Kidflex의 다른 과정도 포함하고 있다는 것을 눈치챘을 것입니다('~라고 생각한 것'은 내려놓기 과정이고, '어쨌든 일어나 숙제를 시작하는 것을 선택할 수 있다'는 것은 중요한 것 하기 과정, '학교 공부에서 뒤처지고 싶지 않기 때문에'는 중요한 것 선택하기 과정입니다. 아동의 마음이 소파에서 일어나지 말라고 할 때도 제가 아이에게 알려 준 몇 가지 초기 과정과 자기 알아차리기를 결합하고, 스스로 알아차리는 것과 내려놓기, 중요한 것 선택하기, 중요한 것 하기에 도움이 될 수 있다는 것을 보여 주기 위해 이것들을 포함한 것입니다.

아동에게 자기 알아차리기를 소개한 후에는 자기 알아차리기 미술 활동에 초대할 수 있습니다. 몇 가지 연습을 제공하지만, 가능성은 무궁무진합니다. 각각의 경우 아동에게 종이와 사이펜, 연필, 색연필 등을 제공해 선택하게 하는 것이 좋습니다.

자신의 미술 작업 알아차리기

아동이 연습을 완료하기 위해 서두르지 않도록 미술 작업은 자기 알아차리기를 다루는 회기에서 한 번만 하는 것이 좋습니다. 치료자가 모든 미술 작업에서 어떤 연습을 할지 아동에게 선택하게 하고, 아동과 함께 동일한 미술 작업을 할 것을 권합니다(이는 치료자가 다른 연습을 하고 있거나 아동이 잘못된 연습을 선택했다고 느끼는 것과 아동의 주의가 산만해질 가능성을 줄일 수 있습니다).

유용한 힌트

미술 작업을 할 때는 시간을 충분하게 쓰는 것이 중요합니다(보통 30분 정도가 적당합니다). 미술 작업을 촉박하게 진행하는 것은 의미가 없으므로 만약 회기 시간이 얼마 남지 않았다면 작업을 시작하지 말고 마무리하세요. 대신 다음 회기를 시작할 때 미술 작업을 사용합니다.

아이가 작품을 완성한 후 그것에 관해 이야기하도록 요청할 때는 원하지 않으면 이야기할 필요가 없다는 것을 알려 줍니다. 그런 다음 치료자는 자신이 개방하는 내용이 적절한지 확인하면서 미술 작품을 아동과 공유합니다(1장의 '치료자 자기-개방' 참조).

회기 중에 다음의 미술 작업 중 하나를 아동이 선택하게 할 수 있습니다.

[연습 32] 바닷속

이 연습은 바바 람 다스Baba Ram Dass 비유를 각색한 것입니다. 다음 대본을 사용해 소개할 수 있고, 수정할 수도 있습니다. 대본은 http://www.newharbinger.com/49760에서 다운로드할 수 있습니다.

> 바다에는 다양한 크기의 파도가 있습니다. 때로는 고요하지만, 때로는 폭풍이 몰아칩니다. 바다에는 파도, 모래, 물고기, 해초, 조개 그리고 돌고래도 있습니다. 모두 바다의 일부이지만, 바다는 아닙니다. 때로는 파도 사이로 바다가 보이지 않을 때도 있지만, 바다는 항상 거기에 있습니다. 마찬가지로 우리는 수많은 생각과 감정을 가지고 있지만, 내 생각과 감정이 나는 아닙니다. 우리는 항상 같은 느낌을 갖지는 않으며, 때로는 이러한 생각과 감정이 너무 강해서 그것을 알아차리기 어려울 때도 있습니다. 이 연습에서는 ○○이가 바닷속을 그림으로 그리거나, ○○이의 생각과 감정을 적을 수 있는 파도를 그려도 좋습니다. 또한 자신에게 중요한 것이 들어 있는 보물 상자가 바닷속에 가라앉아 있는 모습을 그릴 수도 있습니다.

파도 위에 생각과 감정을 쓰는 것은 내려놓기 연습이고, 보물 상자는 중요한 것 하기 과정을 나타냅니다. 아동에게 내려놓기, 중요한 것 하기, 자기 알아차리기를 결합하는 방법을 가르치기 위해 이를 포함했습니다.

[연습 33] 꽃잎이 있는 꽃

저는 1학년인 다섯 살 로지Rosie와 함께 작업하면서 이 연습을 개발했습니다. 로지는 범불안장애generalized anxiety disorder가 있었고, 교문 앞에서 부모님과 헤어져 교실로 걸어 들어가는 것을 걱정했습니다. 또한 학교 학생인 벤저민Benjamin을 무서워했고, 친구들과 놀이터에서 노는 대신 그를 피하느라 쉬는 시간과 점심시간에 화장실에 숨었습니다. 로지는 불안하면 설사를 했고, 잠을 자다가도 부모님을 찾았습니다. 그리고 학교에서 친구들과 갈등을 겪으면 친구들을 피했습니다.

저는 이번 연습을 위해 로지에게 꽃잎이 많은 꽃을 그려 달라고 요청했습니다. 그런 다음 로지에게 두려워하고 걱정하는 모든 것을 꽃잎 하나하나에 각각 적어 줄 수 있는지 물었습니다. 로지는 글자 쓰기에 어려움을 겪어서, 저에게 대신 써 달라고 부탁했습니다.

로지는 다음과 같이 생각했습니다.

- 학교에서 벤저민이 무서워요.
- 화장실에 숨어야 해요.
- 놀이터에 가고 싶지만, 벤저민이 거기 있을지도 모르기 때문에 갈 수 없어요.
- 학교 식당에 가면 먼저 벤저민을 찾아요. 그가 있으며 숨어야 해요.

- 학교에서 재미있게 놀던 시간이 그리워요.
- 행복해지고 싶어요.
- 혼자서 학교에 가고 싶어요.
- 친구들과 숨바꼭질하고 싶지만 벤저민이 거기 있을지도 모르기 때문에 할 수 없어요.

저는 꽃잎에 로지의 생각을 적었습니다. 꽃잎마다 한 가지 생각을 적었지만, 생각이 너무 많아서 장미에 꽃잎을 더 그려 달라고 부탁해야 했습니다. 그런 다음 로지에게 꽃의 각 부분을 설명하고, 무엇이 보이는지 말해 달라고 요청했습니다. 그 후 로지에게 물었습니다. "꽃에는 꽃잎만 있니, 아니면 꽃잎 말고 다른 부분이 더 많니?" 로지는 다른 부분이 더 많다고 대답했고, 저는 아이가 보고 있는 다른 부분을 설명해 달라고 했습니다. 로지는 꽃의 중앙과 줄기 그리고 뾰족한 가시에 대해 말해 주었습니다. 저는 로지의 생각과 감정은 꽃잎과 같고, 로지는 꽃의 중앙과 줄기와 같다고 말했습니다. 꽃잎은 꽃의 한 부분이지만 꽃 전체는 아닙니다. 꽃잎이 바뀌더라도 줄기는 자라고, 키가 커지더라도 그대로 유지됩니다. 저는 꽃과 마찬가지로 로지 역시 성장해도 변하지 않는다고 말했습니다.

[연습 34] 라벨이 있는 선글라스

저는 마틴Martin과 함께 작업하면서 이 연습을 만들었습니다. 마틴은 여섯 살의 자폐 아동으로, 많은 것에 대해 두려움을 느끼고 있었습니다. 이 연습을 시작하기 전에는 아동이 단어를 모를 경우를 대비해 실제 선글라스(또는 사진)를 보여 주면서 렌즈가 무엇인지 설명해 주는 것이 좋습니다. 마틴에게 선글라스를 보여 준 후, 선글라스를 그림으로 그리고 그가 두려워하는 모든 것에 대해 생각해 본 후 이러한 생각과 느낌을 안경 렌즈에 붙어 있는 라벨처럼 적어 보도록 요청했습니다. 아동이 글을 쓰거나 바르게 쓰는 것을 어려워한다면, 치료자가 대신 써 주겠다고 제안할 수 있습니다.

마틴은 안경에 다음과 같은 라벨을 붙였습니다.

- 나는 개가 무서워요.
- 나는 새로운 선생님이 오면 걱정이 돼요.
- 나는 밤에 침실에 있는 게 무서워요.
- 나는 큰 화면 때문에 강당이 무서워요.
- 나는 학교에서 너무 시끄러울 때 무서워요.

마틴이 그림을 그리고 글을 쓴 후 그림에 관해 이야기를 나누었는데, 그 내용은 다음과 같습니다.

치료자 만약 우리가 이 선글라스를 쓰고 렌즈에 부착된 라벨을 항상 쳐다본다면 어떻게 될까? 라벨 외에 다른 것을 볼 수 있을까?

마틴 아니요. 라벨이 보이긴 하지만 앞쪽에 표시되어 있어서 읽을 수 없어요.

치료자 정말 좋은 지적이구나! 만약 이 안경을 쓰고 돌아다니면서 항상 라벨을 본다면 어떻게 될까?

마틴 보기도 힘들고, 물건에 부딪혀 넘어질 수도 있어요.

치료자 만약 라벨을 알아차렸지만 떼어 내려고 하지 않고 그냥 지나쳐서 렌즈를 통해 볼 수 있는 모든 것, 가까이 있는 것과 멀리 있는 것을 보게 된다면 어떻게 될까?

마틴 아마 더 잘 볼 수 있을 거고, 넘어지는 일도 줄어들 거고, 다른 사람의 발을 밟지도 않을 거예요.

치료자 네 말이 맞는 것 같네! 그러면 전에 보지 못했던 것을 알아차릴 수 있을까?

마틴 네. 그리고 전에는 거기에 없어서 보지 못했던 것도 볼 수 있어요.

치료자 와, 그건 또 다른 좋은 지적이구나! 우리는 라벨을 알아차리고, 볼 수 있는 다른 것들도 알아차릴 수 있지. 그리고 우리가 렌즈와 라벨 그리고 렌즈를 통해 볼 수 있는 모든 것에 주의를 기울이고 있다는 것 또한 알아차릴 수 있단다. 한번 시도해 보겠니?

마틴 좋아요, 그렇게 해 볼게요.

자기 알아차리기 과정에 미술 작업을 사용하는 것 외에도 다양한 체험적인 연습을 사용해 아동의 자기 알아차리기 과정에 대한 이해를 강화할 수 있습니다. 이제 이 부분을 다루어 보겠습니다.

체험적 연습을 통해 자기 알아차리기

아동에게 눈을 감거나 바닥의 한 곳을 정해 집중하기를 선택하게 하면 연습 중에 두리번거리지 않고 집중하게 할 수 있게 합니다. 다음의 모든 체험적 연습에서 이러한 선택권을 주는 것이 좋습니다.

[연습 35] 동요 없는 고요한 배

저는 이 연습을 리사 코인(Coyn, 2011)이 이틀간 진행한 워크숍에서 배웠는데, 아동이 자기 생각을 시각화하고 자신과 분리된 것으로 인식함으로써 자기 알아차리기 기술을 키우는 데 도움이 된다는 것을 발견했습니다. 여기에서는 아동에게 자기 생각을 폭풍 구름 위에 놓는 것을 가르치면서 내려놓기 과정을 사용합니다. 아래 대본을 사용하거나 수정할 수 있습니다. 이후에 아동이 원한다면, 그들의 경험을 이야기하도록 요청할 수 있습니다.

> 눈을 감고, ○○이가 무겁고 안전한 거대한 배 안에 있다고 상상해 보세요. 창문 밖에는 폭풍우가 몰아치고 하늘은 먹구름으로 가득합니다. 안전한 배 안에서 바라보는 폭풍 구름이 ○○이의 생각이라고 상상해 보세요. ○○이의 마음속에 어떤 생각이 나타날 때마다, 그것을 폭풍 구름 위에 놓고, 그것이 바람에 움직이는 것을 지켜보세요. 폭풍 구름이 빠르게 이동하는지 느리게 이동하는지, 번개나 천둥이 치거나 비가 내리는지 등을 살펴보면서 구름 모양을 관찰합니다. 배 안에서 폭풍 구름을 보고 있는 자신을 알아차려 보세요.

[연습 36] 해변

이 연습은 '동요 없이 고요한 배' 연습을 기반으로 개발했으며, 3장의 내려놓기 과정에서 읽은 '바다의 파도' 연습과 유사합니다. 이 연습은 아동에게 (생각을 파도 위에 올려놓음으로써) 자기 알아차리기를 소개할 뿐 아니라, 자기 알아차리기와 내려놓기를 결합하는 방법을 배우도록 도와줍니다. 이미 '바다의 파도' 연습을 사용한 적이 있는 경우에도 동일한 아동과 함께 이 연습을 할 수 있습니다(단, 내려놓기 과정을 소개했던 다른 회기에서 사용하세요).

다음은 해변 연습을 사용하는 방법의 예입니다(물론 자유롭게 수정할 수 있습니다).

> ○○이가 해변에 서 있다고 상상해 보세요. 파도가 해안으로 밀려오는데, 어떤 것은 강하고 어떤 것은 잔잔합니다. ○○이가 파도를 알아차릴 때, ○○이의 마음에 어떤 생각이 나타나는지 알아차리고, 그것들이 해안으로 밀려오는 파도와 같다고 상상해 보세요. 어떤 것은 강하고 어떤 것은 부드럽습니다. 바다에 다양하고 많은 파도가 있는 것처

럼 ○○이의 마음에도 다양하고 많은 생각이 떠오릅니다. 어떤 날은 바다가 정말 고요하며, 어떤 날은 거칠고 큰 파도가 해안에 부딪히고 폭풍우가 몰아칩니다. 때로는 작은 파도와 큰 파도가 섞이기도 합니다. ○○이가 물가에 서 있는 자신을 상상할 때, ○○이의 마음에 떠오르는 어떤 생각이든 파도 위에 올려놓고 그 파도가 바다로 흘러가는 것을 볼 수 있다고 상상해 보세요. 만약 마음이 다른 생각을 하게 된다면, 그것도 부드럽게 파도 위에 올려놓으세요. ○○이의 마음에 떠오르는 것이 무엇이든 부드럽게 파도 위에 올려놓으면서, 물가에 서 있는 자신을 알아차리도록 노력해 보세요.

[연습 37] 인생 영화 보기

이것은 제가 가장 좋아하는 자기 알아차리기 연습으로 Coyne and Murrell(2009)의 친구 용서하기와 자기 자신 용서하기 연습, 그리고 Sawyer(2012)의 연습을 각색한 것입니다. 이 연습에서는 아동이 영화관에서 자기 삶에 관한 영화를 보고 있다고 상상하게 합니다. 저는 7세 이상 아동과 함께 인생 영화 보기를 해 보았습니다. 5~6세 아동과 함께 이 연습을 한다면 아이가 집중력을 잃지 않도록 짧게 진행하는 것이 좋습니다. 또한 아동이 힘들어하는 매우 구체적인 상황(학교에서 친구를 사귀는 것이 힘들거나, 놀림을 당하거나, 친구가 학교에 없을 때 누구와 놀아야 할지 확신하지 못하거나, 학업에 대한 걱정이 있는 등)에 초점을 맞출 수 있습니다.

이 연습은 서두르지 않을 때 가장 효과적이기 때문에 만약 남은 시간이 충분하지 않다면 시작하지 않는 것이 좋습니다. 대신 다음 회기를 시작할 때 하면 아이가 연습 후 치료실에 적응하는 시간과 자기 경험을 치료자와 공유하는 시간을 충분히 줄 수 있습니다.

유용한 힌트

제가 인생 영화 보기 연습을 좋아하는 이유 중 하나는 창의력을 발휘할 수 있기 때문입니다. 연습의 첫 부분(영화가 시작되기 전)은 서두르지 말고 천천히 진행하면서, 아이들이 영화관에 있다고 상상할 시간을 충분히 주세요. 이는 경험의 폭을 넓히고 연습을 더 효과적으로 만드는 데 도움이 될 것입니다.

제가 아동과 함께 이 연습을 어떻게 사용했는지 사례를 살펴보겠습니다.

사례 예시: 롤라, 8세

롤라Lola는 우울감을 느꼈고 삶을 끝내고 싶다는 생각을 했습니다. 이러한 생각과 감정을 부모님에게 말하자 부모님이 즉시 롤라를 가족 주치의에게 데려갔고, 주치의는 저에게 롤라를 소개해 주었습니다. 롤라는 불안과 걱정이 많았고, 특히 어딘가에 늦게 도착할 때 더욱더 그랬습니다. 그녀는 학업적으로나 댄서로서 자신에 대한 기대가 매우 높았고, 실수하지 않도록 스스로 많은 부담을 주었기 때문에 기분이 더 가라앉았습니다. 롤라는 자신에 대해 매우 비판적이었습니다. 그녀가 슬픔과 걱정에 대처하는 전략은 가족으로부터 오랫동안 고립되어 있는 것이었고, 이는 롤라의 기분을 더 나쁘게 만드는 경향이 있었습니다. 또한 롤라는 어머니와 갈등 관계에 있었고, 어머니와 말다툼하고 나면 며칠 동안 슬퍼했습니다.

다음 녹취록은 롤라에게 인생 영화 보기 연습을 어떻게 소개했는지 보여 줍니다.

치료자 롤라, 너의 인생에 관한 영화를 보고 있다고 상상하는 연습을 함께 해 보고 싶구나. 어떤 내용인지 간략하게 설명을 들은 후 참여할지 말지 결정하면 돼. 참여하지 않아도 괜찮아. 선택할 수 있는 다른 연습을 알려 줄게.

롤라 어떤 건지 설명해 주세요.

치료자 이 연습은 우리가 여기 앉아 있는 것과 관련이 있어. 나는 너한테 네 삶에 관한 영화를 보고 있다고 상상해 보라고 요청할 거야. 너는 영화 속에서 무언가를 하는 자신의 모습을 보게 될 것이고, 그 후에 네가 괜찮다면 영화 속에서 무엇을 보았는지 질문하려고 해.

롤라 특이하게 들리지만, 한번 시도해 보고 싶어요.

치료자 좋아, 고마워. 이 연습을 할 때는 눈을 감아도 되고, 만약 눈을 뜨고 싶다면 내가 말하는 것에 집중할 수 있도록 바닥의 한 지점을 선택해 보고 있어도 돼. 주의가 분산되지 않도록 말이야.

롤라 (눈을 감음)

치료자 너와 가족이 함께 영화를 보러 영화관에 간 적이 있니? 만약 있다면, 어느 영화관에 가니?

롤라 우리는 무비 씨티에 가요.

치료자 영화 보러 갈 때, 부모님이 집에서 간식이나 음료수를 챙겨 가시니? 아니면 영화관에서 무언가를 사 먹니?

롤라 보통 집에서 만든 팝콘이나 과자나 초콜릿을 가져가요. 음료수는 극장에서 부모님이 사 주세요.

치료자 이제 네가 무비 씨티의 편안한 자리에 앉아서 팝콘이나 과자나 초콜릿을 먹고 음료수를 마시고 있다고 상상해 보자. 무비 시티의 의자가 무슨 색인지 기억하니?

롤라 의자는 빨간색이고 벨벳처럼 정말 부드러워요.

치료자 네가 영화관 의자에 편안하게 앉아서 곧 너의 인생에 관한 영화를 볼 거라고 상상해 보렴. 이 영화는 아직 제목이 없기 때문에 네가 제목을 붙일 수 있어.

로라 음, 너무 어려운데요! 뭐라고 제목을 지어야 할지 어떻게 알아요?

치료자 잘못된 제목이나 괜찮은 제목은 없어. 네가 괜찮다고 생각하는 거면 뭐든 좋아.

롤라 뭐라고 제목을 붙여야 할지 정말 모르겠어요!

치료자 '롤라의 삶'이나 '롤라에 대하여' 같은 제목은 어때? 너에게 맞는 것 같니?

롤라 '롤라의 이야기'라고 부르고 싶어요.

치료자 좋은 제목인 것 같구나. 잘했어!

롤라 감사합니다. (미소 지음)

유용한 힌트

이 연습의 다음 부분에서는 아동에게 직접 말을 걸면서 자신의 영화를 보는 상상을 하도록 요청하되, 아동이 상상 속의 영화를 보는 데 집중할 수 있도록 질문 전에 영화 보기를 끝내게 합니다.

다음 대화에서 제가 롤라에게 영화 속에서 "너 모습을 봐Watch yourself"라고 말하는 대신 "롤라를 봐"라고 격려하는 점에 주의하세요. 이는 롤라에게 자기 모습을 보도록 상기시키고, 영화를 보고 있는 롤라와 영화에 출연하는 롤라 사이에 약간의 분리된 느낌을 형성하기 위한 것입니다. 이렇게 하면 롤라가 자신을 알아차리는 기술을 개발하는 데 도움이 되며, 치료 시간 외에도 이 기술을 사용할 수 있을 것입니다.

치료자 네가 영화관 좌석에 앉아 영화 〈롤라의 이야기〉를 보고 있다고 상상해 보자. 아마도 부모님, 오빠, 여동생도 함께 있을 거야. 영화는 네가 태어났을 때부터 시작할 필요는 없어. 네가 원하는 곳에서 시작할 수 있단다.

네가 영화 속에서 롤라를 봤으면 해. 아마도 학교에서, 집에서, 그리고 댄스 스쿨에 있는 롤라를 보고 있을 거야. 영화 속 롤라를 보면서 의자에 앉아 있는 나 자신의 모습, 몸의 느낌, 생각하고 느끼는 것이 무엇인지 알아차려 보자. 그리고 영화 속 롤라가 무엇을 하는지, 그리고 누구와 이야기하는지, 그리고 롤라의 표정에서 어떤 감정을 느끼는지 살펴보자.

영화에서 롤라가 하는 일이 그녀에게 도움이 된다고 생각하는지, 아니면 무언가를 다르게 해야 한다고 생각하는지에도 관심을 가지면 좋겠어. 너는 롤라가 댄스 레슨에 가고 콘서트에서 공연하는 것을 볼 수도 있어. 그 모습을 지켜보면서 네 마음이 롤라에 대해 어떤 생각을 하는지 알아차릴 수 있단다.

또한 롤라의 엄마가 댄스 레슨을 마친 롤라를 데리러 올 때 무슨 일이 일어나는지, 엄마와 어떤 대화를 하고, 특히 롤라가 어떻게 반응하는지 살펴보자. 롤라가 집에 도착했을 때는 무슨 일이 일어나는지, 그리고 가족들과 어떻게 상호 작용하는지 알아차릴 수 있을 거야. 너는 롤라의 새로운 강아지 쿠키도 볼 수 있어. 롤라가 쿠키를 맞이하는 방식과 다른 가족들에게 인사하는 방식에 차이가 있는지도 살펴보자. 롤라가 집에서 무엇을 하는지, 누구와 대화하거나 대화하지 않는지, 그리고 방에서 무엇을 하는지 보자. 무비 씨티의 좌석에 앉아 영화를 보고 있는 자신을 알아차려 보렴.

이제 영화가 멈추었다고 상상해 봐. 영화가 완전히 끝나지 않았기 때문에 화면에 나오는 내용을 볼 수 있지만, 장면은 더 재생되지는 않아. 네가 혼자 자리에서 일어나 모든 사람을 지나 영화관 앞쪽, 화면을 향해 걸어가는 모습을 상상해 봐. 그리고 화면 안으로 들어가서 영화 속의 롤라에게 천천히 걸어간다고 상상해 보는 거야. 몸 안에서 어떤 느낌이 드는지, 그리고 네가 무엇을 생각하고 무엇을 느끼는지 주의를 기울여 보렴. 네가 영화 속 롤라에게 가서 조언해 줄 수 있다고 상상해 봐! 롤라가 슬픔을 느끼고 인생을 끝내고 싶어 할 때 무엇을 해야 한다고 생각하는지, 그리고 롤라가 어떻게 행동해야 한다고 생각하는지 이야기해 주는 거야.

유용한 힌트

연습의 이 시점에서 잠시 멈추어 아동이 자기 생각과 감정에 집중할 시간을 줍니다(그대로 두기).

치료자 (계속) 준비가 되면 영화 속에서 롤라에게 작별 인사를 하는 모습을 상상해 보렴. (저는 롤라가 자기 생각과 감정을 이해할 수 있도록 다시 한번 멈추었습니다. 이것은 그대로 두기 과정을 사용하는 것입니다.) 몸에 어떤 느낌이 드는지, 그리고 너 자신이 이 모든 것을 알아차리는 것에 주목해 봐. 영화 속 롤라를 떠나 화면 쪽으로 다시 걸어간 다음 화면을 나와 다시 자리로 돌아와 가족 옆에 앉는다고 상상해 봐. (롤라에게 이 과정을 처리할 시간을 주기 위해 다시 잠시 멈추었습니다.) 그런 다음 영화가 끝나고 커튼이 닫혀. 불이 켜지고 사람들이 하나둘 영화관을 떠나기 시작해.

준비가 되면 눈을 뜨고 나와 함께 있는 방(또는 온라인)으로 돌아오렴.

유용한 힌트

연습의 이 시점에서 치료자가 몇 분 동안 침묵하면서 아동이 방으로 돌아와 적응하고, 감고 있던 눈이 조명에 적응하고, 자신에게 일어난 일을 정리하도록 시간을 주는 것이 좋습니다. 이렇게 하면 **그대로 두기** 과정을 모델링할 수 있습니다.

아동에게 몇 분의 시간을 주고 난 다음 아동의 경험에 대해 몇 가지 질문을 해도 되는지 물어보는 것이 좋습니다.

이 실습에 대한 롤라의 경험에 관해 함께 나눈 내용은 다음과 같습니다.

치료자 롤라, 연습에 대해 몇 가지 질문을 해도 괜찮을까?

롤라 물론이죠!

치료자 고마워. 이 연습을 해 보니 어땠니?

롤라 처음에는 제 모습 보는 것을 상상하기 어려웠지만, 나중에는 할 수 있었어요.

치료자 네가 본 것 중에 너를 놀라게 한 것이 있었니?

롤라 있었어요! 제 말은, 롤라는 자신에게 너무 많은 부담을 줘요. 댄스 수업을 즐기고 친구들과 즐겁게 지내는 대신 너무 진지하고, 실수하면 화를 냈어요. 댄스 수업에서는 실수해도 괜찮아요, 그렇지 않나요? 그리고 롤라는 댄스 콘서트 직전에 비참해 보였어요. 저는 콘서트를 위해 몇 달 동안 열심히 연습했는데, 그냥 즐기고 싶었어요. 하지만 롤라는 실수할까 봐 너무 무서워하고 있었어요! 실수하면 선생님이 화를 내거나 실망할 거라고 생각해요. 하지만 그게 사실이 아니라는 걸 알아요. 선생님은 정말 친절하시거든요.

치료자 롤라의 엄마가 데리러 왔을 때 어떤 점이 눈에 띄었니?

롤라 롤라가 엄마에게 너무 못되게 굴었어요! 우리 엄마, 그러니까 롤라 엄마가 학교와 댄스 수업이 어땠냐고 물었는데 롤라는 무시하고 창밖만 봤어요.

치료자 엄마를 무시하는 것이 롤라에게 도움이 되었다고 생각하니?

롤라 아니요, 그것 때문에 저, 아니 롤라 기분이 더 나빠지고 더 슬퍼졌어요.

치료자 롤라가 집에 도착했을 때는 무엇을 알아차렸니?

롤라 롤라는 쿠키를 보고 너무 기뻤지만, 가족은 무시했어요. 롤라의 아빠가 마당에서 쿠키의 똥을 치우지 않은 것 때문에 화를 내자, 롤라는 울면서 방에 들어가 몇 시간 동안 있었어요. 저녁 식사도 하지 않고요.

치료자 롤라가 방에 있을 때 무엇을 알아차렸을까?

롤라 롤라는 자신이 죽으면 모든 게 나아질거라고 생각하기 시작해요. 하지만 가족, 특히 엄마가 얼마나 슬퍼할지 생각했어요.

이 시점에서 저는 롤라가 관찰한 것과 함께 머물 수 있도록 잠시 멈추었습니다(이 또한 롤라가 그대로 두기 과정을 사용하도록 격려합니다). 이 시점에서 화제를 바꾸면 삶을 마감하려 하는 롤라의 생각을 듣는 것을 불편해하는 인상을 줄 수도 있고, 그 불편함에 대응해 화제를 바꾸거나 피해야 한다는 생각을 잘못 전달할 수도 있습니다. 이렇게 하면 롤라에게 유연함flexible을 가르치지 못합니다(ACT Kidflex의 목표는 '유연한 나'입니다). 그 대신 저는 롤라가 말하는 것에 주의를 기울이고(또한 그대로 두기 과정을 적용하고 있다는 것을 보여 줍니다), 눈을 마주치면서 롤라의 말을 잘 듣고 있음을 보여 주었습니다(여기 머무르기 과정을 사용하고 있다는 것을 보여 줍니다).

치료자 화면에 들어가서 롤라와 이야기하고 조언해 줄 수 있다는 것을 상상할 수 있었니?

롤라 네.

치료자 몸에서 어떤 느낌이 들었고, 지금은 어때?

롤라 긴장해서 속이 안 좋고 울렁거렸는데 지금은 좀 괜찮아요. 저는 롤라에게 모든 것을 너무 심각하게 생각하지 말고, 엄마에게 더 잘해 주고, 모든 것을 혼자만 간직하려고 하는 대신 자신이 진짜로 어떻게 느끼는지 말하라고 얘기해 줬어요. 그리고 쿠키를 더 많이 안아 주라고 했어요. 왜냐하면 쿠키를 안고 있으면 기분이 좋아지거든요! 또 롤라에게 슬퍼서 방에 있고 싶을 때, 특히 엄마가 더는 살아 있지 않다면 어떨지 생각하기 시작할 때는 엄마에게 지금 어떤 기분인지 알려야 한다고 말했어요. 엄마가 도와줄 수 있을지도 모르니까요.

치료자 정말 잘하고 있어. 영화에서 롤라에게 작별 인사를 했을 때는 어땠니?

롤라 롤라를 그곳에 두고 싶지 않아서 슬펐지만, 가족이 롤라를 정말 많이 아끼기 때문에 괜찮을 거라는 걸 알아요. 쿠키도 있고요.

치료자 롤라, 아주 잘했구나. 나도 이 연습을 직접 해 봤는데(치료자의 연습 사용을 개방하면 롤라가 회기 외에도 이를 사용할 가능성이 커집니다), 나 자신을 지켜보는 것을 상상하기가 정말 어렵더라고. 앞으로 슬프거나, 화가 나거나, 너의 생각과 감정을 다루는 방법이 도움이 되는지 확신이 서지 않을 때 언제든지 혼자서 영화 보기 연습을 할 수 있어. 몇 분 동안 눈을 감고서 나 자신을 관찰하고, 지금 하고 있는 일이 도움이 되는지 혹은 너 자신에게 해 줄 조언이 있는지 알아차릴 수 있단다.

롤라 네, 정말 감사해요.

이제 기록지를 살펴보겠습니다. 이 연습을 마친 후 아동에게 작성하도록 요청하거나, 아동이 피곤해한다면 집에 가져가 작성할 수 있는지 물어볼 수 있습니다. (이 기록지는 회기에서 실제로 연습한 경우에만 아동에게 주는 것이 좋습니다. 그렇지 않으면 무엇을 써야 할지 모를 수 있습니다.) 기록지는 http://www.newharbinger.com/49760에서 다운로드할 수 있습니다.

기록지 6: 인생 영화 보기

영화관에 가서 나의 인생을 담은 영화를 본다고 상상해 보세요. 내 생각과 감정에 대처하기 어려울 때 어디서든 영화에 제목을 붙이고 나 자신을 지켜볼 수 있습니다.

영화에서 내 역할을 맡은 사람이 도움이 되지 않는 행동을 하는 것을 알아차릴 수도 있고, 그 사람이 다르게 시도해야 할 일을 생각해 볼 수도 있습니다.

만약 영화에서 나를 연기하는 사람에게 그들의 생각과 감정에 대처하는 데 도움이 될 만한 것을 말해 줄 수 있다면 어떤 말을 해 주고 싶나요?

이제 아래 빈칸에 극장 화면을 그려 보세요. 그리고 나를 연기하는 사람이 자기 생각과 감정에 더 잘 대처할 수 있도록 다르게 할 수 있는 몇 가지를 화면에 적어 보세요.

다음은 롤라의 어머니에게 준 피드백과 가정에서 지키도록 권고한 내용을 살펴보겠습니다.

롤라의 부모님과 작업하기

롤라의 어머니는 첫 번째 회기를 제외하고는 롤라의 요청에 따라 매번 대기실에 있었습니다. 각 회기가 끝나기 약 10분 전에 저는 롤라에게 특정 정보를 엄마와 공유해도 괜찮은지 물었습니다. 그런 다음 회기 중에 롤라와 논의한 전략을 엄마에게 어떻게 피드백할 것인지, 롤라가 발전하고 있다고 느낀 점을 개략적으로 설명했습니다. 매번 롤라와 저는 어머니에게 어떤 정보를 공유할지를 두고 합의에 도달할 수 있었습니다. (저는 항상 롤라 앞에서 어머니에게 피드백을 전달했기 때문에 롤라는 자신에 대해 말하는 것을 걱정하지 않았습니다.)

첫 번째 회기에서 롤라의 어머니는 롤라가 삶을 끝내고 싶다는 생각을 한 적이 있다고 말했지만, 롤라는 삶을 끝낼 계획이나 의도가 전혀 없다고 부인했습니다. 또한 롤라는 첫 번째 회기 이후 삶을 끝내고 싶다는 생각이 멈췄다고 말했습니다. 그런 만큼 제가 비밀 유지(비밀 보장)를 깨고 롤라의 의사에 반하는 것을 어머니에게 알려야 하는 경우는 없었습니다.

롤라와 어머니는 갈등이 상당히 심했고, 롤라는 엄마가 항상 해결책을 제시하고 어떻게 해야 하는지 알려 줌으로써 자신의 문제를 해결하려고 한다고 느꼈습니다. 이는 롤라를 격분시켰고, 엄마가 자신을 비난한다고 느끼게 했습니다. 롤라가 단지 원하는 것은 엄마가 자기 말을 듣고 모든 것이 괜찮을 거라며 안심시켜 주는 것이었습니다. 여기 머무르기와 자기 알아차리기에 대한 두 번의 회기에서, 우리는 롤라가 엄마에게 원하는 것이 무엇인지 말하는 역할극을 했습니다. 저는 롤라의 자세와 몸이 어떻게 느끼는지에 특히 주의를 기울임으로써, 롤라가 여기 머무르기를 시도하도록 격려했습니다. (마음이 무엇을 생각하고 있는지, 즉 '당신의 마음이 생각하고 있는 것'은 내려놓기 과정을 상기시켜 줍니다.) 또한 롤라가 역할극에 참여하고 있는 자신이 느끼고 생각하는 것을 알아차리도록 격려했습니다.

두 번의 회기가 끝난 후, 롤라에게 어머니를 초대하자고 요청했습니다. 저는 여기 머무르기와 자기 알아차리기 과정을 설명하고, 롤라가 화가 났을 때뿐만 아니라 어려움이 없을 때도 자기 알아차리기와 여기 머무르기를 어떻게 적용할 수 있는지 설명했습니다. 롤라는 엄마에게 자기 기분을 공유할 때 상황을 더 좋게 만드는 방법을 알려 주는 대신 모든 것이 괜찮을 것이라고 말함으로써 자신을 지지해 주길 바란다고 말했습니다. 롤라의 어머니는 이 말을 듣고 눈물을 흘렸고, 롤라가 자신의 진짜 감정felt을 표현한 것이 얼마나 자랑스러운지 롤라에게 말했습니다. 또한 롤라에게 자신이 기꺼이 변화할 것이고, 무언가를 고치려고 노력하기보다 그저 경청할 것이라고 말했습니다(이것은 롤라의 어머니가 직접 그대로 두기 과정을 사용하는 훌륭한 예입니다!). 저는 롤라의 어머니에게 롤라가 지원을 요청할 때 여기 머무르기와 자기 알아차리기를 연습할 수 있다는 것과 롤라의 아버지에게도 이것을 가르칠 것을 제안했으며, 그녀는 동의했습니다.

롤라는 치료에 매우 잘 반응했습니다. 저는 롤라를 여덟 차례 만났고, 매번 롤라의 기분을 1에서 10까지 척도로 평가해 달라고 요청했습니다. 그녀의 기분에 대한 자기 평가는 크게 향상되었고, 롤라의 어머니도 그 평가에 동의했습니다. 회기에서 롤라는 더 편안해졌고, 눈에 띄게 안정되고 행복해 보였습니다. 또한 자기-비판과 걱정이 현저하게 줄었다고 보고했습니다.

부모를 위한 제안

부모에게 자녀가 자기 알아차리기와 여기 머무르기를 실습하도록 돕는 방법을 제안할 때는 부모가 일상의 일부로 사용할 수 있는 연습을 추천합니다. 예를 들어, 가족이 저녁 식사를 하면서 여기 머무르기를 실습하도록 권장할 수 있으며, 이 장의 앞부분에 제공한(온라인에서 무료로 제공되는) 저녁 식사 대본을 부모에게 제공할 수 있습니다.

부모는 아이와 함께 산책하면서 예쁘거나 특이한 꽃에 주의를 기울이고, 잠시 멈추어 꽃을 보거나 냄새를 맡으며 여기 머무르기를 연습할 수 있습니다. 또한 나비를 관찰할 수도 있고, 흥미로운 덤불이나 나뭇잎을 보면서 색깔과 크기의 변화를 알아차릴 수 있습니다. 만약 가을이고 땅에 나뭇잎이 떨어져 있다면, 부모는 자녀가 낙엽을 밟으며 바삭거리는 소리를 듣도록 격려할 수 있습니다. 부모와 아이가 함께 일몰을 감상하며 구름의 다양한 모양, 하늘의 색깔, 해가 지면서 변화하는 빛을 보라고 제안할 수도 있습니다. 이는 제가 가장 좋아하는 여기 머무르기 연습 중 하나이며, 저희 자녀들과 하는 규칙적이고 즐거운 의식이 되었습니다.

또한 부모는 요리할 때 아이들에게 음식의 색깔, 질감, 냄새의 변화를 알아차리도록 격려할 수 있습니다. 부모는 자녀가 여기 머무르기 연습을 하도록 도울 때, 자녀뿐만 아니라 부모 자신도 여기에 머무르는 것을 알아차릴 수 있고, 또한 자녀가 그들 자신을 알아차리도록 격려할 수 있습니다. 부모는 자녀가 매일 속도를 늦추고, 주변에 무엇이 있는지 알아차리고, 이를 알아차리고 있는 자기 자신을 알아차리는 시간을 따로 떼어 두도록 제안할 수 있으며, 자녀가 이에 적합한 시간을 선택하도록 도울 수 있습니다.

마무리

이 장에서는 여기 머무르기와 자기 알아차리기의 과정을 다루었습니다. 아동이 자신이 경험하고 있는 것을 인식하고 뒤로 물러서서 자기 자신을 지켜보는 것을 배울 수 있도록 돕기 위해 이러한 과정을 아이들에게 소개했습니다. 여기에는 아동이 힘든 상황에서 자신을 관찰하고 자신이 하는 행동이 도움이 되는지 아닌지를 알아차리는 것이 포함됩니다. 또한 이러한 과정을 연습하고 일상적이고 규칙적인 루틴에 통합하기 위해 아동 스스로 할 수 있는 간단한 연습과 권장 사항을 제공했습니다.

여기 머무르기와 자기 알아차리기 연습은 3장과 4장에서 이미 읽은 다른 과정(그대로 두기, 내려놓기, 중요한 것 선택하기, 중요한 것 하기)을 기반으로 하며, ACT Kidflex의 모든 과정을 완성합니다. 다음 장에서는 ACT Kidflex와 함께 자기-자비('자신을 친절하게 대하고 돌보는 연습'이라고 부릅니다)를 아동에게 소개하고 연습하는 방법을 중점적으로 다룹니다.

6장

자신을 친절하게 대하고 돌보기

지금까지 ACT Kidflex의 모든 과정, 즉 그대로 두기let it be, 내려놓기let it go, 중요한 것 선택하기choose what matters, 중요한 것 하기do what matters, 여기 머무르기stay here, 자기 알아차리기notice yourself에 대해 다루었습니다. ACT Kidflex에 대해 배우는 것 외에도 일부 아동은 흔히 'ACT의 가장 친한 친구'로 불리는 자기-자비에 대해 배우는 것이 도움이 될 수 있습니다. 아동이 이해하기 쉽도록 자기-자비를 '자신을 친절하게 대하고 돌보기'라고 표현합니다. 이번 장에서는 자신을 친절하게 대하고 돌보기를 아동에게 안내하는 방법, 회기 안에서 자신을 친절하게 대하고 돌보기를 연습하는 방법, 그리고 아동과 부모가 가정에서 실습하도록 권하는 방법을 살펴보겠습니다.

'자신을 친절하게 대하고 돌보기'를 ACT Kidflex와 연결시키기

함께 작업하는 모든 아동에게 자신을 친절하게 대하고 돌보기를 소개할 필요는 없습니다. 이미 문제나 어려움을 경험할 때 자신을 친절하게 대하고 돌보는 기술을 능숙하게 사용하는 아이들도 있기 때문입니다. 만약 아동이 자신에게 비판적이거나, 자신에 대한 기대치가 매우 높아서 많은 압력을 가할 경우에는 자신을 친절하게 대하고 돌보기를 소개하는 것이 도움이 될 수 있습니다. 상황에 따라 아동에게 자신을 비판하거나 힘들게 대하는지, 혹은 자신에게 못된 말을 하는지 물어봐야 할 수도 있습니다.

훈련 초기에 저는 자신을 친절하게 대하고 돌보기를 ACT Kidflex의 모든 과정을 끝낼 때까지 기다렸다가 소개해야 할지, 아니면 ACT Kidflex 과정을 설명하는 동안에 소개해야 할지 확신이 없었습니다. 그러나 ACT Kidflex와 더불어 자신을 친절하게 대하고 돌보기를 소개하는 것이 아동에게 혼란을 주지 않으며, 회기가 어색해 보이지 않는다는 것을 깨달았습니다. 그러나 만약 자신을 친절하게 대하고 돌보기를 소개하기 위해 아동과 함께 실제적인 연습(아래에서 제공되는 연습 중 하나)을 하려는 경우라면, 회기 전체를 할애할 것을 권장합니다. 이렇게 하면 아동에게 너무 많은 정보로 과부하를 주지 않으면서, 자신을 친절하게 대하고 돌보기를 다룰 충분한 시간을 확보할 수 있습니다. 같은 아동에게 이 장의 모든 연습을 사용하지는 않을 것이므로, 내담자에게 가장 적합하다고 생각되는 것 한 가지를 선택하면 됩니다.

종종 아동은 ACT Kidflex의 한두 가지 과정을 다룰 때(그대로 두기, 내려놓기, 또는 자기 알아차리기를 소개하는 회기 동안에) 자기-비판적인 말을 할 수 있습니다. 만일 그 회기에서 남은 시간이 자신을 친절하게 대하고 돌보기를 소개하기에 충분하지 않다면, 다음 회기에서 소개할 수 있도록 파일에 메모해 둡니다.

한편, 자신을 친절하게 대하고 돌보기를 즉각적으로 안내할 필요가 있다고 판단할 수도 있습니다. 예를 들어, 아동이 매우 자기-비판적이고 자신에 대한 기대치가 매우 높거나, 감정 조절에 어려움을 겪어 공황 발작이나 등교 거부 및 자해 행동을 보일 수 있습니다. 그런 경우에는 ACT Kidflex 설명하기를 멈추고 자신을 친절하게 대하고 돌보는 연습으로 전환하는 것이 좋습니다(이 또한 치료자의 유연성을 보여 줌으로써 아동에게 좋은 본보기가 됩니다). 특정한 ACT Kidflex 과정을 설명한 다음 자신을 친절하게 대하고 돌보기로 전환하고 싶다면, 다음과 같이 말하는 것이 좋습니다. “지금은 생각 내려놓기 연습을 할 예정이었는데, 그 대신 자신을 친절하게 대하고 돌보기를 소개하고 싶구나. 생각 내려놓기 연습은 시간이 남으면 나중에 진행할 거야. 시간이 부족하다면 다음 시간에 이어서 진행할게.” 그렇지 않으면 한 회기 안에서 ACT Kidflex를 다른 방향으로 바꾸는 것이 아동에게 혼란을 줄 수 있습니다.

유용한 힌트

만약 아동에게 **자신을 친절하게 대하고 돌보기**를 소개할 필요가 있는지 확신이 없다면, **자신을 친절하게 대하고 돌보기** 연습에 참여하도록 시도해 보고 반응을 살펴봅니다. 아동에게 자기 자신을 비판적으로 대하는지, 때때로 마음이 못된 말을 하는지 물어보세요. ("너의 마음이 때때로 말한다"라는 문구는 ACT Kidflex의 **내려놓기** 과정을 떠올리게 하거나 소개하는 것입니다.)

아동이 자기-비판적이지 않고 이미 자신을 친절하게 대하고 스스로 돌보고 있다는 사실을 발견할 수도 있습니다. 그렇다면 훌륭합니다! 이런 경우에는 ACT Kidflex 과정을 안내하는 것으로 돌아가거나, 이미 충분히 ACT 과정을 다룬 경우라면 아동이 이야기하고 싶은 다른 주제가 있는지 또는 도움이 필요한 부분이 있는지 물어볼 수 있습니다. 그렇지 않다면, 아동과 부모에게 작업을 마무리하는 것을 제안하는 것이 좋습니다.

'자신을 친절하게 대하고 돌보기' 소개하기

자신을 친절하게 대하고 돌보기를 소개할 때, 저는 아이들에게 자기 자신을 친절하게 대하고 돌보는 것이 무엇을 의미한다고 생각하는지 물어봅니다. 종종 아이들은 자기 자신보다는 다른 사람을 친절하게 대하고 돌보는 것에 관해 말하는데, 이는 자기 자신은 그리 친절하게 대하지 않거나 또 돌보지 않는다는 것을 의미할 수 있습니다. 다음과 같이 예시를 들면 도움이 될 수 있습니다. "학교 숙제, 연주회나 연극 연습, 악기 연주 배우기, 또는 스포츠 훈련처럼 매우 어려운 일을 하고 있을지도 몰라. 자기 자신을 친절하게 대하고 돌보는 방법은 자신에게 무례한 말이나 못된 말을 하지 않고 매우 친절하고 좋은 말을 하는 것을 의미해."

유용한 힌트

아동이 자기 자신을 친절하게 대하고 돌보는 방법을 배울 수 있도록, 그들에게 어떤 말과 목소리 유형이 친절하게 들리는지 물어보세요. 만약 아이가 확신하지 못한다면, 그들이 어려움을 겪을 때와 일이 잘 진행되고 있을 때 자신이 최선을 다해 노력하고 있으며, 스스로 극복할 수 있고, 이런 기분을 영원히 느끼지는 않을 것이라고 차분한 목소리로 자신에게 말해 보라고 제안할 수 있습니다.

아동이 자신을 친절하게 대하고 돌보기의 개념을 더 잘 이해할 수 있도록 종종 다음과 같이 질문합니다.

"○○ 주변에 매우 친절하고 배려 깊은 태도로 말을 걸어 주고, 어려운 상황에서 ○○를 진심으로 지지해 주는 사람을 떠올려 볼 수 있을까? 가족이나 친구, 혹은 선생님 중에 있을 수도 있고, 오래전에 알고 지내던 사람일 수도 있어."

아이는 현재 자기 주변에 있는 매우 친절하고 배려심 깊은 사람에 관해 이야기하거나, 세상을 떠난 사람(조부모, 부모, 이모, 삼촌 등)에 관해 이야기할 수도 있습니다. 이런 경우, 아동에게 그 사람이 했던 친절하고 배려 깊은 말 중에 어떤 것들을 기억하는지 물어볼 수 있습니다.

또한 다음과 같이 덧붙일 수 있습니다. "만약 그런 사람이 지금 주변에 없거나 과거에도 없었다면, 그런 사람이 내 삶에 있다면 어떨지 잠시 생각해 보자. (잠시 멈추어 아동이 생각할 시간을 주세요.) 문제나 어려움이 있을 때, 또는 ○○가 자신에게 매우 친절하지 않을 때, 그 사람은 무슨 말을 해 줄지 상상해 볼까?"

또 다른 접근 방법은 아동에게 묻는 것입니다. "○○의 애완동물이 말을 할 수 있다면 무슨 말을 할까? ○○가 자신을 어떻게 대해 왔는지에 관해 애완동물은 무슨 말을 할까? 그리고 ○○에게 무슨 말을 하고 싶을까?" 만약 아동이 자신의 애완동물이 무슨 말을 할지 상상해 낼 수 있다면, 문제나 어려움을 경험할 때 또는 자신에게 불친절한 태도를 보인다는 것을 알아차릴 때 애완동물이 뭐라고 말할지 생각해 보도록 제안할 수 있습니다.

'자신을 친절하게 대하고 돌보기' 연습

이제 자신을 친절하게 대하고 돌보기를 가르치기 위해 회기에서 아이들과 함께 진행할 수 있는 몇 가지 체험적인 연습을 살펴보겠습니다. 이러한 연습은 대부분 5~12세 아동에게 유용합니다(5~6세 아동에게 추천하지 않는 연습은 따로 알려드리겠습니다). 아동이 자신을 친절하게 대하고 돌보기를 배우는 데 가장 적합하다고 생각되는 연습, 또는 아이가 가장 관심을 가질 것으로 예상되는 연습 한두 가지를 선택할 수 있습니다. 만약 확신이 없다면, 몇 가지 연습을 선택해 간단하게 설명한 후, 아동에게 가장 참여하고 싶은 연습을 한 가지 또는 두 가지 선택하도록 제안할 수 있습니다.

[연습 38] 두 명의 코치

이 연습은 폴 길버트의 '두 선생님 이야기'(Gilbert, 2009)를 각색한 것으로, 5~8세 아동과 9~12세 아동 모두 이 연습에 잘 반응하는 것으로 나타났습니다. 이는 제가 가장 좋아하는 자신을 친절하게 대하고 돌보기 연습입니다. 아동에게 이 연습에 참여하도록 요청하면서 두 명의 다른 코치로부터 조언받는 상황을 상상하게 하고, 그 후에 그들의 경험에 대해 몇 가지 질문을 합니다. 아동이 참여에 동의한다면 스포츠 경기, 악기 연주, 연극, 뮤지컬, 댄스 등에 참여한 적이 있는지 물어보면서 시작할 수 있습니다. 만약 아동이 떠올릴 수 없다면, 코칭을 받은 경험이 있는지 물어보고 그 활동을 연습에 포함해 적절하게 만듭니다. 아동이 코칭을 받아본 적이 없다면, 코칭을 받는 활동을 생각하게 한 뒤 그것을 예시로 사용합니다. 아동이 코칭받는 활동에 대한 구체적인 예시를 가지고 있다면 이 연습을 더 잘 상상하고 이해할 수 있으며, 이로 인해 참여도가 높아질 수 있습니다.

이 연습을 진행하기 위해 매우 비판적인 코치가 아동에게 어떤 말을 할지, 그에 대해 어떻게 느끼고 행동할지 묻습니다. 그런 다음 매우 친절하고 자상한 코치는 무슨 말을 할지, 그에 대해 어떻게 느끼고 행동할지 묻습니다. 이후에 아이에게 이 연습을 통해 어떤 경험을 했는지 묻고, 두 명의 코치와 함께했을 때 자신의 수행에서 어떤 차이를 알아차렸는지 묻습니다. 그리고 어느 코치가 아동 자신과 더 비슷한지 묻고, 어떻게 하면 더 친절하게 대하고 돌보는 방식으로 자기 자신에게 말할 수 있을지 묻습니다.

이 연습을 활용하는 방법에 대한 이해를 돕기 위해, 10세 내담자인 열정적인 테니스 선수 마크Mark와 '두 명의 코치' 연습을 진행한 녹취록을 살펴보겠습니다. (테니스를 아동에게 적합한 관심사로 대체하고, 필요에 따라 이 대화록을 자유롭게 수정해도 됩니다.) 마크는 또래 중에서 가장 키가 작았고, 남동생 두 명은 마크보다 키가 컸습니다. 많은 사람이 마크를 가족 중에서 가장 어리게 보았기 때문에, 마크는 자기 외모에 대해 고민하고 키를 매우 의식하게 되었습니다. 마크의 부모님은 그의 자존감을 키워 주기 위해 상담을 요청했습니다.

치료자 이 연습을 위해 눈을 감아도 되고, 떠도 된단다. 만약 눈을 뜨고 있는 게 좋으면 집중을 돕기 위해 바닥에 있는 한 지점에 초점을 맞추기를 권장해. 지금 테니스를 치고 있고, 코치가 마크를 지켜보고 있다고 상상해 보렴. 때로는 공이 코트 밖으로 나가고, 공을 치지 못하거나 네트에 맞추기도 하지. 이 코치는 정말 무례하게 화를 내고, 마크가 잘하지 못한다고 생각하면 혼내고 꾸짖어. 코치가 마크를 꾸짖을 때 마크의 감정과 표정을 살펴보고, 혼난 후에 마크가 하는 행동도 관찰해 볼게. 테니스를 즐기고 있는 것처럼 보이는지, 테니스를 잘하고 있다고 생각하는 것 같은지도 관찰해 보렴.

이제, 다른 코치를 상상해 보자. 이 코치는 매우 친절하고 부드러운 목소리를 가지고 있으며, 항상 차분하단다. 이 코치는 마크가 어떻게 경기하든 상관없이 얼마나 열심히 노력하고 있는지 알고 있다고 이야기해. 또 어떻게 하면 마크의 실력이 개선될 수 있는지 말해 주지. 마크가 더 나은 테니스 선수가 되도록 진심으로 돕는 것처럼 보여. 마크가 얼마나 노력하고 있는지 코치가 말해 줄 때 마크가 어떻게 느끼는지, 코치가 매우 친절하고 자상한 방식으로 마크를 격려하며 말할 때 마크의 표정이 어떤지도 관찰해 보렴. 그 이후에 마크가 어떤 행동을 하는지도 살펴볼게. 이 코치와 함께할 때 테니스를 즐기는 모습처럼 보이는지, 경기가 더 나아지거나 나빠지는지도 살펴보렴.

두 유형의 코치에 대해, 테니스를 치는 것에 대해, 마크 자신에 대해, 그리고 마음이 떠올리는 다른 어떤 것에 대해('마음이 떠올리는 것'이라는 표현은 ACT Kidflex 내려놓기 과정을 상기시키거나 소개하는 것입니다. 3장 참조) 마음이 하는 생각과 감정을 알아차려 보는 거야(이는 ACT Kidflex의 자기 알아차리기 과정을 상기시키거나 소개하는 것입니다. 5장 참조). 준비가 되었다면, 눈을 뜨고 우리가 함께 있는 방(또는 온라인) 안으로 돌아오렴.

유용한 힌트

'두 코치' 연습의 이 지점에서 아동이 몇 분 동안 자기 생각과 감정 속에 머물도록 시간을 주세요(이는 ACT Kidflex의 **그대로 두기** 과정을 보여 주는 것입니다. 3장 참조). 그리고 질문하기 전에 가능한 한 아이가 눈을 뜨고 치료자와 함께 있는 방에 적응할 때까지 기다려 줍니다.

치료자 마크, 이 연습에 대해 몇 가지 질문을 해도 괜찮을까?

마크 물론이죠.

치료자 두 명의 서로 다른 코치를 상상해 보는 것이 어땠니?

마크 첫 번째 코치가 무례하게 저를 대할 때는 정말 테니스를 치고 싶지 않았지만, 두 번째 코치와 함께 있는 것은 좋았어요.

치료자 두 명의 코치와 함께할 때, 경기하는 방식에 차이가 있었니?

마크 실제로 첫 번째 코치와 함께할 때 저는 더 못 뛰었어요. 누군가가 나를 꾸짖으면 잘될 거라고 생각했는데, 코치는 정말 무례했어요. 저는 공을 놓치거나 코트 밖으로 치거나 네트에 서브를 넣으면 코치가 화낼까 봐 두려워했고, 결국 실력보다 훨씬 못한 경기를 하게 되었어요. 만약 이 코치와 계속 함께해야 한다면 저는 경기를 즐기지 못할 거고, 아마 테니스 치는 것을 그만둘 거예요.

치료자 친절하고 배려심 있는 코치와의 경기는 어땠니?

마크 확실히 더 잘 뛰었어요. 코치는 제가 잘하고 있다고 말해 주었고, 어떻게 개선해야 하는지 조언도 해 주었어요. 그게 정말 도움이 되었어요.

치료자 정말 잘했어, 마크. 이제 자신과 어떻게 대화하고 있는지, 특히 어려운 상황에서 어떻게 하는지 생각해 봤으면 해. 마크는 무례한 코치랑 친절하고 자상한 코치 중에 누구와 더 비슷하다고 생각하니?

마크 이전 같으면 무례한 코치와 비슷하다고 말하지 않았을 텐데, 지금은 그렇게 되고 싶지는 않지만 사실 무례한 코치와 더 비슷하다는 걸 깨달았어요.

치료자 자신에게 무례한 방식으로 말하는 것이 마크에게 도움이 되고 효과적이라고 생각하니? (이는 2장의 ACT 사례개념화 양식에 있는 질문을 상기시키는 것으로, 자신에게 친절하고 자상한 방식으로 대화해 보는 것을 시도하는 데 도움이 됩니다.)

마크 아니요.

치료자 친절하고 자상한 방식으로 자신에게 말하는 것이 더 도움이 되는지 확인해 볼까?

마크 좋아요.

치료자 자기 자신에게 사용할 수 있는 말들은 어떤 것이 있을까?

마크 나에게 힘든 일이 일어나는 것은 내 잘못이 아니며, 최선을 다하고 있고, 내 또래의 다른 사람들도 이것을 정말 힘들어한다는 걸 저에게 알려 줄 수 있어요.

치료자 마크 자신에게 하는 좋은 말들이구나.

이 연습의 효과를 더 높이기 위해 자신에게 친절하고 자상한 방식으로 대화하는 것이 언제 도움이 될지, 그리고 이를 어렵게 만드는 것이 있는지 물어보세요. 아동이 가능한 어려움을 예상하는 경우, 도움이 될 수 있는 일이 무엇인지 물어봅니다. 아동이 확신하지 못한다면, 아이가 매일 오후나 저녁에 학교에서 집으로 돌아올 때 또는 잠들기 전에 자신에게 친절하고 자상한 말을 하는 것과 같은 몇 가지 제안을 할 수 있습니다.

'두 명의 코치' 연습을 마친 후, 아동에게 친절하고 자상한 코치에 대한 기록지를 작성하도록 요청할 수 있습니다. 이 기록지는 연습을 강화하며, 아동이 회기 중에 기록지를 완성하면 회기에서 배운 내용을 시각적으로 상기시키는 데 도움이 됩니다. 만약 기록지에 그림 그리는 것을 원하지 않는다면, 자신에게 하는 친절하고 자상한 말을 그냥 적는 것은 어떤지 물어보세요. 아이는 회기 중에 기록지를 작성하거나 가정에서 부모님의 지도하에 작성할 수 있습니다. 기록지를 모두 작성하면 집으로 가져가고 싶은지 물어봅니다. 그리고 힘든 시기를 겪을 때 자신에게 친절하고 자상한 방식으로 말하는 방법을 기억해 낼 수 있도록 침실 벽에 붙여 두도록 요청합니다. 이 기록지는 http://www.newharbinger.com/49760에서 다운로드할 수 있습니다.

기록지 7: 친절하고 자상한 코치

당신이 정말 열심히 노력하고 있고 훌륭한 일을 하고 있다고 말해 주는 매우 친절하고 자상한 코치를 상상해 보세요. 이제 아래 빈칸에 코치를 그리고, 당신의 생각과 감정을 다루기 어려울 때(슬프거나 걱정스러울 때, 두렵거나 화가 날 때, 또는 다른 부정적인 감정이 들 때) 이 코치가 당신에게 해 줄 수 있는 매우 친절하고 자상한 말들을 적어 보세요. 그런 다음 이러한 친절하고 자상한 말을 자신에게 하는 연습을 해 보세요.

[연습 39] 나에게 친절하고 자상한 편지 쓰기

저는 Kolts(2016)의 '자비로운 편지 쓰기'를 각색한 이 연습에 아이들이 매우 잘 반응한다는 것을 알게 되었습니다. 제 경험에 따르면, 어린 아동뿐 아니라 좀 더 나이가 많은 자기-비판적인 아동도 자신에게 편지를 쓰기 시작하면 대부분 친절하고 자상한 언어를 떠올립니다. 가끔 매우 자기-비판적인 아이들이 꽤 장문의 친절하고 자상한 편지를 써서 놀라게 할 때도 있습니다. 아이들이 자신에게 친절하고 자상한 편지를 쓴 후에 이 연습이 도움이 되었고 재미있게 썼다고 말해 주기도 합니다. 자신에게 편지를 쓰면서 아이들은 친절하고 배려하는 방식으로 자신에게 어떻게 말하는지 경험하는데, 자신에게 친절하고 자상한 언어를 찾기 어려워하는 아이들에게 특히 강력한 방법입니다.

이 연습에 대한 지침은 다음과 같습니다. 아동에게 종이 한 장과 필기구를 주고, 문제나 어려움을 겪는 자신에게 친절하고 돌보는 방식으로 어떻게 말할 수 있을지 생각해 보라고 합니다. 저는 내담자 아동이 겪고 있는 구체적인 문제나 어려움, 예를 들어 병원이나 치과에 가는 것을 두려워하는 등의 특정한 문제를 언급합니다. 이렇게 하면 이 연습을 자신과 관련 있는 것으로 인식합니다. 그런 다음, 친절하고 자상한 언어를 사용해 자신에게 편지를 쓰도록 요청합니다. 아이가 초등학교 저학년이거나 글자를 쓰는 데 어려움이 있다면, 편지 내용을 치료자가 받아 적어 주기를 원하는지 물어보세요.

다음은 병원이나 치과 진료실에 가는 것을 두려워하는 아동에게 이 연습을 소개하는 예시입니다. 이 대화록을 원하는 방식으로 자유롭게 수정하세요.

> 병원이나 치과에 도착했을 때 안에 들어가는 것이 두렵다고 느꼈던 때를 생각해 보렴. "병원이나 치과 진료실에 들어가는 것은 무서워" 또는 "나는 할 수 없어"와 같은 생각이 들어도 괜찮아. 그 생각들에 뭔가를 하려고 하지 말고, 그냥 내버려 두렴. (이는 ACT Kidflex의 그대로 두기 과정을 상기시키거나 소개하는 것입니다.) 이제, 병원이나 치과에 들어가기 두려워하는 자신에게 어떻게 말할 수 있을지 생각해 보자.
>
> 자신에게 친절하고, 자상하며, 차분한 목소리로 말한다고 상상해 볼게. ○○의 목소리가 어떻게 들릴지 상상해 보렴. ○○가 과거에 병원이나 치과에 가는 걸 두려워했던 적이 있다면, 그 순간을 극복했고 괜찮았다는 사실을 떠올리기 위해 자신에게 할 수 있는 말을 생각해 봐. ○○는 마음이 두렵다고 말하는데도 진료실로 걸어갔어. ('마음이 말한다'라는 표현은 ACT Kidflex의 내려놓기 과정을 상기시키거나 소개하는 것입니다. 잠시 멈추고 아이가 이것을 생각할 수 있도록 몇 분 정도 시간을 주세요.)
>
> 이제, 자신에게 친절하고 자상한 말로 편지를 써 보면 좋겠어. 아마도 "사랑하는 ○

○아, 병원이나 치과에 들어가는 것이 정말 어려운 일이라는 것을 알아. 하지만 진료실에 들어가도 안전할 것이고, 내가 너의 곁에 있을 거야. 너는 두려운 순간을 이겨 냈어"와 같은 말로 시작할 수 있을 거야. 여기에는 옳고 그른 방법이 없단다. 나는 편지를 고치지 않을 거고, ○○가 원하지 않으면 읽지 않을 거야. 어떤 내용을 쓰든 괜찮아.

만약 아이가 몇 마디 쓰다가 더는 뭐라고 써야 할지 모르겠다고 하면, 매우 친절하고 자상한 사람(가족 구성원, 친구, 선생님, 애완동물, 책이나 TV나 영화 속 등장인물 등)이라면 병원 또는 치과 진료실에 들어가는 것을 두려워하는 자신에게 어떤 말을 해 줄지 생각해 보라고 제안할 수 있습니다. 그런 다음 그 사람이 해 줄 것 같은 친절하고 자상한 말을 적어 보도록 격려할 수 있습니다.

아이가 편지를 다 쓰면 편지를 다시 읽어 주기를 원하는지 물어보세요. 동의하지 않아도 된다고 안심시키고, 동의하지 않더라도 화내거나 실망하지 않을 것이라고 알려 주세요. 이렇게 하면 아이가 동의해야 한다고 느끼는 압박감을 줄일 수 있습니다. 아동이 편지 읽는 것에 동의하면, 아이가 들을 수 있도록 천천히 큰 소리로 읽어 주세요. 그런 다음, 친절하고 자상한 편지를 쓰고 자신에게 읽어 주는 것이 도움이 될 만한 다른 상황이 있는지 물어보세요. 아동이 편지를 집으로 가져가고 싶어 한다면, 침실 벽이나 안전한 장소에 편지를 두고 어려운 시기를 겪을 때나 자신에게 친절하지 않다는 것을 알아차릴 때 읽어 보라고 제안해 보세요('당신이 알아차릴 때'라는 표현은 ACT Kidflex의 자기 알아차리기 과정을 상기시키거나 소개하는 것입니다. 5장 참조). 아이들이 편지를 쓴 몇 주 후 집에서 읽고 도움이 되었다고 말해 준 적이 있습니다.

[연습 40] 친절하고 자상한 친구 상상하기

이 연습은 자신을 친절하게 대하고 돌보는 방식으로 말하는 방법을 생각하기 힘들어하는 아동에게 유용합니다. 저는 이 연습을 자주 사용하며, 5~12세 아동에게 매우 효과가 있다는 것을 알게 되었습니다. 제 경험에 따르면, 자신의 애완동물과 친밀감을 느끼는 아이들은 종종 사람 대신 애완동물을 상상합니다. 만약 아동이 자신의 애완동물과 매우 친밀하다는 것을 알게 된다면, 아동의 애완동물 이름을 물어보세요. 그런 다음 아동에게 친구, 가족 구성원, 선생님 또는 애완동물을 상상하도록 제안할 때, 그 애완동물의 이름을 언급할 수 있습니다. 아래 대화록은 Bluth(2017)와 Neff and Germer(2018)의 '자비로운 친구 명상'을 각색한 것이며, 자유롭게 각색할 수 있습니다.

이 연습을 할 때 눈을 감을 수도 있고, 뜨고 있을 수도 있어. 만약 눈을 뜨고 있는 걸 원

> 한다면, 집중을 돕기 위해 바닥의 한 지점에 초점을 맞추는 것이 좋아. 해변이나 숲 또는 다른 어느 곳이든 편안하고 평화롭다고 느끼는 안전한 장소를 상상해 보렴. 친절하고 자상한 친구, 가족들, 선생님 또는 애완동물이 ○○가 있는 곳에 방문한다고 상상해 볼게. 그들이 ○○ 옆에 앉아 있고, 너의 삶이 어떤지, 어려움은 무엇인지 이해해 준다고 상상해 보렴. 그들이 ○○에게 친절하고 자상한 말을 한다고 상상해 보자. 원한다면 그들에게 어떤 대답이든 할 수 있어. 몇 분 동안 그 사람이나 애완동물을 관찰하고, 자신을 관찰하고, ○○가 어떻게 느끼는지를 관찰해 볼게. ○○의 생각과 감정을 가만히 두고, 아무것도 하려고 하지 말아 보렴. (여기서 잠시 멈추어 아동이 몇 분 동안 이를 위한 시간을 가지게 합니다.)
>
> 주의가 흐트러지고 다른 생각을 하고 있다는 걸 알아차리면, 주의를 다시 안전한 장소와 그곳을 방문한 누군가를 상상하는 곳으로 부드럽게 가져오렴. 그런 다음 그들에게 작별 인사를 할게. 괜찮아. 언제든지 이 안전한 장소로 돌아와서 다시 초대할 수 있단다. 준비가 되면 눈을 뜨고 나와 함께 있는 이 방(또는 온라인)으로 돌아오렴.

아마도 제가 ACT Kidflex 과정의 일부를 포함시켰다는 것을 알아차렸을 것입니다. “자신을 관찰하세요”와 “당신이 어떻게 느끼는지 관찰하세요”는 자기 알아차리기 과정을 상기시키거나 소개하고, “생각과 감정을 그냥 두고, 아무것도 하려고 하지 마세요”는 그대로 두기 과정을 상기시키거나 소개합니다. “만약 주의가 흐트러지고 다른 생각을 한다는 것을 알아차리면, 부드럽게 당신의 주의를 다시 가져오세요”는 여기 머무르기 과정을 떠올리게 하거나 소개하면서 이러한 과정을 자신을 친절하게 대하고 돌보기와 어떻게 결합하는지 보여 줍니다.

아동이 방(또는 온라인)으로 돌아오는 것에 익숙해지도록 몇 분간 시간을 준 후, 친절하고 자상한 친구가 방문하는 것을 상상하는 일에 관해 이야기하고 싶은지 물어보세요.

유용한 힌트

저는 아이들에게 ‘연습에서 어떤 것을 발견했는지’ 묻지 않습니다. 왜냐하면 아이들이 문자 그대로 받아들여서 ‘발견하지 않았다’고 대답할 수 있기 때문입니다. 이는 특히 자폐 스펙트럼 장애가 있는 아동과 작업할 때 유의해야 할 부분입니다.

만약 아동이 연습에 대해 이야기하기를 원하지 않는다면, 꼭 해야 할 필요가 없으니 괜찮다고 안심시킵니다. 만약 이야기하기를 원한다면, 다음 질문의 일부 또는 전부를 물어볼 수 있습니다.

- "어디에 있다고 상상했니?"
- "누가 함께 있었니?"
- "그 사람(또는 애완동물)이 했던 말을 들려주고 싶니?" 만약 원하지 않는다면 말할 필요가 없다고 안심시키세요. 만약 아동이 말해 주면 "그 사람(또는 애완동물)에게 대답한 내용을 얘기해 주겠니?"라고 물을 수 있습니다.
- "그 사람(또는 애완동물)과 작별하는 것은 어땠니?"
- "이 연습을 집이나 학교, 다른 곳에서 혼자 해 보는 것이 도움이 될 거라고 생각하니?" 아이가 확신하지 못하면, 아이가 겪고 있는 문제나 어려움을 바탕으로 몇 가지 제안을 해 볼 수 있습니다. 예를 들어, 수업 시간에 발표하는 것에 대해 마음이 불안하다고 말할 때('마음이 당신에게 말할 때'라는 문구는 ACT Kidflex의 내려놓기 과정을 떠올리게 하거나 소개합니다), 친절하고 자상한 사람/가족/친구/선생님/애완동물이 어떻게 말할지 생각해 보라고 제안할 수 있습니다.
- "이 연습을 혼자 시도하는 것을 어렵게 만드는 것이 있을까?"
- "자신을 친절하게 대하고 돌보는 방식으로 자신에게 말하기를 연습하는 걸 기억하는 데 도움이 될 만한 방법은 무엇일까?"

이제 아이들과 '의자를 활용한 작업'을 어떻게 활용할 수 있는지 살펴봅시다.

의자를 활용한 작업

의자를 활용한 작업은 의자를 여러 개 배치하고 내담자를 의자 사이에서 이동시키는 실험적 기법을 말합니다(Bell et al., 2019). 이는 정서-중심 치료(Greenberg et al., 1993; Greenberg and Watson, 2006)와 스키마 치료(Rafaeli et al., 2011; Roediger et al., 2018)의 일환으로 자기-비판을 다루는 데 널리 사용됩니다. 의자를 활용한 작업은 원래 성인을 대상으로 사용하도록 설계되었지만, 저는 아동에게도 효과적으로 사용할 수 있다는 것을 발견했습니다. 의자를 활용한 작업의 두 가지 버전을 소개합니다.

[연습 41] 빈 의자 기법

이 연습은 Kolts(2016)를 각색한 것입니다. 제 경험상, 이 연습은 7~12세 아동에게 매우 효과적입니다. (5~6세 아동과 함께 사용하고 싶다면, 어떻게 진행되는지 볼 수 있습니다. 적합하지 않다고 생각된다면, 이전 장에서 살펴본 '나에게 친절하고 자상한 편지 쓰기'나 '친절하고 자상한 친구 상상하기' 연습을 사용할 수 있습니다.) 이 연습에서는 아동이 앉아 있는 의자와 같은 방향을 향하도록 의자를 나란히 놓습니다. 성인을 대상으로 빈 의자 기법을 할 때는 대부분 의자를 내담자와 마주 보는 방향으로 놓지만, 저는 빈 의자를 아동 옆에 두는 것을 선호합니다. 이렇게 하면 덜 대립적이고 덜 위협적이며, 아동이 좀 더 편안하게 느끼고 연습에 참여하도록 도울 수 있습니다. 만약 빈 의자를 아동 옆이 아닌 마주 보는 방향에 두는 것을 선호한다면 그렇게 해도 됩니다. 아동이 불편해하거나 저항을 느끼는 경우에는 의자를 아동 옆으로 옮기면서 더 편안해하거나 기꺼이 참여하고자 하는지 확인해 볼 수 있습니다.

이제 8세 아동 롤라Lola와 빈 의자 연습을 어떻게 사용했는지 대화록을 살펴보겠습니다(롤라에 관한 내용은 5장 참조). 내담자에게 알맞게 자유롭게 각색하세요.

치료자 롤라, 옆에 있는 의자에 누군가 앉아 있다고 상상하는 작업에 초대하고 싶어. 이 사람은 롤라를 정말로 아끼고, 항상 롤라가 잘되기를 바라며, 늘 격려하고 안심시켜 주는 사람이야. 이 연습을 해 보고 싶니?

롤라 물론이죠.

치료자 잘됐다, 고마워. 이 사람은 롤라에게 말할 때 친절하고 자상한 말만 사용해. 절대로 무례하거나 비판적이지 않아. 이 사람은 현재 롤라 주변에 있는 사람일 수도 있고, 과거에 알던 사람일 수도 있어. 만약 롤라에게 그런 사람이 없다면, 그런 사람을 상상해 봐도 좋아. (롤라가 생각할 수 있도록 잠시 멈춤) 우리와 함께 여기 앉아 있다고 상상할 수 있는 사람이 있을까?

롤라 가장 친한 친구 제니Jenny요. 제가 아는 매우 친절한 사람 중 한 명이에요. 제니는 항상 제 옆에 있어 주고 너무나 사랑스러워요. 초등학교에 들어올 때부터 가장 친한 친구였어요.

치료자 제니가 우리와 함께 여기에 앉아서 롤라가 하는 모든 말을 주의 깊게 듣고, 롤라 스스로 얼마나 힘들게 하고 자신을 못되게 대했는지를 실제로 알아차리고 있다고 상상해 보면 좋겠어. 롤라가 자기 춤 실력을 비판하고, 실수 없이 완벽하게 춤춰야 한다고 말하는 걸 제니가 들었어. 제니가 우리와 함께 이 방에 앉아 있다면 무슨 말을 할까? 롤라에게 어떤 조언을 해 줄까?

롤라 제니는 제가 저 자신에게 너무 못되게 굴어서 화가 날 거예요. 항상 제가 훌륭한 댄서고, 나 자신을 더 친절하게 대해야 하고, 제 실력에 자랑스러워해야 한다고 말하거든요.

치료자 만약 제니가 롤라 너 자신에게 정말 친절하고 자상한 방식으로 말하는 방법을 몇 가지 제안한다면, 뭐라고 말할까?

롤라 제니는 제가 얼마나 엄격하게 나를 대하고 있는지, 얼마나 열심히 연습하는지 스스로 떠올려야 한다고 말할 거예요. 제니는 제가 사람들이 보는 무대에 서는 것이 얼마나 용감한 일인지 말해 줄 거예요. 왜냐하면 제니는 무대에 서는 것을 싫어하거든요! 콘서트 하루 전에 제니는 저에게 가장 중요한 것은 즐기는 거라고 항상 말해요. "작은 문제에 신경 쓰지 마!"라고 하는데, 아마도 중요하지 않은 작은 일에 화를 내거나 짜증을 내면 안 된다는 말 같아요.

치료자 만약 네가 춤을 완벽하게 추지 못한다면, 선생님이 어떻게 느낄 거라고 제니가 말할까?

롤라 제니는 제가 그동안 얼마나 열심히 연습했는지 알고 있으니 선생님이 저를 정말 자랑스러워할 것이고, 저 자신에게 더 잘 대해 줘야 한다고 말해 줄 거예요.

치료자 정말 잘했어, 롤라. 제니가 롤라에게 한 말을 어떻게 생각하니? 제니가 맞는다고 생각하니?

롤라 제니가 맞는다고 생각해요. 제니가 저에게 말하는 것처럼 저 자신에게 말하려고 더 노력해야 할지도 모르겠어요.

이 연습의 마지막에 아동에게 항상 친절하고 돌보는 방식으로만 이야기하는 누군가가 옆에 앉아 있다고 상상하는 것이 도움이 되는 다른 상황들을 생각해 보고, 만약 아동이 자신을 힘들게 하는 것을 보면 그 사람이 뭐라고 말할지 생각해 보라고 요청할 수 있습니다. 그런 다음 자신에게 불친절한 말을 사용하는 것을 알아차릴 때(이는 ACT Kidflex의 자기 알아차리기 과정을 상기시키거나 소개합니다), 친절하고 자상한 사람이 아이 옆에 앉아 자신을 어떻게 더 친절하게 대하고 돌볼 수 있는지 제안하는 것을 상상해 볼 수 있다고 제시할 수 있습니다.

[연습 42] 빈 의자를 이용해 친구에게 조언하기

이 연습은 Neff and Germer(2018)의 '친구를 어떻게 대할까?'를 각색한 것입니다. 보통은 앞서 설명한 빈 의자 기법을 먼저 사용하지만, 아동이 친절하고 자상한 누군가를 상상하는 데 어려움이 있거나 원하지 않을 때(특히 아동의 삶에 그런 사람이 없었던 경우)는 문제나 어려움을 겪는 친구(또는 가족 구성원이나 애완동물)에게 뭐라고 말해 줄지 묻는 이 연습을 사용할 수 있습니다.

만약 아동의 사고가 매우 경직되어 있다면(어떤 일을 하기 위해 대안적인 방법을 생각하는 데 어려움이 있거나, 어떻게 다르게 할 수 있을지 제안할 때 논쟁하는 경우), 빈 의자 연습 대신 이 연습을 시도하길 추천합니다. 어떤 아이들은 누군가가 어떤 조언을 해 줄지 생각하는 것보다 다른 사람들의 문제나 어려움에 어떻게 접근할지 생각하는 것을 더 쉽게 느끼기 때문입니다.

간단히 말해서 이 연습은 친구가 옆에 있는 의자에 앉아 그들이 겪는 문제나 어려움에 관해 이야기하고, 아동에게 조언을 구하는 상상을 하게 하는 것입니다(빈 의자 연습과 반대 방식입니다). 이 연습의 활용을 더 자세히 설명하는 예시를 살펴보겠습니다.

유용한 힌트

두 가지 버전의 '빈 의자' 연습을 동일한 아동과 함께 사용할 수도 있고, 아동에게 가장 적합할 것으로 생각되는 연습을 선택할 수도 있습니다.

사례 예시: 마테오, 9세

마테오Mateo의 부모님은 이혼했고, 마테오는 두 집을 오가며 매번 무엇을 챙겨 가야 할지 결정하는 등 갑작스러운 변화에 대처하기 위해 고군분투했습니다. 그는 부모님의 이혼에 대해 자신을 비난했고, 매우 자기-비판적이었습니다. 이제 마테오와 함께 '빈 의자를 이용해 친구에게 조언하기' 연습을 어떻게 진행했는지 대화록을 살펴봅시다.

치료자 지금 마테오 옆에 있는 의자에 친구가 앉아 있고, 그들의 문제나 어려움에 관해 이야기하는 연습에 참여하도록 요청하고 싶어. 그런 다음, 그 친구가 자신을 도와줄 방법을 제안해 달라고 요청할 거야. 이 연습을 해 보고 싶니?

마테오 물론이죠!

치료자 좋아, 고마워. 옆에 앉아 있다고 상상하고 싶은 친구의 이름을 말해 줄래?

마테오 알렉스. 가장 친한 친구예요.

치료자 알렉스가 우리와 함께 여기에 앉아 있고, 농구 경기가 다가오는데 매우 걱정하고 있다고 가정해 보자. 알렉스는 팀을 위해 더 많이 득점해야 하고, 그렇지 않으면 팀이 정말 실망할 거라고 자신에게 말해 왔어. 어떻게 하면 알렉스가 자신에게 친절하게 말할 수 있을지 몇 가지 제안해 주겠니?

마테오 당연하죠. 알렉스, 넌 농구를 정말 정말 잘해. 훈련도 열심히 하고, 정말 잘 뛰어. 네가 다음 경기에서 잘하지 못하더라도, 그건 전혀 중요하지 않아. 왜냐하면 정말 중요한 건 네가 최선을 다하는 거니까. 누구도 너에게 더 많은 걸 요구할 수 없어.

치료자 알렉스가 자신에게 불친절하다는 걸 알아차릴 때 어떤 시도를 할 수 있을지도 말해 줄 수 있니?('자신에게 불친절하다는 것을 알아차린다'는 ACT Kidflex의 자기 알아차리기 과정을 상기시키거나 소개합니다. 이는 자신을 친절하게 대하고 돌보기와 자기 알아차리기 과정을 결합하는 방법을 가르쳐 줍니다.)

마테오 알렉스, 너희 농구팀은 진짜 복 받은 거야. 네가 그 팀에 있으니까. 너는 상대 팀이라도 잘하면 응원하고 이기면 축하해 주는 정말 좋은 사람이야. 너는 정말 열심히 노력하고, 모든 팀원에게 매우 친절하고, 그들이 잘 뛰지 못하면 기분이 좋아지도록 항상 보살펴 주지. 어떤 경기를 하든지 나는 네가 항상 자랑스럽고, 나의 가장 친한 친구라는 걸 자랑스러워할 거야. 넌 정말 배려심이 많고, 친절하고, 내가 알고 있는 가장 좋은 사람이야.

치료자 와, 마테오, 알렉스에게 정말 친절하게 이야기했고, 훌륭한 제안을 해 주었어. 잘했어!

마테오 감사해요.

치료자 마테오, 알렉스가 자신을 대하는 방식과 자신에게 말하는 내용이 그에게 도움이 된다고 생각하니?

마테오 전혀 그렇지 않아요.

치료자 어떻게 하면 알렉스가 자신에게 더 친절한 방식으로 이야기할 수 있을지 생각하는 것이 쉬웠니, 아니면 어려웠니?

마테오 쉬웠어요. 알렉스는 자신에게 무례했고, 자신에 대해 말한 건 진실이 아니었어요.

치료자 알렉스에게 말했던 방식과 마테오 자신에게 말하는 방식에 차이가 있었니?

마테오 네, 저는 저보다 알렉스에게 훨씬 더 친절하다고 생각해요. 왜냐하면 알렉스를 친절하게 대하는 건 쉽지만, 가끔 저 자신에게는 친절하기가 정말 어려워요. 특히 제가 실수했다고 생각할 때요.

치료자 마테오, 알렉스에게 말했던 친절하고 배려심 있고 진심으로 지지해 주는 방식과 자신에게 압박을 주면서 말하는 매우 비판적인 방식 중 어떤 것이 마테오에게 더 효과적이라고 생각하니?

마테오 음, 알렉스에게 말한 방식이요. 알렉스에게 매우 친절하게 말할 때는 기분이 좋아지고 더 차분해지지만, 제가 저 자신을 무례하게 대할 때는 더 슬퍼지고 모든 걸 망칠까 봐 걱정하게 돼요.

치료자 자신에게 무례하게 굴거나 불친절하게 말하는 것을 알아차리기 시작하면 잠시 멈추어서 마테오가 어디에 있는지, 주변에서 무슨 일이 일어나고 있는지를 관찰해 보는 것이 좋아. 그런 다음 오늘 여기에서 알렉스에게 친절하고 사려 깊은 방식으로 말한 것을 생각해 보고, 마테오 자신에게도 그러한 말들을 해 보는 거지. ('자기 알아차리기'라는 문구는 자신을 친절하게 대하고 돌보기와 자기 알아차리기 과정을 결합하는 방법을 다시 가르쳐 주며, '네가 어디에 있고, 주변에서 무슨 일이 일어나고 있는지 관찰해 봐'는 ACT Kidflex의 여기 머무르기 과정을 떠올리게 하거나 소개합니다.)

마테오 매우 다르겠지만, 한번 시도해 볼게요.

치료자 대단해. 오늘 정말 잘했어. 쉽지 않다는 걸 잘 아는 만큼, 마테오는 이 연습을 시도한 것 자체로 매우 자랑스러워할 자격이 있단다.

마테오 감사해요.

앞서 논의한 바와 같이, 부모는 자녀가 ACT Kidflex 과정을 삶에 적용하도록 격려하는 데 큰 역할을 할 수 있습니다. 이제 자녀가 자신을 친절하게 대하고 돌보도록 돕기 위해 부모에게 할 수 있는 제안을 살펴보겠습니다.

부모를 위한 제안

부모에게 제안하는 가장 중요한 것 한 가지는 아동 앞에서 친절하고 자상한 자기-대화를 사용하는 모델이 되는 것입니다. 중립적이고 일상적인 상황에서도 이렇게 하기를 권장합니다. 예를 들어, 부모는 "나는 이 과제를 배우는 일이 정말 어렵다는 걸 알지만, 최선을 다하고 있어. 방법을 이해하지 못하더라도 나쁜 일은 일어나지 않을 것이고, 도움을 요청해야 하더라도 괜찮아"라고 말할 수 있습니다.

또한 아동이 문제나 어려움을 겪을 때 부모가 친절하고 자상한 언어를 사용해 자녀를 지도할 수 있습니다. 예를 들어, 자녀가 주사를 맞기를 두려워한다면, 부모는 주사 맞는 것이 얼마나 힘든 일인지 알고 있고, 이를 극복하는 데 필요한 모든 것을 아이가 가지고 있으며, 두려움이 영원히 지속되지는 않을 것이라고 안심시킬 수 있습니다.

아동이 문제에 대처하는 데 어려움을 겪을 때, 부모는 아이에게 "네 친구가 이런 상황을 겪고 있거나 비슷한 어려움을 겪고 있다면, 도움이 될 만한 것을 말해 줄 수 있을까?"라고 물을 수 있습니다. 더불어, 부모 자신이 친구에게 도움이 되는 말을 해 주는 모습을 자녀에게 보여 줄 수 있습니다.

부모가 자신의 문제나 어려움을 겪고 있다면, 자신에 대해 동일한 전략을 사용하는 모습을 보여 줄 수 있습니다. (이때 자기-개방은 아이가 듣기에 적절해야 하며, 아이가 부모를 걱정하게 해서는 안 된다는 점을 부드럽게 상기시켜 주어야 합니다.) 부모는 아이에게 "내가 친한 친구인 애슐리에게 새로운 일을 시작하는 것이 긴장된다고 말하면, 애슐리는 누구나 직장을 옮길 때 긴장할 수 있으며, 새 직장을 얻은 것에 스스로 자랑스러워해야 한다고 말해 줄 거야"와 같이 말할 수 있습니다.

마지막으로, 부모는 아이가 문제나 어려움으로 힘들어할 때 치료 회기 중에 진행한 연습 중 일부를 가정에서 해 보도록 격려할 수 있습니다('나에게 친절하고 자상한 편지 쓰기', '친절하고 자상한 친구 상상하기' 등). 아이에게 똑같은 문제나 어려움을 겪고 있는 친구에게 뭐라고 말할 것인지 물을 수도 있고, 친절하고 자상한 친구나 가족 구성원 또는 애완동물이 아이에게 무슨 말을 할지 상상해 보라고 제안할 수도 있습니다. 또한 아이에게 '두 명의 코치' 연습을 상기시켜 주고, 친절하고 자상한 코치가 아이의 문제나 어려움에 대해 어떻게 이야기할지, 그리고 그 코치가 무엇을 제안할지 물어볼 수도 있습니다.

마무리

이번 장에서는 자기-비판적이거나, 자신에 대해 비현실적인 기대를 가지고 있거나, 자신에게 큰 압박을 주거나, 스스로 힘들게 하는 아동에게 자신을 돕는 방법을 가르치기 위해 자신을 친절하게 대하고 돌보기를 소개했습니다. 또한 아동이 문제를 극복하는 데 사용할 수 있는 언어를 제공하고, 어려움에 처했을 때 자기 자신을 인정하고 칭찬하는 방법을 보여 주었습니다.

또한 ACT Kidflex 과정의 일부와 이것을 함께 활용할 수 있는 방법을 아동에게 보여 주었습니다. 만약 자신을 친절하게 대하고 돌보기를 소개하기 전에 ACT Kidflex 과정에 대한 설명이 끝났다면, 이 회기에서는 아동이 ACT에 대해 배운 것과 자신을 친절하게 대하고 돌보기를 함께 사용하는 방법을 가르쳐 주었을 것입니다. 만약 아직 모든 ACT Kidflex 과정을 가르치지 않았다면, 이번 회기는 ACT Kidflex 과정을 기반으로 사용할 수 있는 몇 가지 문구를 배우면서 일부 과정을 소개하는 시간이 되었을 것입니다.

이제 아동은 자신을 친절하게 대하고 돌보는 것이 무엇을 의미하는지 더 잘 이해하고, 다른 사람에게 말하는 방식이 자신에게 말하는 방식보다 훨씬 더 친절하고 자상하다는 것을 깨달았을 것입니다. 이를 통해 아동은 자신에게 불친절하고 무관심할 때를 알아차릴 수 있으며, 이 장의 몇 가지 연습 중 일부를 활용해 자기-대화를 바꾸고, 자신을 더 친절하게 대하고 배려하는 연습을 해 볼 수 있습니다. 이러한 도구들은 아동이 다양한 상황에서 어려움을 관리하고 스스로를 달래는 자신의 능력에 대한 믿음을 키우며, 결과적으로 미래의 문제나 어려움에 대한 고통 수준을 감소시킬 것입니다.

또한 이 장에서는 가정에서 자신에게 친절하고 자상한 모습을 보여 주는 것, 회기에서 배운 내용을 상기시키고 강화하는 것, 그리고 문제와 어려움을 겪을 때 자신을 친절하게 대하고 자상하게 돌볼 수 있도록 돕는 것을 포함해 부모에게 제공하는 간단한 권장 사항도 제공했습니다.

자신을 친절하게 대하고 돌보는 것은 ACT Kidflex의 모든 과정(그대로 두기, 내려놓기, 중요한 것 선택하기, 중요한 것 하기, 여기 머무르기, 자기 알아차리기)을 보완하며, 아동이 도움받고자 하는 문제나 어려움을 관리할 뿐 아니라 삶의 기술을 갖추게 함으로써 회복탄력성을 높입니다. 정기적인 실습을 통해 시간이 지남에 따라 이러한 기술에 더 능숙해지고 숙련될 것이며, 이는 대처 도구 중 핵심 요소가 될 것입니다. 제가 8세 아동에게 ACT Kidflex와 자신을 친절하게 대하고 돌보기를 어떻게 소개하고 연습했는지에 관한 회기별 해설은 http://www.newharbinger.com/49760에서 확인할 수 있습니다. 다음 장에서는 아동이 아니라 부모와 함께 작업하는 방법에 초점을 맞출 것입니다.

7장

부모가 내담자일 때

이전 장에서 아이들에게 자신을 친절하게 대하고 돌보며, 자기-비판에 관여하는 대신 자신의 코치가 되도록 가르치는 방법에 대해 살펴보았습니다. 이번 장에서는 아동과 함께 작업할 수 없는 상황에서 아동의 부모에게 치료를 제공하는 데 초점을 둡니다. 즉, 부모에게 ACT Kidflex 사용 방법과 자신을 친절하게 대하고 돌보기be kind and caring to yourself를 교육하는 방법을 살펴볼 것입니다. 이를 통해 부모가 이 과정을 자녀에게 보여 주고, 자녀가 문제나 어려움에 더 잘 대처하도록 생각과 감정을 다루는 방법을 직접 가르치게 할 것입니다. 여기에는 아동을 돕는 방법을 가르치는 일환으로 회기 안에서 부모와 함께 연습을 사용하는 방법과 더불어 자녀 앞에서나 자녀와 함께 실습할 수 있는 보너스 활동도 포함됩니다. 이 장의 모든 연습은 회기 안에서 한 명 이상의 부모와 함께 사용할 수 있습니다.

부모와 단독으로 작업할 시기 결정하기

때로는 회기에 참여하기 어려운 아동과 함께 작업할 경우가 있습니다. 아마도 당신은

3장에서 5장까지 논의한 몇 가지 연습에 아동을 초대하는 등 생각할 수 있는 가장 창의적인 방법을 사용하며 최선을 다했을 것입니다. 하지만 현실은 치료 회기에 참여하기를 원하지 않는 아동도 있으며, 그 무엇으로도 그들의 마음을 바꿀 수 없다는 것입니다.

이런 일이 발생하면(일부 아동에게서 이런 일이 일어나더라도 이는 치료자의 능력을 부정적으로 반영하는 것이 아닙니다) 아동을 참여시키기 위해 더 많은 아이디어를 떠올리기보다는 잠시 멈추어 상상 속에서 '일시 정지 버튼'을 누르는 것이 도움이 됩니다. 저는 제 마음에 어떤 생각이 나타나는지 알아차립니다(대체로 '내가 더 능숙했다면 이런 일이 일어나지 않았을 거야', '이런 일은 나한테만 일어나는 게 분명해', '나는 정말 형편없는 아동심리학자야' 등 자기-비판적인 생각일 가능성이 매우 큽니다). 제 몸에서 느끼는 감정과 그것이 나타나는 곳을 알아차린 다음에는 제 마음 안에서 일어나는 것과 함께 치료실에 앉아 그 생각을 떠올리는 마음에게 감사하며 생각들을 그대로 둡니다. 저는 다음과 같이 스스로 말하면서 오늘 아동을 연습에 참여시키는 데 성공해야만 한다는 생각을 그대로 둡니다. "나의 마음은 오늘 내가 아동을 연습에 참여시키는 데 성공해야만 한다고 생각하고 있어."

이런 상황이 발생하면 이 책에서 배운 ACT 과정 중 일부를 사용해 이 순간을 관리한 다음(그대로 두기와 내려놓기), 아동 대신 함께 작업할 수 있는 다른 누군가가 있다는 것을 기억하고 앞으로 나아갑니다. 바로 부모입니다. 저는 5~12세 아동과 함께 작업할 때 사례개념화(2장 참조) 작업 시 아동의 이력을 확인하기 위해 부모와 아동이 함께 첫 번째 회기에 참석하도록 요청합니다. 첫 번째 회기에서 아동과 부모 사이에 일어나는 일을 관찰하는 것은 종종 일상에서 상호 작용하는 방식을 파악하는 데 매우 유용합니다. 이를 통해 그들 사이의 힘의 균형과 부모가 아동에게 반응하는 방식에 대한 데이터를 수집할 수 있습니다. 예를 들어, 아동이 치료자의 질문에 대답하지 않거나 연습에 참여하지 않을 때 부모가 매우 불안해하거나 협력하는 대가로 자녀에게 보상을 제공할 수도 있습니다. 이는 아동이 학교나 스포츠 팀과 같은 환경에서도 협력에 대한 보상을 기대하도록 유도할 수 있습니다.

만약 이러한 일이 발생하면, 부모 먼저 치료받게 함으로써 도울 수 있을지 생각해 본 다음 가능한 치료 목표를 기록해 보세요. 치료 목표에는 자녀가 원하지 않거나 두려워하는 활동에 참여하는 일에 대한 부모 자신의 생각과 감정을 관리하는 데 도움이 되는 전략을 가르치는 것과 부모 자신을 친절하게 대하고 돌보도록 가르치는 것을 포함할 수 있습니다. 그래야 자녀가 자기 행동을 관리하려는 시도에 반응하지 않을 때 부모 자신을 탓하지 않을 수 있습니다.

부모를 치료에 참여시키기

몇 차례 회기 이후 아동의 참여를 유도하기 어렵고 대신 부모(한 명 또는 두 명 모두)에게 치료를 제공하는 것이 도움이 될 수 있다고 판단되는 경우, 특히 아동이 5~8세보다 어린 경우에는 아동을 참여시킬 수 없으며 무엇을 시도해야 할지 확신할 수 없음을 부모에게 말해 주는 것이 좋습니다. 아동이 관심을 두지 않으면 부모가 매우 불안해하고, 자녀가 참여를 거부한 결과로 그들 자신을 판단할까 봐 걱정할 수 있다는 점을 명심하는 것이 중요합니다.

유용한 힌트

아동이 회기에 참여하기를 원하지 않는 것은 부모 탓이 아니라는 것을 말해 줌으로써 부모를 안심시키십시오. 아동을 참여시킬 수 없다면, 자녀 대신 부모와 함께 작업한 후 그들이 자녀에게 가르치는 전략을 제공하십시오.

자녀가 겪고 있는 문제나 어려움을 해결하기 위해 부모가 직접 치료받는 것을 원하는지 물어보고, 부모에게 ACT Kidflex와 자신을 친절하게 대하고 돌보는 방법을 교육할 것임을 알려 주세요. 여기에는 아동이 자기 감정을 조절하는 데 도움이 되는 전략을 모델링하고 가르치는 방법이 포함됩니다. 함께 작업함으로써 아동이 자신의 생각과 감정에 대처하는 새롭고 더 효과적인 방법을 배우도록 도울 수 있고, 덜 압도당하고 자기-진정을 통해 회복탄력성을 높일 수 있다고 부모에게 설명할 수 있습니다.

아동 없이 부모와 함께 작업하기를 제안하는 방법을 보여 주는 예시를 살펴보겠습니다.

사례 예시: 앨리, 5세

메리Mary와 안드레스Andres는 분리 불안으로 심각한 문제를 겪고 있는 딸 앨리Allie의 치료를 위해 찾아왔습니다. 앨리에게는 일곱 살인 서맨사Samantha와 두 살인 케리Kerry 두 자매가 있습니다. 저는 앨리를 부모님과 함께 두 차례 만났지만, 앨리를 참여시키는 데 실패했습니다. 이에 저는 메리와 안드레스가 앨리 대신 회기에 참여하도록 초대했고, 그들은 동의했습니다.

제가 메리와 안드레스에게 어떻게 제안했는지 살펴보겠습니다.

치료자 저는 앨리를 치료에 참여시키는 일이 정말 어렵다는 것을 알게 되었습니다. 우리는 두 차례 회기를 시도했고 그림 그리기, 미술, 풍선 불기 등에 참여하도록 권유했지만, 앨리는 여기에 있고 싶지 않다고 분명하게 의사를 밝히고 제가 제안하는 어떤 일에도 참여하지 않겠다고 분명히 말했어요.

안드레스 정말 죄송합니다. 저는 일단 앨리가 선생님을 몇 번 만나면 유치원에서 걱정하는 것들을 기꺼이 이야기할 줄 알았어요.

치료자 괜찮습니다. 앨리가 참여하고 싶어 하지 않는 것은 부모님 잘못이 아닙니다. 가끔 이런 일이 발생해요. 앨리는 자신이 여기에 있을 필요가 없다고 생각할 수 있어요.

메리 앨리는 3개월 후 초등학교에 입학할 예정인데요. 유치원에 도착하는 순간부터 너무 괴로워하니까 유치원 선생님들이 앨리가 준비되지 않은 것 같다고 하더라고요.

치료자 앨리는 모든 것이 있는 그대로 완벽하고, 도움이 필요하지 않다고 느낄 수 있어요. 정말 흔한 일이고 누구의 잘못도 아니에요. 나중에 앨리가 부모님과 떨어져 있는 것에 도움이 필요하다고 생각하면 언제든지 저를 다시 볼 수 있습니다. 다만, 부모님이 앨리를 유치원에 데려다 줄 때 앨리가 얼마나 괴로워하는지 오늘 알게 되었는데요. 앨리가 자신의 생각과 감정에 대해 힘들어하고 압도되는 건 자아-존중감이나 다른 문제에 대처하는 데 도움이 되지 않을 수 있어요. 유치원에서 다른 아이들과의 관계에도 해로울 수 있고요.

메리 앨리의 선생님은 앨리가 도움을 받지 않는 한 초등학교 입학을 승인하지 않을 거예요. 만약 앨리에게 친구들과 함께 학교에 입학할 수 없다고 말하면 엄청난 충격을 받을 거예요.

안드레스 큰딸 서맨사는 이미 학교에 다니고 있고, 서맨사를 데리러 앨리와 학교에 가면 둘이 함께 운동장에서 놀아요. 앨리는 몇 달 후 학교에 입학할 것을 기대하고 있어요.

치료자 앨리가 친구들과 함께 몇 달 뒤에 학교에 입학하는 것이 두 분께 정말 중요한 일로 보여요. 그리고 두 분 모두 앨리가 1년 더 유치원에 다니게 된다면 상황이 더 나빠질 것이라고 생각하시는 것 같고요.

안드레스 맞아요!

메리 저도 동의해요.

치료자 그렇다면 두 분이 저와 함께 치료받는 걸 제안하고 싶어요. 회기에서 저는 ACT에 대해 가르칠 수 있는 몇 가지 연습에 초대하고(ACT가 무엇인지 첫 번째 회기에서 이미 설명했습니다), 또한 지금까지 사용했던 전략과 다른 몇 가지 전략을 사용해 앨리에게 ACT를 가르치는 방법도 교육할 거예요. 불안에 대처하기 위해 스스로 전략을 사용하는 방법을 앨리에게 보여 주는 방법도 알려드릴 거고요. 그렇게 하면 앨리가 유치원에 도착해 다른 아이들과 빨리 어울리는 방법을 배우고, 또한 자신의 생각과 감정을 스스로 관리하는 방법을 배우게 되어 자아-존중감을 높이는 데 도움이 될 거예요. 이 방법이 앨리가 3개월 후에 입학할 준비를 하는 데 도움이 될 것 같네요.

메리 정말 멋져요! 감사합니다.

안드레스 좋아요, 해 보겠습니다. 그리고 부모로서 저희가 하지 말아야 하거나 개선해야 하는 점이 있다면 말씀해 주세요. 앨리에게 도움이 되는 것이라면 무엇이든 주의 깊게 듣겠습니다.

치료자 좋습니다. 감사합니다. 앨리를 돕기 위해 두 분과 함께 작업하고 싶습니다. 새로운 아이디어와 접근 방식을 기꺼이 들어 주셔서 감사합니다.

저는 부모에게 자녀를 치료에 참여하게 하는 방법을 논의하기보다는 자녀를 도울 수 있는 몇 가지 전략을 배울 의향이 있는지 묻습니다. 메리와 안드레스와의 대화록에서 저는 앨리가 치료에 참여하기를 원하지 않는 것이 그들 잘못이 아니라는 것을 알려 줌으로써 자신을 친절하게 대하고 돌보기에 대한 모델을 보여 주었습니다. 또한 저는 메리와 안드레스가 자신을 친절하게 대하고 돌보기를 가르치는 치료에 아이들이 참여하도록 시도할 때도 이러한 일이 발생할 수 있음을 말해 주었습니다. 메리와 안드레스가 앨리의 주저함에 대해 자책하지 않고, 앨리가 치료에 참석하기를 원하지 않더라도 괜찮다는 것을 알려 주기 위해서였습니다.

개별 성인이든 부모와 자녀든 내담자와 함께 ACT를 사용할 때는 치료자가 도울 수 있다거나 ACT가 정말 훌륭하다고 설득하지 않습니다. 그런 이유로 저는 메리와 안드레스에게 앨리를 돕기 위해 그들과 함께 작업하고 싶다고 말했습니다. 또한 안드레스와 메리가 몇 가지 새로운 접근 방식에 대해 기꺼이 들어 준 것에 감사를 표했습니다. 이는 그들의 유연성을 정적 강화하기 위한 것이었는데, ACT Kidflex의 목표인 '유연한 나'와 일치합니다.

메리와 안드레스에 대해서는 이 장의 뒷부분에서 다시 설명하고, 지금은 부모와 함께 회기에서 사용할 수 있는 연습을 살펴보겠습니다.

부모와 함께 기법 연습하기

3~6장에서 소개한 아동을 위한 다양한 연습은 치료 회기에서 한 명 이상의 부모와 함께할 수도 있습니다(필요에 따라 시나리오를 성인에게 적합하게 수정할 수 있습니다). 이러한 연습은 〈표 1〉에 요약되어 있습니다. 또한 부모와 함께할 수 있는 몇 가지 다른 연습도 보여드리겠습니다.

〈표 1〉 부모에게 적합한 ACT Kidflex 및 '자신을 친절하게 대하고 돌보기' 연습

과정	연습	장
그대로 두기	초콜릿케이크 생각하지 않기 생각과 감정에 인사하기	3
내려놓기	나는 ~라는 생각이 들어요 이야기에 제목 붙이기 마음아, 고마워 바다의 파도	3
중요한 것 선택하기	'너라서 고마워' 감사 카드 쓰기 내 심정(heart) 안에 있는 것 (다음에 설명하는 '양육 가치의 과녁'을 사용하세요)	4

여기 머무르기	여기에 머무르며 다른 곳에 존재하기 여기에 머무르며 먹기 여기에 머무르며 음악 듣기	5
자기 알아차리기	동요 없는 고요한 배 해변 바닷속 인생 영화 보기	5
자신을 친절하게 대하고 돌보기	두 명의 코치 나에게 친절하고 자상한 편지 쓰기 친절하고 자상한 친구 상상하기 빈 의자	6

참고: 〈표 1〉에 '중요한 것 하기do what matters' 작업이 들어가 있지 않다는 것을 알아차렸을 것입니다. 중요한 것 하기는 치료 회기에서 별도의 연습으로 구성하는 대신 치료 회기 참석하기, 연습에 참여하기, 치료 회기에서 제안한 보너스 활동을 완수하기 등의 중요한 것 선택하기choose what matters에 기반해 중요한 것 하기를 시작하는 행동을 포함합니다(4장 참조).

이제 치료 회기 중에 부모에게 ACT Kidflex 과정과 자신을 친절하게 대하고 돌보기를 가르치기 위해 사용할 수 있는 몇 가지 다른 연습을 살펴보겠습니다.

부모를 위한 '그대로 두기'와 '내려놓기'

ACT Kidflex 과정을 부모에게 가르치는 것은 자녀를 지원하는 데 도움이 되는 유용한 방법입니다. 그리고 이 과정에서 얻을 수 있는 가치 있는 부산물은 부모 자신의 유연성을 실제로 증가시킴으로써(ACT Kidflex의 목표가 '유연한 나'라는 것을 기억하세요) 그들의 자녀에게 도움이 될 수 있다는 점입니다. 부모에게 그대로 두기와 내려놓기를 가르치고, 이러한 과정을 자녀에게 본을 보여 주는 방법을 가르침으로써 그들의 자녀는 감정을 조절하고 관리할 수 있게 될 것입니다.

그대로 두기와 내려놓기 과정을 사용하는 방법을 부모에게 가르치기 전에 먼저 이 과정을 안내하고 직접 경험하게 하는 것이 도움이 됩니다. 이때 부모가 개념을 더 빨리 이해할 수 있도록 부모가 공감할 수 있는 예를 제시하는 것이 좋습니다. 자기-비난은 부모에게 공통으로 나타나는 생각과 감정인 만큼 아동의 문제나 어려움에 대해 부모가 자신을 비난하는 예를 사용할 수 있습니다.

[연습 43] 그때부터 지금까지

다음은 Coyne and Murrell(2009)의 '과거 돌아보기' 연습을 각색한 것입니다. 아래 대본을 그대로 사용하거나 상황에 맞게 수정할 수 있습니다.

> 자녀가 지금보다 더 어렸을 때의 기억을 하나 떠올리면서 아이가 어디에 있었는지, 누가 함께 있었는지, 아이가 무엇을 하고 있었는지 알아차려 보세요. 그 기억을 떠올릴 때 어떤 느낌이 드는지 주의를 기울이고, 어떤 생각이 떠오르는지 주목해 보세요. 이제 자녀의 최근 모습에 관한 기억, 아이가 문제나 어려움에 대처하기 위해 고군분투하던 기억을 떠올리면서 아이가 자신의 생각과 감정에 어떻게 반응하는지 살펴보세요.
>
> 그때와 지금 무엇이 달라졌는지, 예전과 비교해 상황이 달라졌는지 살펴보세요. 아마 당신이나 자녀가 문제와 어려움에 대처하도록 다른 전략이나 새로운 전략을 사용하기 시작했을지 모릅니다. 이러한 기억을 떠올리면서 자녀의 행동이나 걱정이 왜 그렇게 바뀌거나 악화되었을지 생각해 보고 마음에 떠오르는 이미지, 생각, 감정을 그대로 두세요. 아무것도 하지 말고 그냥 그대로 두는 것이 어떤 느낌인지 알아차려 보세요. 아이의 문제나 어려움에 대해 자책하기 시작하면 "나는 모두 내 잘못이라는 생각을 하고 있어"라는 말을 한 다음 "마음아, 고마워"라고 말할 수 있습니다(이는 부모에게 그대로 두기와 내려놓기 과정을 사용하는 방법을 가르칠 뿐 아니라 자기 알아차리기 과정을 가르칩니다).

부모 스스로 그대로 두기와 내려놓기를 경험한 후에는 부모가 이전에 언급한 특정 문제 또는 어려움을 바탕으로 그대로 두기와 내려놓기를 아동에게 소개하는 방법을 가르칠 수 있습니다. 그들이 새로운 집으로 이사하려는데 아동이 매우 불안해하고 속상해한다고 가정해 봅시다. 부모에게 다음과 같이 말할 수 있습니다.

자녀의 걱정, 슬픔, 분노, 우울함을 알아차리거나 아이가 자신의 감정을 말할 때, 자기 생각과 감정을 그대로 두고 또 놓아주도록 다음과 같이 격려할 수 있습니다. "새 집으로 이사하는 것을 걱정하고 있다는 걸 이해해. 너는 네 마음에 떠오르는 생각을 알아차리고, 그 생각에 대해 아무것도 하지 않고 그냥 그대로 둘 수 있단다. 새 집으로 이사가는 게 걱정된다면 '나는 새 집으로 이사하는 걸 걱정하고 있다는 생각이 들어요'라고 말할 수 있어. 그런 다음 '이렇게 흥미로운 생각을 하는 마음아, 고마워'라고 말하는 거야."

유용한 힌트

자녀를 돕기 위해 부모가 할 수 있는 구체적인 말을 제안할 때는 부모가 나중에 치료자가 말한 내용을 기억하려고 애쓰지 않도록 종이(대면 회기에서) 또는 컴퓨터 메모장(온라인 회기에서)에 제안 사항을 작성하게 하는 것이 좋습니다. 일부 부모는 휴대폰에 내용을 입력하거나 종이와 펜을 요청할 수도 있고, 혹은 제안 사항을 이메일로 보내 달라고 요청할 수도 있습니다.

부모를 위한 '자신을 친절하게 대하고 돌보기'

자신을 친절하게 대하고 돌보기에 대해 배우는 아동과 마찬가지로, 부모 역시 이 기술을 배우기 위해 자신에게 편지를 쓰는 것이 종종 도움이 됩니다. 그러면 부모는 자녀가 힘들 때 친절하고 자상한 언어를 사용하는 방법을 가르칠 수 있고, 매일 친절하고 자상한 언어를 사용해 자신에게 말하는 연습을 하도록 제안함으로써 이것이 아동의 일상적인 자기-대화의 일부가 되게 할 수 있습니다. 이 연습은 부모와 함께 진행하는 작업 초기에 수행할 수 있는 유용한 연습이며, 양육에 대해 자기-비판적이거나 자기-비난적인 경향이 있는 부모들의 어조를 바꾸는 데 도움이 됩니다.

[연습 44] 자신에게 편지 쓰기

이 연습은 Coyne and Murrell(2009)의 '자녀에게 쓰는 편지' 연습을 각색한 것입니다. 이 연습에서

는 부모에게 부모로서 가장 중요한 것(중요한 것 선택하기)에 대해 자기 자신에게 편지를 쓰도록 요청합니다. (두 명의 부모와 함께 작업하는 경우 각자 자신에게 편지를 쓰도록 권유하는 것이 좋습니다.) 편지에는 자녀를 위해 바라는 것, 자녀를 어떻게 양육하고 싶은지, 자녀와의 관계에 대한 희망과 꿈을 포함할 수 있습니다. 자신의 양육 방법이 옳다고 느꼈던 특정 시기와 가장 도움이 되었던 행동에 관해 글을 쓰도록 요청할 수도 있습니다. 그런 다음 자녀를 돕기 위해 더 시도할 수 있는 행동과 자녀에게 도움이 되지 않는다고 생각하는 행동에 대해서 쓸 수 있습니다. 이렇게 하면 부모는 아이에게 도움이 되지 않는 어떤 행동을 하고 있는지에 관해 자녀와 대화할 준비를 갖출 수 있습니다.

또한 편지에 부모로서 자신에게 들려주는 친절하고 자상한 문장을 포함하도록 제안할 수 있습니다(자신을 친절하게 대하고 돌보기). 예를 들면, "나는 최선을 다하고 있어", "육아는 내가 해 본 일 중 가장 힘든 일이야. 항상 자녀를 도울 수 있는 최선의 방법을 알지 못해도 괜찮아", "나는 인생에서 매우 힘든 시기를 겪고 있는 자녀를 정말 잘 도와주고 있어"와 같은 내용입니다. 또한 그들이 자신을 더 친절하게 대하고 돌볼 수 있는 몇 가지 행동을 포함하도록 제안할 수도 있습니다.

편지를 모두 작성하면 공유하도록 요청하고, 공유하지 않아도 된다는 것을 알려 줍니다. 가능하다면 편지를 집으로 가져가서 부모 역할을 하는 데 어려움을 겪는 자신을 알아차릴 때(이것은 자기 알아차리기 과정을 사용합니다) 편지를 읽어 보라고 제안할 것을 권장합니다. 편지를 집으로 가져가길 원한다면, 작업물을 사진이나 복사본으로 남길 수 있도록 허락을 구하는 것이 좋습니다.

아동의 연령에 따라(일반적으로 6세 미만 아동에게는 권장하지 않습니다) 부모에게 자녀가 자신에게 친절하고 자상한 편지를 쓰도록 도와줄 것을 제안할 수 있습니다(6장의 '나에게 친절하고 자상한 편지 쓰기' 참조). 아동이 편지 쓰기를 시작할 수 있도록 친절하고 자상한 단어를 몇 가지 예를 들어 주어야 할 수도 있음을 부모에게 알려 주세요. 부모는 자녀에게 편지를 안전한 곳에 보관했다가 힘들 때 꺼내 읽거나 대신 읽어 주겠다고 제안할 수 있습니다.

부모를 위한 '중요한 것 하기'

부모는 자신에게 중요한 것에 집중하고 중요한 것을 위해 계속 노력할 때 자녀를 일관성 있게 잘 지원할 수 있습니다. 다음 연습은 부모가 자신에게 가장 중요한 것이 무엇인지 파악하는 데 도움이 됩니다.

[연습 45] 양육 가치의 과녁

이번에 소개할 중요한 것 하기 연습은 제가 Dahl and Lundgren(2006)의 '과녁'을 아동을 위해 각색한 '내 심정 속에 있는 것' 연습과 유사합니다(4장 참조). 부모에게 종이를 한 장씩 주고 원을 그리게 합니다. 그런 다음 자녀가 자신의 문제나 어려움에 어떻게 대처하는지 생각해 보고, 자녀를 돕기 위해 부모로서 할 수 있는 중요한 일 한 가지를 선택하게 합니다. 그런 다음 원의 가운데에 그것을 적게 합니다. 자녀를 돕기 위해 중요한 일을 하는 것으로부터 얼마나 가까이 또는 얼마나 멀리 떨어져 있는지 생각해 보고, 이를 나타내는 점을 원 주변에 표시해 보라고 합니다.

예를 들어, 자녀가 스스로 잠들기를 바라지만 자녀가 취침 시간에 울면 잠이 들 때까지 침대 곁에 앉아 있다고 해 봅시다. 자녀 스스로 잠드는 것이 부모에게 중요한 일이라면 동그라미 가운데 이것을 쓰고, 자녀가 잠들 때까지 자녀의 침대 곁에 앉아 있는 것이 실제로 아이가 감정을 조절하고 불안을 그대로 두는 방법(그대로 두기)을 배우는 데 도움이 되는지 생각해 볼 수 있습니다. 만약 '잘 자'라고 말한 뒤 아이의 방을 나온다면 동그라미의 중심 가까이에 점을 표시하고, 만약 자녀가 잠들 때까지 방에 머물러 있다면 점을 동그라미에서 멀리 떨어진 곳에 표시하라고 설명할 수 있습니다.

부모에게 중요한 것(아이가 스스로 잠들도록 내버려 두는 것 등)을 실제로 하고 있는지에 대한 질문이라고 설명하는 것이 좋습니다. 이 일을 자주 하는지, 가끔 하는지, 아니면 전혀 하지 않는지 생각해 보도록 요청하는 것도 도움이 됩니다. 그런 다음 부모에게 그들이 작성한 내용을 공유하도록 요청합니다(부모가 모두 참석한 경우 서로 공유할 수도 있습니다).

부모에게 자신이 중요하게 여기는 일을 하기 어렵게 만드는 것이 있는지 물어보십시오. 예를 들어, 방을 나갈 때 아이가 소리를 지르거나 울면 아이를 속상하게 했다는 죄책감 때문에 방으로 돌아와 자녀가 잠들 때까지 머무를 수 있습니다.

가능한 결과를 예상하고 부모가 이에 대한 계획을 세우도록 돕는 일은 부모가 자녀의 반응에 괴로워하거나 불안해하거나 압도되어 어떻게 대응해야 할지 당황하는 것을 방지하는 데 매우 도움이 됩니다. 또한 부모가 일관성 있게 반응하며 중요한 것을 할 가능성이 커집니다. 이는 모순된 방식(부모 중 한 명은 자녀가 잠들기 전에 자녀의 방에서 나오고, 다른 한 명은 자녀가 잠들 때까지 자녀 곁에 있는)으로 반응하는 부모와 아이가 함께 사는 경우에 특히 중요합니다.

부모를 위한 '여기 머무르기'와 '자기 알아차리기'

5장에서 살펴본 바와 같이 ACT Kidflex 과정에서 '여기 머무르기'는 현재에 머무르면서 자기 경험을 인식하는 것을 의미하며, '자기 알아차리기'는 뒤로 물러서서 자신을 지켜보는 것을 의미합니다. 이러한 과정을 성인에게 적용할 때는 자기-돌봄을 가르치는 것의 일부로 사용할 수 있습니다.

자기-돌봄은 부모에게 매우 중요하며, 자녀에게 가르치고 모범을 보여야 할 중요한 기술이기도 합니다. 부모가 규칙적으로 자기-돌봄에 참여하면 양육으로 인한 소진이나 질병을 경험할 가능성도 줄어듭니다. 또한 부모 스스로 자기-돌봄을 습관화하면 자녀를 더 세심하게 돌볼 수 있습니다. 다음 연습은 부모가 자기-돌봄 계획을 발전시키는 데 도움이 되는 방법입니다.

[연습 46] 자기-돌봄 계획하기

이 연습은 '기록지 5: 여기 머무르기'를 각색한 것으로, 아이들이 자신의 생각에 사로잡히지 않고 여기에 머무르면서 주변에서 무슨 일이 일어나고 있는지 실제로 알아차리기 위해 할 수 있는 활동 목록을 작성하게 합니다(5장 참조). 이는 또한 자기 알아차리기 과정도 다룹니다.

저는 특히 한부모 가정인 경우, 매우 바쁜 일정에 더 많은 것을 추가하려고 시도하는 대신 일상적인 활동 안에서 규칙적인 자기-돌봄을 계획하는 방법을 생각하도록 요청합니다. 음악 듣기, 그림 그리기, 읽기 등 부모가 자기-돌봄을 위해 가정에서 규칙적으로 할 수 있는 여기 머무르기 방법을 제안합니다(5장 참조). 또한 조용한 시간을 보내거나, 자신이 좋아하는 음식을 요리하거나(자녀가 좋아하는 음식만 준비하지 말고), 명상하거나, 잠들기 전에 스트레칭을 하면서 그날의 스트레스와 분주함을 내려놓는 방법도 도움이 될 수 있습니다. 많은 부모가 시간적 제약과 피로 때문에 자기-돌봄을 잘 하지 않습니다. 이 연습은 과도한 시간을 요구하지 않고, 규칙적인 일상에 포함시킬 수 있는 활동을 확인하는 방법입니다.

저는 부모가 여기에 머무르면서 자기-돌봄에 참여하는 동안 자신을 알아차리는 연습을 하도록 권장합니다. 여기에 머무르면서 자신을 알아차리는 것은 부모가 자신에게 집중하는 것을 기억하는 데 도움이 되고, 많은 부모가 우선시하지 않는 자신의 안녕을 위해서도 매우 중요합니다. 또한 자기-돌봄을 통해 얻는 혜택의 결과로 자녀를 더 잘 지원하고 돕게 됩니다. 부모는 자녀에게 스스로 할 수 있는 몇 가지 활동을 생각해 보도록 요청함으로써 자녀 스스로 자기를 돌볼 수 있도록 격려할 수 있습니다. 예를 들어, 읽기나 그림 그리기 또는 음악 듣기 같은 몇 가지 활동을 자녀에게 제안할 수 있습니다.

다섯 살 된 앨리의 부모인 메리와 안드레스의 예시로 돌아가 보겠습니다. 그들은 모두 여섯 차례 회기에 참석했습니다. 처음 두 회기는 앨리와 함께, 그다음에는 앨리 없이 네 차례 회기를 진행했습니다.

사례 예시: 메리와 안드레스

앨리는 제 질문에 대답하기를 거부했고 어떤 연습에도 참여하지 않았습니다. 그래서 저는 앨리를 치료하는 대신 메리와 안드레스와 작업함으로써 그들이 앨리의 초등학교 입학을 준비하도록 도왔습니다. 메리와 안드레스는 앨리가 늘 '꼭 달라붙어' 있으며, 유치원에 도착하자마자 울면서 분리불안을 경험한다고 보고했습니다. 앨리의 어머니가 아이를 데려다주어도 앨리는 교실에 들어가기를 거부한 채 로비에 남아 있고, 다른 아이들과 어울리는 대신 네 시간 동안 혼자 바닥에 앉아 있기도 했습니다. 메리는 앨리가 편안함을 느낄 때까지 유치원에 머물려고 했지만 딱히 도움이 되지 않았습니다. 앨리는 여전히 괴로워했고, 울타리를 기어올라 유치원에서 나가려고 시도하기도 했습니다. 앨리는 보모가 돌봐줄 때, 조부모님 집에 갈 때, 수영과 체조 강습에 참석할 때 등 다른 환경에서도 분리불안을 경험했습니다.

앨리가 참석한 처음 두 회기에서 그들 세 사람 사이의 상호 작용을 관찰한 결과, 안드레스가 반복적으로 앨리를 '아기'라고 부르며 제가 앨리에게 질문할 때 아이가 부모를 바라보면 자기 무릎에 앉도록 권하는 것을 알아차렸습니다. 그러면 앨리는 저에게서 등을 돌리고 아빠 가슴에 머리를 대고 앉았습니다. 메리와 안드레스가 앨리의 분리불안이 나타날 때, 그리고 앨리가 괴로워한 직후에 유치원과 집에서 아이에게 어떻게 반응했는지에 대한 정보와 처음 두 회기에서 관찰한 내용은 사례개념화를 발전시키는 데 도움이 되었습니다. 의도하지는 않았지만 메리와 안드레스는 앨리의 의존성을 실제로 강화하고 있었습니다.

〈표 2〉는 메리와 안드레스와 함께 진행한 여섯 차례 회기의 개요입니다(초기 두 차례 회기에는 앨리가 함께 참석했습니다).

〈표 2〉 메리와 안드레스와 함께 진행한 회기 개요

회기	설명	연습	보너스 활동
1	사례개념화 그대로 두기	• 메리와 안드레스와 함께 진행한 사례개념화 양식 • 앨리가 개발하길 바라는 특성과 자질에 대한 브레인스토밍 • 반짝이 병 만들기	• 앨리에게 반짝이는 병을 만들어 사용하는 방법 가르쳐 주기 • 앨리가 자신의 생각과 감정을 받아들이는 연습을 하도록 격려하기
2	그대로 두기 내려놓기	• "나는 내가 ~라고 느끼는 것을 알아차리고 있다" • "나는 내가 ~라고 생각하는 것을 알아차리고 있다" • "나는 ~라는 생각이 든다" • "나의 마음이 ~라고 생각하고 있다" • "마음아, 고마워"	• 앨리를 위해 유치원, 체조 및 수영 강습에 참여하는 데 초점을 둔 스티커 차트 개발하기 • 유치원과 가정에서 앨리에게 더 큰 독립성과 책임감 부여하기 • 앨리에게 **그대로 두기**와 **내려놓기** 문장 모델 보여 주기
3	중요한 것 선택하기 중요한 것 하기	• 양육 가치의 과녁 ('내 심정 안에 있는 것' 대체)	• 앨리가 유치원, 체조 및 수영 강습을 좋아하는 이유 이야기하기 • 앨리에게 하트 모양 그리게 하기(부모가 그 안에 중요한 것 쓰기) • 앨리와 집에서 할 수 있는 활동 의논하기(**중요한 것 하기**) • 앨리에게 **중요한 것 선택하기** 문장의 모델을 보여 준 다음, **중요한 것 하기**의 모델 보여 주기
4	여기 머무르기	• 여기에 머무르며 먹기	• 가족이 함께 할 수 있는 활동 목록을 함께 개발하기 • 자녀가 식사하는 동안 여기에 머무르도록 가르치고 가족이 함께 연습하기 • **여기 머무르기** 모델을 보여 주며 앨리가 연습하도록 격려하기

5	자기 알아차리기	• 인생 영화 보기 • 바닷속	• 바닷속 미술 활동에서 앨리 도와주기 • 앨리 앞에서 **자기 알아차리기** 문장 사용하기
6	자신을 친절하게 대하고 돌보기	• 자신에게 편지 쓰기 • 회기 검토 및 앨리의 등교 첫날 계획하기	• 아이들 앞에서 친절하고 자상한 언어 사용하기 • 아이들에게 자신이 사용할 수 있는 친절하고 자상한 문구를 생각하게 하기 • 앨리에게 어떤 경우에 자신에게 친절하고 다정한 문구를 사용해 말할 수 있을지 이야기하도록 요청하기

이제 각 회기를 좀 더 자세히 살펴보면서 메리와 안드레스에게 자신을 친절하게 대하고 돌보기와 더불어 각 ACT Kidflex 과정을 어떻게 소개했는지, 그리고 어떻게 그들을 가르치고 앨리에게 모델이 되도록 이야기했는지 확인해 보겠습니다. 우리가 회기에서 나눈 대화와 연습, 그리고 보너스 활동 권장 사항은 다음과 같습니다.

1회기: 사례개념화와 그대로 두기

2장에서 소개한 양식을 사용해 사례개념화를 하는 것으로 앨리, 메리, 안드레스와의 첫 번째 회기를 시작했습니다. 앨리가 분리불안을 관리하느라 놓치고 있는 것이 있는지 물어보자 메리와 안드레스는 앨리가 유치원에서 학습뿐 아니라 친구들과 즐거운 시간을 보내는 것을 놓치고 있다고 대답했습니다. 저는 또한 메리와 안드레스가 앨리의 분리불안을 관리하느라 놓치고 있는 것이 있는지 물었습니다. 둘 다 부부로서 많은 것을 놓치고 있다고 느꼈습니다. 그들은 딸을 돌보는 데 전적으로 헌신했지만, 부부로서 그들의 관계를 잃었고 배우자가 아닌 그저 부모가 되어 버린 것 같다고 느꼈습니다. 결과적으로 저는 앨리를 도울 수 있다면 메리와 안드레스도 간접적으로 도울 수 있다는 것을 알게 되었습니다.

앨리를 돕는 시도를 시작하기 위해 메리와 안드레스에게 앨리가 개발하기를 바라는 특성과 자질이 무엇인지 물었습니다(중요한 것 선택하기). 그들은 앨리가 독립적이고,

자신감 있고, 느긋하고, 근심 없고, 회복력이 있는 사람이 되면 좋겠다고 말했습니다. 또한 앨리가 괴로움 없이 활동에 참석하고, 조부모님 집에서 하룻밤을 보내고, 나중에는 친구 집에서도 하룻밤을 보낼 수 있기를 원했습니다.

저는 앨리와 부모 사이의 상호 작용을 지켜보며 그들의 말을 주의 깊게 들었고, 메리와 안드레스가 앨리가 불안감을 회피하고 없애도록 시도하는 것을 격려하고 있음을 알게 되었습니다. 이것은 ACT와 일치하지 않습니다. ACT는 생각과 감정에 대해 무언가를 시도하는 대신 그대로 두도록 권장합니다. 따라서 앨리를 치료하는 데만 집중하기보다는 메리와 안드레스에게도 몇 가지 양육 전략을 제공해야 한다는 것을 깨달았습니다.

저는 앨리에게 그대로 두기를 소개하는 것이 최우선이라고 느꼈습니다. 이를 위해 앨리에게 반짝이 병을 보여 주며 자신의 생각과 감정을 없애려는 어떤 일도 시도하지 말고 그저 생각과 감정을 알아차리고 그대로 두도록 가르치려고 했지만, 앨리는 활동에 참여하기를 꺼렸습니다. 그래서 메리와 안드레스에게 집에서 반짝이 병을 만들고, 이때 앨리의 흥미를 불러일으키기 위해 아이에게 반짝이 색상을 선택하게 하라고 제안했습니다. 저는 앨리가 압도당하거나 불안함을 느낄 때 집에서 반짝이 병을 보고 자기 생각과 감정을 그대로 두는 것을 연습하도록 격려할 것을 제안했습니다. 그런 다음 반짝이 병을 만드는 방법과 그들이 원할 때 사용할 수 있는 대본을 제공했습니다(3장 참조).

2회기: 그대로 두기와 내려놓기

메리와 안드레스는 집에서 반짝이 병을 만들고, 앨리에게 사용 방법을 가르치기 위해 첫 번째 회기에서 받은 대본을 사용했다고 보고했습니다. 메리는 앨리를 유치원에 데려가면서 앨리에게 생각과 감정에 대해 아무것도 하지 말고 그대로 두도록 상기시켰습니다. 마치 병 안의 반짝이를 그대로 두는 것처럼 말입니다. 이는 앨리가 유치원에서 또래들과 잘 어울릴 수 있게 도와주었습니다. 이번 회기에서는 메리와 안드레스에게 앨리를 위한 스티커 차트를 만들게 했습니다. 이에 관해서는 아래에서 설명하겠습니다.

메리와 안드레스는 첫 번째 회기에서 앨리가 좀 더 독립적인 아이가 되기를 원한다는 것을 확인했고, 저는 그것이 앨리의 자아-존중감과 회복력을 증가시킬 것이라고 느꼈습니다. 앨리가 더 독립적이 되도록 돕기 위해 메리와 안드레스가 보상 체계로 사용할 스티커 차트 만들기를 제안했습니다. 두 사람은 종이에 표를 그리고 요일과 앨리가 참여하기를 바라는 행동 목록을 작성했습니다. 그리고 앨리에게 그것을 장식하게 했습니다. 저는 세 사람이 함께 문구점에 가서 목록에 있는 행동을 수행할 때마다 차트에 붙일 스티커를 구매하도록 제안했습니다. 제 경험상, 아동에게 스티커 차트를 사용하면 행동 변화에 대한 동기를 부여하는 데 도움이 되며, 차트를 장식하고 스티커를 선택하는 데서 흥미와 관심을 유발할 수 있습니다. 스티커를 활용할 수 없는 경우에는 차트에 별, 하트, 꽃 또는 도형 등 작은 그림을 그리게 할 수 있습니다.

저는 앨리가 차트에 있는 행동을 수행할 때마다 메리와 안드레스가 축하하며 차트에 붙일 스티커를 아이에게 선택하게 함으로써 그것을 정적으로 강화(행동이 계속될 가능성을 높임)할 것을 제안했습니다. 메리와 안드레스는 앨리의 차트에 포함할 행동을 다음과 같이 선택했습니다. 첫째, 지체 없이 유치원에 들어가 친구들과 어울리기. 둘째, 지체 없이 체조와 수영 강습에 참여하기.

저는 비용이 드는 보상 대신 가족이 함께 시간을 보낼 수 있는 보상을 제공하는 것이 좋다고 권했습니다. 예를 들어 앨리는 가족이 함께 즐길 수 있는 직소 퍼즐, 보드게임, 미술 또는 공예 활동을 선택할 수 있습니다. 혹은 메리와 안드레스가 주말에 아이들을 데리고 외출할 때 앨리가 공원 등의 장소를 선택할 수 있습니다.

유용한 힌트

일반적으로 부모는 자녀가 선택한 활동을 포함해 자녀가 지속적으로 관심을 가질 만한 보상을 제시하는 것이 가장 좋습니다. 이는 차트에 대한 자녀의 동의를 얻고 유지하는 데 도움이 됩니다.

또한 다른 두 딸이 소외감을 느끼거나 혹은 앨리가 받는 관심에 질투하고 분개하는 일이 생기지 않도록 그들의 다른 두 딸을 위한 차트를 각각 만들도록 제안했습니다. 그런 다음 다른 딸들이 스티커를 받으면 세 딸이 번갈아 가며 가족을 위한 활동을 보상으로 선택하게 했습니다.

스티커 차트를 소개한 후에는 그대로 두기와 내려놓기를 사용하는 데 중점을 두었습니다. 저는 두 사람에게 앨리가 두려워하는 생각을 그대로 두도록 격려하는 방법에 대한 권장 사항을 제공했습니다. 앨리가 두려움과 걱정을 느낌에도 불구하고(그대로 두기) 유치원에 도착해 로비에 앉아 있는 대신 곧바로 유치원 교실로 들어가도록 격려할 것을 제안했습니다. 왜냐하면 앨리가 유치원에서 친구들과 노는 것을 좋아하기 때문입니다(중요한 것 하기). 또한 유치원 교사들에게 앨리를 환영하고 놀이에 초대하도록 아이 몇 명을 보내 달라고 요청할 수 있습니다. 저는 메리와 안드레스로부터 앨리가 유치원 활동에 참여한 후 또래들과 즐거운 시간을 보냈다는 것을 들어 알고 있었기에, 유치원에 도착하자마자 친구들과 빨리 어울릴 수 있기를 바랐습니다.

저는 또한 유치원에서 앨리의 가방을 풀고 싸는 일을 엄마가 대신 해 주지 말고 앨리 스스로 하도록 격려할 것을 제안했습니다. 이는 앨리의 초등학교 진학을 위한 교사의 승인을 받는 데 필요한 기술로, 앨리가 자립심을 기르도록 돕기 위한 것입니다. 이러한 작은 단계들은 앨리의 역량 강화와 자아-존중감을 높이는 데 도움이 되며, 유치원을 기대하고 불안한 감정을 더 잘 수용하는 데도 도움이 될 수 있습니다.

메리와 안드레스는 앨리가 반려견과 매우 강한 유대감을 느끼며 매우 아끼고 보호한다고 언급했는데, 이에 착안해 앨리에게 개에 대한 더 큰 책임을 부여함으로써 가정에서 앨리의 독립성을 높이도록 노력할 것을 제안했습니다. 메리와 안드레스는 앨리에게 개를 목욕시키고 먹이 주는 일을 맡길 수 있다고 했습니다. 저는 이것이 앨리에게 더 많은 책임을 부여하는 좋은 방법일 뿐 아니라 앨리가 중요한 일을 하는 데 도움이 될 것이라고 조언했습니다.

이 회기에서 저는 앨리에게 "나는 내가 ~라고 느끼는 것을 알아차리고 있다"와 "내가 ~라고 생각하는 것을 알아차리고 있다"라는 문구를 가르침으로써 그대로 두기를 사용하는 방법을 알려 주려고 했습니다. 그러나 앨리가 참여하지 않았기 때문에 대신 부모가 앨리에게 그대로 두기를 가르치는 방법을 제안했습니다. 저는 그들이 앨리와 다른 두 자매 앞에서 이 문구를 큰 소리로 말하며 생각과 감정을 바꾸거나 피하지 않고 그대로 두는 방법을 가르치도록 제안했습니다. 예를 들어, 직장에서 중요한 발표를 앞두고 있는 안드레스에게 가족 앞에서 큰 소리로 "나는 많은 사람 앞에서 발표하는 것을 걱정하고 있다는 걸 알아. 그렇지만 나는 사람들 앞에서 말할 거야. 왜냐하면 직장에서 팀을 가르치는 것이 나에게 매우 중요하기 때문이야"라고 말할 수 있다고 제안했습니다. 이런 식으로 안드레스는 걱정을 피하거나 제거하려는 대신 그대로 두고, 긴장하더라도 많은 사람 앞에서 말할 수 있다는 것을 가족에게 보여 줄 것입니다(중요한 것 하기). 왜냐하면 그에게 중요한 것은 동료들을 가르치는 것이기 때문입니다(중요한 것 선택하기). 그런 다음 메리와 안드레스는 앨리가 유치원에 도착하면 걱정을 내려놓고 자신에게 "나는 내가 걱정하고 있다는 것을 알아. 하지만 나는 다른 아이들과 어울릴 거야. 왜냐하면 나는 애들이랑 노는 것을 좋아하니까"라고 말하도록 격려할 수 있습니다.

저는 메리와 안드레스에게 "나의 마음이 ~라고 생각하고 있다"와 "나의 마음이 내게 이야기한다"와 같은 문구를 사용하고, 이어서 "마음아, 고마워", "마음아, 그 생각을 나에게 말해 줘서 고마워"라는 문구를 사용하도록 가르쳤습니다. 메리와 안드레스와 저는 머릿속에 떠오르는 생각을 번갈아 가며 말했는데, 실제로 "나의 마음이 ~라고 생각하고 있다"와 "나의 마음이 나에게 이야기한다" 같은 구절을 말한 후에 이어서 "마음아, 고마워", "마음아, 그 생각을 나에게 말해 줘서 고마워"라고 말했습니다. 그런 다음 딸들 앞에서 자기 생각을 표현하는 연습을 할 수 있는 일상적인 상황을 브레인스토밍하며 딸들에게 생각을 그대로 두고 내려놓기를 가르치게 했습니다. 예를 들어, 메리와 안드레스는 다음과 같이 말할 수 있습니다. "내 마음은 오늘 저녁에 무엇을 요리해야 할지 잘 모르겠다고 생각해. 마음아, 고마워" 또는 "내 마음이 나에게 피곤하다고 말하고 있어. 그 생각을 나에게 말해 줘서 고마워"라고 말입니다.

3회기: 중요한 것 선택하기와 중요한 것 하기

처음 두 회기에서 앨리가 참여를 이끌어 낼 수 없었기 때문에 부모만 나머지 회기에 참석하도록 초대했고 메리와 안드레스는 동의했습니다. 결과적으로 앨리 없이 메리와 안드레스와 함께 3~6회기를 진행했습니다. 이번 회기에서 두 사람은 앨리가 유치원에 도착했을 때 여전히 울기도 했지만 친구들과 어울리는 데 걸리는 시간이 급격하게 줄어들었고(약 15분으로), 유치원에서 점점 더 독립적으로 지내고 있다고 보고했습니다. 앨리는 체조와 수영 강습에도 더 빨리 참여했고, 가정에서 반려견을 돌보는 일도 잘 적응할 뿐 아니라 즐기고 있었습니다. 이에 부모는 앨리의 차트에 붙일 스티커를 열 장 주었고, 앨리는 보상으로 가족과 함께 공원에 가는 것을 선택했습니다.

이 회기의 목표는 앨리가 유치원, 체조 강습, 수영 강습과 자신에게 중요한 것을 연결시키도록 부모가 중요한 것 선택하기를 앨리에게 소개하는 일을 돕는 것이었습니다. 저는 메리와 안드레스에게 중요한 것 선택하기를 소개하는 과녁 연습을 완성하도록 요청했습니다. 하지만 다섯 살 아이가 이해하기에는 복잡한 만큼 앨리에게는 이 연습을 권하지 않는 것이 좋겠다고 말했습니다. 그 대신 앨리에게 유치원, 체조 강습, 수영 강습에 가는 것을 좋아하는 이유와 그것들을 하지 않으면 무엇을 놓치게 될지 물어보도록 제안했습니다. 그런 다음 메리와 안드레스는 앨리의 마음이 걱정하고 무서워한다고 말함에도 불구하고 유치원, 체조 강습, 수영 강습에 갈 수 있다고 알려 줄 수 있습니다.

이 토의를 한 후, 메리와 안드레스가 앨리에게 종이 한 장을 주고 하트 모양을 그리거나 색칠해 달라고 요청함으로써 그리기 연습에 참여하도록 초대할 수 있다고 제안했습니다(4장의 '하트 모양 그리기/색칠하기' 참조). 하트 모양 안에 앨리가 유치원, 체조 강습, 수영 강습을 좋아하는 이유를 쓰고(앨리가 아직 쓰는 법을 배우지 않았기 때문에 부모가 적어 줄 수 있습니다), 그런 장소에 가는 것이 걱정되거나 두려울 때 앨리에게 그 그림을 보라고 제안하고 그것을 좋아하는 이유를 읽어 줌으로써 앨리에게 중요한 것이 무엇인지 상기시켜 줄 수 있습니다. 또한 앨리의 그림을 복사해 가방에 넣어 두고 유치원, 체조 강습, 수영 강습에 대해 걱정을 느낄 때 꺼내 보게 함으로써 그러한 활동이 자신에게 중요하다는 사실을 상기시킬 수 있습니다. 저는 앨리가 선생님에게 그 이유를 읽어 달라고 요청할 경우를 대비해 유치원 교사에게 이 그림에 대해 미리 알려 주는 것도 좋다고 제안했습니다.

앨리가 중요한 것을 하도록 돕기 위해 앨리가 집이나 공원에서 걱정하거나 무서워서 하지 못했던 활동 중 하고 싶어 하는 것이 있는지 물어보라고 권했습니다. 메리와 안드레스는 앨리가 자전거 타는 법을 배우기를 꺼리고 있으며, 이 때문에 언니와 함께 자전거를 타는 즐거움을 놓치고 있는 것 같다고 말했습니다. 이런 경우 메리와 안드레스는 자전거 타는 법을 배우지 않음으로써 놓치고 있는 것이 무엇인지, 그리고 자전거 타기에 대해 앨리에게 중요한 것이 있는지 아이에게 물어볼 수 있습니다. 그런 다음 그들은 앨리의 마음이 자전거 배우기가 두렵다고 말할지라도 앨리에게 자전거 타는 법을 배우도록 제안할 수 있습니다. 앨리가 자전거 타는 법을 배우는 데 관심이 있다면, 부모는 앨리의 스티커 차트에 그 항목을 추가해 동기를 부여하고 격려할 수 있습니다.

앨리에게 중요한 일을 선택하고 실천하는 방법을 가르치기 위해 메리와 안드레스가 먼저 아이들 앞에서 중립적이고 일상적인 예를 사용해 자신에게 중요한 것을 큰 소리로 말한 다음 그런 일들을 하도록 권했습니다. 예를 들면, "운동은 나에게 중요해. 그래서 나는 햇볕을 쬐러 나갈 거야"라고 말하고 산책하러 가거나, "몸 관리는 나에게 중요해. 그러니까 매일 채소를 먹을 거야"라고 말하고 채소 요리를 하는 것입니다. 이를 통해 자신이 중요하게 여기는 것을 선택하고 그 중요한 일을 하는 모습을 자녀들에게 직접 보여 주는 것입니다. 이는 앨리가 자신에게 중요한 것을 선택하고 중요한 일을 하도록 상기시킬 수 있습니다. 또한 앨리가 유치원, 체조 강습, 수영 강습을 비롯해 부모와 떨어져 있는 것을 불안해하는 상황(조부모님 집을 방문하고 보모의 보살핌을 받는 것 등)에 참여하는 데 도움이 될 수 있습니다.

4회기: 여기 머무르기

이 회기에서 메리와 안드레스는 앨리가 유치원에서 친구들과 어울리기 시작하는 시간이 단축되기는 했지만 도착하자마자 눈물을 흘리는 경우가 여전히 있다고 보고했습니다. 또한 첫 번째 회기에서 논의했던 문제, 즉 자녀뿐만 아니라 부부가 함께 더 많은 시간을 보내는 것이 그들에게 매우 중요하다는 점을 제기했습니다(중요한 것 선택하기). 메리와 안드레스는 퇴근 시간이 서로 다르고, 그러다 보니 저녁 식사도 따로 한다고 언급했습니다. 이 회기에서 그들은 매일 저녁 식사를 함께 하기로 했고, 가능하면 자녀들과 함께 식사하기로 결정했습니다.

메리와 안드레스는 주말에 가족과 함께 더 많은 활동을 하고 싶어 했기 때문에, 저는 딸들에게 가족과 함께 하고 싶은 활동 목록을 작성하도록 도와달라고 요청하면 아이들의 동의를 얻고 동기를 부여하는 데 도움이 될 것이라고 제안했습니다.

유용한 힌트

아이들을 의사 결정에 참여시키는 것은 부모가 자녀의 동의를 얻고 동기를 부여하는 데 효과적인 방법입니다.

더 많은 시간을 가족과 함께 보내는 방법을 논의한 후 저는 메리와 안드레스에게 여기 머무르기를 소개하고 그들이 부부로서, 자녀와 함께, 그리고 혼자 시간을 보낼 때 이를 실천하도록 격려했습니다. 또한 자녀들에게 여기에 머무르기를 가르치는 방법에 대해서도 논의했습니다. 저는 앨리가 생각과 감정에 압도당하지 않고 자기 생각과 감정을 관리하는 데 도움이 될 것이라고 설명했습니다.

메리와 안드레스가 가족과 함께 저녁 식사를 하는 것에 관심을 보였기 때문에, 저는 식사하는 동안 여기에 머무르기를 연습하는 방법을 가르쳐 주면서 여기 머무르기를 소개했습니다. 그리고 건포도 먹기 연습을 하면서 방법을 익히게 했습니다(5장의 '여기에 머무르며 먹기' 참조). 또한 식사를 하면서 딸들에게도 여기 머무르기를 가르치도록 제안했고, '가족과 함께 저녁 식사 하기' 대본을 제공했습니다(5장 참조). 메리와 안드레스는 이 연습을 즐겼고, 저녁을 먹는 동안 규칙적으로 이 연습을 가족에게 상기시키기로 했습니다.

또한 메리와 안드레스에게 앨리가 유치원, 체조 강습, 수영 강습, 가정에서 여기에 머무르는 연습을 하도록 격려할 것을 권장했습니다. 예를 들어, 유치원에 도착하면 게임을 하고, 미술과 만들기를 하고, 식사할 때 여기 머무르기를 연습할 수 있음을 상기시켜 주도록 제안했습니다. 가정에서는 앨리 앞에서 "이 꽃에서 나는 향기가 너무 좋아" 또는 "나뭇잎 다양한 색이 너무 사랑스러워"와 같이 아이가 여기 머무르도록 상기시키는 말을 큰 소리로 말하도록 권유했습니다.

5회기: 자기 알아차리기

메리와 안드레스는 앨리가 이제 걱정 없이 유치원에 들어가 곧바로 친구들과 어울리며, 수영과 체조 강습에서도 똑같이 하고 있다고 말했습니다. 또한 조부모님 댁에 갈 때도, 보모의 돌봄을 받을 때도 아주 잘 지낸다고 했습니다. 앨리는 집에서 더욱더 적극적인 모습을 보였고, 메리와 안드레스는 매우 만족스러워했습니다. 그들은 앨리가 더 행복하고 차분해졌으며, 덜 좌절한다고 묘사했습니다. 이러한 개선은 앨리의 자아-존중감과 회복탄력성 또한 키워 줄 수 있습니다.

이번 회기에서는 자기 알아차리기 과정을 가르치고, 자신의 인생 영화 보기 연습(5장 참조)을 '가족 영화 보기'로 각색해 그들이 자신과 서로, 그들의 자녀를 보고 있다고 상상하게 했습니다. 이 연습을 안내할 때, 메리와 안드레스가 저에게 알려 준 행동뿐 아니라 처음 두 회기에서 제가 관찰한 행동도 영화 속 장면에 포함하게 했습니다. 메리와 안드레스가 취했던 행동은 앨리의 불안을 관리하기 위한 단기적 해결책이었지만 실용적인 장기 전략은 아니었습니다(2장 참조).

안드레스는 앨리를 '아기'라고 언급하는 것, 메리는 유치원에서 앨리의 가방을 정리하고 앨리의 마음이 안정될 때까지 유치원에 남아 있는 행동을 선택했습니다. 이러한 모든 행동이 계속 반복되는 것은 아니지만, 그들의 행동이 딸에게 미치는 영향에 대한 더 큰 통찰력을 주기 위해 이전 양육 관행을 되돌아볼 기회를 주는 것이 중요하다고 생각했습니다. 또한 메리와 안드레스가 앨리에게 사용했던 것과 같은 실용적이지 않은 행동을 막내딸 케리에게 할 가능성을 줄이길 바랐습니다.

메리와 안드레스가 이 연습의 경험에 관해 논의할 때, 둘 다 앨리에 대한 자신의 반응이 앨리가 개발하기를 바라는 특성 및 자질과 일치하지 않는다는 점을 인정했습니다(중요한 것 선택하기). 이에 대해 저는 사례개념화 양식의 질문 11을('이 문제나 어려움을 해결하기 위해 지금까지 한 일이 도움이 된다고 생각하나요?', '지금 하고 있는 일이 더 많은 문제나 어려움을 만들고 있나요?') 다루는 데 시간을 할애했습니다. 메리와 안드레스는 둘 다 앨리가 불안감을 느끼지 않도록 보호하려고 노력하는 과정에서 앨리가 그들을 매우 의존하게 만들었으며, 이는 부모로서 그들에게 중요한 것과 정반대임을 인정했습니다.

저는 메리와 안드레스에게 앨리를 영화 연습에 참여하게 하는 것을 추천하지 않는다고 말했습니다. 아직 어려서 제대로 이해하지 못할 것이라고 생각했기 때문입니다. 그 대신 앨리에게 자기 알아차리기 연습을 가르치도록 '바닷속' 연습을 진행했습니다(5장 참조). 그런 다음 대본을 주고, 이 연습을 위해 앨리에게 바닷속 그림을 그리거나 색칠을 하고 유치원이나 조부모님의 집에 가는 것, 체조와 수영 강습, 보모의 돌봄에 대한 앨리의 생각과 느낌을 말하도록 요청하게 했습니다. 그런 다음 앨리가 그리거나 칠한 파도에 아이의 생각과 느낌을 쓰게 했습니다.

또한 앨리에게 자기 알아차리기 과정을 상기시키기 위해 아이 앞에서 "나는 내가 책을 읽는 것을 매우 즐긴다는 걸 알아차렸어. 나는 도서관에 가서 책을 더 빌릴 거야"라고 말하도록 제안했습니다.

6회기: 자신을 친절하게 대하고 돌보기

이는 앨리의 불안이 상당히 감소했다고 보고한 메리와 안드레스와의 마지막 회기였습니다. 앨리는 침대 정리와 자신의 아침 식사 준비 등 더 많은 일에 독립적으로 참여했고, 계속해서 반려견을 돌보았습니다. 유치원에 도착하자마자 엄마와 쉽게 떨어졌을 뿐 아니라 체조와 수영 강습을 할 때, 조부모님 집을 방문할 때, 그리고 보모가 돌봐줄 때도 주저하거나 괴로워하지 않았습니다.

앨리의 선생님들도 이러한 변화를 알아차렸고, 앨리가 훨씬 더 행복하고 자신감이 넘치며 이제 유치원을 졸업하고 초등학교에 입학할 준비가 되었다고 말했습니다. 앨리는 초등학교 예비 소집에 참석했는데, 매우 기대하며 즐거워했습니다.

저는 메리와 안드레스에게 자신을 친절하게 대하고 돌보기를 가르쳤습니다. 먼저 그들 자신의 자기-대화 일부로 친절하고 자상한 언어를 사용하는 방법을 가르친 다음, 앨리가 자기 생각과 감정을 관리하는 데 도움이 될 만한 문장을 생각해 보도록 요청했습니다. 또한 메리와 안드레스에게 각자 자신에게 친절하고 자상한 편지를 쓰게 하고, 집으로 가져가 앨리에 대해 걱정하거나 이로 인해 자기-비난에 빠질 때마다 펼쳐 보면서 자신과 서로에게 친절하고 자상하게 말하는 법을 상기하게 했습니다.

보너스 활동으로는 앨리와 자매들 앞에서 친절하고 자상한 자기-대화를 연습함으로써 아이들이 자신에게 이런 식으로 이야기하는 법을 배우도록 본을 보이라고 권했습니다. 예를 들어, "이 일을 하는 방법을 배우는 것은 정말 힘든 일이지만, 열심히 노력하는 나 자신이 정말 자랑스러워" 또는 "이 일을 하려고 노력한다고 해서 나에게 나쁜 일이 일어나지는 않을 거야"라고 말할 수 있습니다. 그런 다음 앨리와 자매들에게 그들 자신에게 말할 친절하고 자상한 문장을 생각해 보도록 요청하고, 그것을 사용하는 연습을 하도록 격려할 수 있습니다. 또한 자기-대화를 하기 위해 친절하고 다정한 언어를 사용하는 것이 도움이 되는 앨리의 상황을 브레인스토밍할 수 있습니다.

아마도 제가 ACT Kidflex 과정과 자신을 친절하게 대하고 돌보기를 모델링하는 것을 포함하는 보너스 활동을 메리와 안드레스에게 추천했음을 알아차렸을 것입니다. 비록 앨리를 치료에 참여시키는 데는 성공하지 못했지만, 대신 부모가 ACT를 모델링하고 자신을 친절하게 대하고 돌보기를 앨리에게 가르치도록 도울 수 있었습니다.

앨리의 상황이 많이 개선되었으므로 우리는 이번이 마지막 회기가 될 것이라는 데 동의했습니다. 회기를 검토하면서 메리와 안드레스에게 어떤 전략이 가장 도움이 되었는지, 앨리와 자매들에게 어떤 전략을 계속 사용하고 있는지 물어보았습니다. 흥미롭게도 메리와 안드레스는 앨리와 자매들을 양육하는 일뿐 아니라 각자의 삶에서도 ACT Kidflex 전략을 사용하고 있다고 말했습니다. 우리는 앨리가 초등학교 등교 첫날 느낄 수 있을 만한 긴장감, 두려움, 불안감을 어떻게 도울 수 있을지 논의했습니다.

마지막 회기가 끝나고 몇 주 후 앨리는 초등학교에 입학했습니다. 등교 첫날 메리와 안드레스는 앨리가 얼굴에 환한 미소를 지으며 교실에 앉아 있는 사진을 보내 주었고, 매우 기뻐하며 앨리를 자랑스러워했습니다.

부모는 가족의 역동성을 살펴보고 자녀가 겪고 있는 문제나 어려움에 적용해 ACT Kidflex와 자신을 친절하게 대하고 돌보기 과정을 가르칠 수 있습니다. 부모와 함께 이 과정을 진행하는 것은 부모 스스로 각 과정을 경험하는 데 도움을 주고, 부모가 자녀에게 이를 가르치고 본을 보여 줌으로써 자녀 또한 새로운 대처 방법을 배우게 됩니다. 또한 부모는 ACT Kidflex 과정을 사용해 자녀가 자신의 감정을 관리하도록 도울 수 있으며, 이는 자녀의 자아-존중감 향상으로 이어져 궁극적으로 자기-진정과 회복탄력성을 키울 수 있습니다. ACT Kidflex 과정에 익숙해지면 부모와 함께 사용하는 언어가 대체로 비슷하다는 것을 알게 될 것입니다. 특정 문제나 어려움에 따라 세부 사항만 달라질 뿐입니다. 이런 방식으로 ACT Kidflex는 다양한 문제에 적용할 수 있습니다.

마무리

지금까지 아동의 부모와 함께 진행하는 ACT Kidflex 과정 및 자신을 친절하게 대하고 돌보기를 다루었습니다. 부모는 치료자가 권하는 보너스 활동을 사용해 ACT Kidflex와 자신을 친절하게 대하고 돌보기를 연습하고, 또한 자녀에게 자신의 문제나 어려움을 관리하는 데 이 과정을 사용하는 방법을 가르치고 보여 줄 수 있습니다. 다음 장에서는 이 책에서 배운 내용을 활용하는 몇 가지 팁을 소개하고자 합니다.

8장

아동·청소년에게 ACT를 사용하기 위한 마지막 팁

이 책을 통해 ACT Kidflex의 여섯 가지 과정(그대로 두기, 내려놓기, 중요한 것 선택하기, 중요한 것 하기, 여기 머무르기, 자기 알아차리기)과 자신을 친절하게 대하고 돌보기를 배웠습니다. 또한 아동이 치료에 참여하지 않는 상황에서 부모와 협력하기 위해 ACT를 활용하는 방법도 배웠습니다. 이제 앞서 살펴본 내용을 실천할 차례입니다. 이 기술을 가능한 한 빨리 시도해 보는 것이 중요합니다. 새로운 ACT 기술과 연습을 배우고 곧바로 사용하기 시작하면, 이는 필수 도구가 될 뿐 아니라 시간이 지나도 계속 사용하게 됩니다. 이제 배운 내용을 활용하는 방법에 대한 몇 가지 팁을 살펴보겠습니다.

먼저 연습해 보기

이 책에서 배운 내용을 가장 잘 실천할 수 있는 사람은 바로 당신 자신입니다. ACT Kidflex의 어디서부터 시작해야 할지 궁금하다면 3~5장을 다시 살펴보고 Kidflex

각 과정의 기술과 연습 목록[14]을 작성해 볼 것을 제안합니다. 그중에서 가장 공감되거나 시도해 보고 싶은 기술 및 연습을 선택하면 됩니다. 그런 다음 6장(자신을 친절하게 대하고 돌보기)도 같은 방식으로 목록을 작성하고, 하루에 한 가지씩 연습을 시도해 보세요(원한다면 하루에 한 가지 이상 시도할 수 있습니다). 이 책에서 제시하는 과정의 순서와 동일한 순서로 연습을 시작하는 것이 가장 좋으며, 따라서 3장('그대로 두기'와 '내려놓기')을 가장 먼저 시도해 보는 것이 좋습니다. 아동과 ACT를 시작할 때 이 목록이 유용한 자료가 될 수 있습니다.

아동과 함께 연습과 기술을 사용하기 전에 자신에게 먼저 시도해 보면 어떤 느낌인지 직접 경험할 수 있습니다. 이를 통해 더 깊은 통찰력을 얻을 수 있으며, 연습과 기술을 수행한 경험을 자기-개방을 통해 아이들과 함께 나누는 능력과 아동의 질문에 대답할 수 있는 더 강력한 근거를 갖게 됩니다. 결과적으로 치료자로서 아동과 라포를 형성하는 데 도움이 됩니다. ACT를 배우고 사용 방법을 숙달하기까지는 분명 시간이 필요합니다. 그러나 ACT를 연습하고 사용할수록 함께 작업하는 아이에게 가르치는 능력이 향상될 것입니다. 이 책이 소개하는 연습을 시도해 볼 것을 권장하며, 그중 어려운 것이 있다면 다음 날 다시 시도해 보십시오.

ACT 사용에 자신감이 생기고 편안해지는 데는 시간이 걸리더라도 괜찮습니다. 처음 몇 차례 연습에서는 뭔가 잘못하고 있는 것처럼 생각되거나, 어색하게 느껴지거나, 결코 잘하지 못할 것 같은 생각이 들 수 있습니다. 그럴 때는 이러한 생각을 알아차리고 그 생각과 다른 모든 것에 대해 마음에게 감사할 수 있습니다. 또한 최선을 다하고 있으며, 많은 치료자가 새로운 연습을 배우는 것을 어려워한다는 점을 자기 자신에게 말해 줄 수 있습니다. 그런 다음 연습을 계속 진행하면 됩니다. 자신에게 먼저 시도하고 나면, 배운 내용을 아동 및 부모와 함께 시도해 볼 준비가 될 것입니다.

---

14 이 책의 뒷부분(pp. 234~235)에 ACT Kidflex 과정별 연습 목록을 정리했다. 치료자의 활용에 따라 자신만의 목록을 만들어 사용할 것을 권한다(역자 주).

완벽하지 않은 모형도 가치 있다

함께 작업하는 아이들에게 불완전한 모습을 보여 주거나, 모든 것을 완벽하게 할 필요가 없다는 것을 보여 주는 것은 정말로 가치 있는 가르침입니다. 이는 또한 유연성을 활용하는 치료자의 모습을 보여 줍니다. ACT Kidflex의 목표는 '유연한 나'라는 것을 명심하세요. 자신만의 ACT 스타일을 개발하는 데 중요한 것은 실수를 통해 아동에게 어떻게 연습을 전달하고 싶은지 알아내고, 이를 적용해 자신만의 스타일을 만드는 것입니다. 아이들에게 기꺼이 실수할 의향이 있고 실제로 실수하는 모습을 보여 줄 때, 치료자는 자신의 진정성을 보여 줄 수 있습니다. 따라서 아동과 함께 Kidflex를 사용하기 전에 마음이 ACT를 정말로 훌륭하게 해 내야 한다거나 혹은 정말 잘해야 한다는 식의 생각을 한다면, 아동과 함께 ACT를 사용하는 것이 왜 중요한지 생각해 보고 시작하세요.

언어 표현을 단순화하기

이 책을 쓰면서 가장 바랐던 것은 5~12세 아동에게 ACT를 사용하도록 영감을 주는 것이었습니다. 따라서 가능한 한 모든 것을 발달적으로 적절하고 단순한 언어로 제시했으며, 일상 활동을 기반으로 하는 보너스 활동 및 권장 사항과 쉽게 이해할 수 있는 예제를 수록했습니다. 이 책의 연습을 수정한다면 약간만 수정하고, 내담자를 기준으로 언어와 예제를 간단하고 발달 수준에 적절하게 유지할 것을 권장합니다. 그렇지 않으면 아동은 치료자가 가르치는 것을 이해하지 못하고, 회기 사이에 연습하거나 자기 진정 및 대처 전략을 변경하는 방법을 알 수 없을지도 모릅니다. 이 원칙은 부모에게 권고 사항를 제시할 때도 적용됩니다.

천천히 하기

치료자들이 ACT를 배울 때 흔히 범하는 실수는 한 회기에 너무 많은 ACT 과정, 기술, 예제 및 연습을 소개하려는 것입니다. 약간 느림보가 되어도 좋습니다. 아동은 과정이 완전히 설명되고 깊이 탐구될 때 더 많은 내용을 이해하고 기억할 수 있으므로, 한 회기에 너무 많은 내용을 소개하려고 하지 않아도 됩니다. 제게 정말 도움이 되었던 한 가지는 회기에서 저 자신을 알아차리는 연습을 하는 것입니다. 아동이나 부모에게 많은 예를 들거나 많은 연습을 도입하려고 할 때 저는 잠시 멈추고 속도를 줄입니다. 속도를 늦추기 위해 다음 회기를 위한 계획을 작성해 보는 것도 도움이 됩니다. Kidflex 과정 중 아이에게 도입하려는 기술, 예제 및 연습을 포함해 미리 계획을 세울 수 있습니다. 회기 중에 빠르게 진행되는 느낌이 들면서 아이에게 과정을 다 가르치지 못할까 봐 걱정되더라도 괜찮습니다. 다음 회기에서 동일한 과정을 계속 사용할 수 있습니다. 하나의 과정을 반드시 한 회기 안에 끝낼 필요는 없습니다. 상황에 따라 다음 회기에서 동일한 과정을 다시 살펴볼 수도 있습니다.

마무리

아동과 함께 작업하는 것은 매우 보람 있는 경험입니다. 어린 내담자들에게 청소년과 성인이 되어서도 삶을 개선시키기 위해 계속 사용할 수 있는 도구를 제공한다는 점에서 매우 보람 있고 흥미로우며 즐거운 일입니다. ACT Kidflex를 사용하는 것이 효과적인 이유는 5~12세 아동을 대상으로 단순하고도 발달적으로 적절하게 설계되었기 때문입니다. 현재 아동과 함께 작업하고 있지 않다면, 이 책이 소개하는 기술과 예시 및 연습들을 청소년이나 성인 내담자들과 함께 사용할 수 있습니다. 필요한 예시나 연습을 찾아서 사용하면 됩니다. 지금 당장 내담자와 함께 작업하고 있지 않더라도, 스스로 연습하고 ACT를 자기 삶에 적용함으로써 많은 이점을 얻을 수 있습니다.

이제 이 책을 다 읽었으니 웹사이트(http://www.newharbinger.com/49760)에 방문해 저의 확장 사례 프로토콜을 읽어 보기를 권합니다. 이 프로토콜은 제가 8세 아동과 함께 ACT와 자기-돌봄을 사용해 작업한 내용을 회기별로 보여 줍니다. 여기에는 Kidflex 각 과정에 대한 심리교육, 연습 및 아동과 부모에게 제공한 권고 사항도 모두 포함되어 있습니다. 또한 웹사이트에서는 이 책에 수록된 모든 기록지를 컬러로 제공하며, 사례개념화 양식과 부모에게 제공하는 연습 대본도 제공합니다.

이 책이 치료자들에게 영감을 주고 유용한 새로운 도구를 제공했기를 바랍니다. 당신의 ACT 여정이 성공적이길 기원합니다.

참고문헌

Baer, D. M., Wolf, M. M., & Risley, T. R. (1968). Some current dimensions of applied behavior analysis. Journal of Applied Behavior Analysis, 1(1), 91–97.

Barnes-Holmes, D., Barnes-Holmes, Y., McHugh, L., & Hayes, S. C. (2004). Relational frame theory: Some implications for understanding and treating human psychopathology. International Journal of Psychology and Psychological Therapy, 4, 355–375.

Beck, A. T., Rush, A., Shaw, B. F., & Emery, G. (1979). Cognitive therapy of depression. Guilford Press.

Bell, T., Montague, J., Elander, J., & Gilbert, P. (2019). 'A definite feel-it moment': Embodiment, externalization and emotion during chair-work in compassion-focused therapy. Counselling and Psychotherapy Research, 1–20.

Biglan, A., & Hayes, S. C. (1996). Should the behavioral sciences become more pragmatic? The case for functional contextualism in research on human behavior. Applied & Preventive Psychology, 5, 47–57.

Black. T. D. (2016). A comparison of acceptance and commitment therapy and cognitive behavioural therapy for enhancing adolescent mental health within school curricula. [Thesis submitted for the award of Doctor of Philosophy]. Monash University.

Bluth, K. (2017). The self-compassion workbook for teens. New Harbinger Publications.

Brock, M. J., Batten, S. V., Walser, R. D., & Robb, H. B. (2015). Recognizing common clinical mistakes in ACT: A quick analysis and call to awareness. Journal of Contextual Behavioral Science, 4, 139–143.

Coyne, L. W. (2011). Using ACT with children, adolescents and parents: Getting experiential in family work. [Two day workshop]. Australian Psychological Society Child, Adolescent and

Family Psychology Interest Group, Adelaide, South Australia, Australia.

Coyne, L. W., McHugh, L., & Martinez, E. R. (2011). Acceptance and commitment therapy (ACT): Advances and applications with children, adolescents, and families. Child Adolescent Psychiatry Clinics of North America, 20(2), 379-399.

Coyne, L. W., & Murrell, A. R. (2009). The joy of parenting: An acceptance and commitment therapy guide to effective parenting in the early years. New Harbinger Publications.

Dahl, J., & Lundgren, T. (2006). Living beyond your pain living beyond your pain: Using acceptance & commitment therapy to ease chronic pain. New Harbinger Publications.

De Shazer, S. (1988). Clues: Investigating solutions in brief therapy. W.W. Norton & Company.

Fang, S., & Ding, D. (2020). A meta-analysis of the efficacy of acceptance and commitment therapy for children. Journal of Contextual Behavioral Science, 15, 225-234.

Gilbert, P. (2009). The compassionate mind. Constable.

Greco, L., & Emery, D. (2010). ACT in family & school settings. [Conference session]. Association for Contextual Behavioral Science (ACBS) Australian and New Zealand Chapter, Conference, Adelaide, South Australia, Australia.

Greenberg, L. S., Rice, L. N., & Elliott, R. (1993). Facilitating emotional change: The Moment-by-moment process. The Guilford Press.

Greenberg, L. S., & Watson, J. C. (2006). Emotion-focused therapy for depression. American Psychological Association.

Harris, R. (2007). The happiness trap. Exisle Publishing.

Harris, R. (2009). ACT made simple: An easy-to-read primer on acceptance and commitment therapy. New Harbinger Publications.

Harris, R. (2019). ACT made simple: An easy-to-read primer on acceptance and commitment therapy (2nd ed.). New Harbinger Publications.

Hayes, L. (2011). Workshop on ACT with young people. Melbourne, Victoria, Australia.

Hayes, S. C. (1993). Analytic goals and the varieties of scientific contextualism. In S. C. Hayes, L. J. Hayes, H. W. Reese, & T. R. Sarbin (Eds.), Varieties of scientific contextualism (pp. 11-27). Context Press.

Hayes, S. C., Barnes-Holmes, D., & Roche, B. (Eds.) (2001). Relational frame theory: A post Skinnerian account of human language and cognition. Kluwer Academic/Plenum Publications.

Hayes, S. C., Hayes, L. J., & Reese, H. W. (1988). Finding the philosophical core: A review of Stephen C. Pepper's World Hypotheses. Journal of the Experimental Analysis of Behavior, 50, 97-111.

Hayes, S. C., Luoma, J. B., Bond, F. W., Masuda, A., & Lillis, J. (2006). Acceptance and commitment therapy: Model, processes and outcomes. Behavior Research and Therapy, 44, 1-25.

Hayes, S. C., Pistorello, J., & Levin, M. E. (2012). Acceptance and commitment therapy as a unified model of behavior change. The Counselling Psychologist, 40(7), 976-1002.

Hayes, S. C., & Smith, S. (2005). Get out of your mind & into your life. New Harbinger Publications.

Hayes, S. C., Strosahl, K. D., & Wilson, K. G. (1999). Acceptance and commitment therapy. Guilford Press.

Hayes, S. C., Strosahl, K. D., & Wilson, K. G. (2012). Acceptance and commitment therapy: The process and practice of mindful change (2nd ed.). Guilford Press.

Hofmann, S. G., & Smits, J. A. (2008). Cognitive-behavioral therapy for adult anxiety disorders: A meta-analysis of randomized placebo-controlled trials. Journal of Clinical Psychiatry, 69(4), 621-632.

Kolts, R. L. (2016). CFT made simple. New Harbinger Publications.

Luoma, J. B., Hayes, S. C., & Walser, R. D. (2007). Learning ACT. New Harbinger Publications.

Neff, K., & Germer, C. (2018). The mindful self-compassion workbook. The Guilford Press.

Neuberger, J. (1999). Let's do away with "patients." British Medical Journal, 318, 1756-8.

Rafaeli, E., Bernstein, D. P., & Young, J. (2011). Schema therapy: Distinctive features. Routledge.

Roediger, E., Stevens, B. A., & Brockman, R. (2018). Contextual schema therapy. Context Press.

Saltzman, A., & Goldin, P. (2008). Mindfulness-based stress reduction for school-age children. In L. A. Greco & S. C. Hayes (Eds.), Acceptance and mindfulness treatments for children & adolescents (pp. 139-161). New Harbinger Publications.

Simon, A., & Garfunkel, P. (1964). Wednesday morning 3AM. [Album]. Columbia Records.

Strosahl, K. D. (2015). Brief interventions for radical change: The essentials of focused acceptance and commitment therapy [Conference session]. Association for Contextual Behavioral Science Southeast Chapter Conference, Lafayette, Louisiana, United States.

Swain, J., Hancock, K., Dixon, A., & Bowman, J. (2015). Acceptance and commitment therapy for children: A systematic review of intervention studies. Journal of Contextual Behavioral Science, 4(2), 73-85.

Twohig, M. P. (2014). Two-day workshop on ACT for anxiety disorders [Conference session]. Association for Contextual Behavioral Science Australia and New Zealand Chapter Annual Conference, Sunshine Coast, Queensland, Australia.

Twohig, M. P., Abramowitz, J. S., Smith, B. M., Fabricant, L. E., Jacoby, R. J., Morrison, K. L., Bluett, E. J., Reuman, L., Blakey, S. M., & Ledermann, T. (2018). Adding acceptance and commitment therapy to exposure and response prevention for obsessive-compulsive disorder: A randomized controlled trial. Behavior Research and Therapy, 108, 1-9.

Twohig, M. P., Hayes, S. C., & Berlin, K. S. (2008). A behavioral approach to cognitions: Acceptance and commitment therapy for childhood externalizing disorders. In L. A. Greco & S. C. Hayes (Eds.), Acceptance and mindfulness interventions for children, adolescents, and families (pp. 164-186). New Harbinger Publications.

Wilson, K. (2008). Mindfulness for two. New Harbinger Publications.

ACT Kidflex 과정별 연습 목록

찾아보기

(ㅅ)

(ㅇ)

(ㅈ)

(ㅊ)

지은이

Tamar D. Black

교육 및 발달심리학자이자 학교심리치료사로 일하는 심리학자로, 호주 빅토리아주 멜버른에서 활동한다. 아동, 청소년, 청년 및 부모를 대상으로 개인 상담을 하고 있다. 그녀는 초심자와 경험이 풍부한 심리학자에게 임상 슈퍼비전과 자문을 제공하는 등 광범위한 현장 경험을 가지고 있다. 또한 아동과 청소년에게 수용전념치료[ACT]를 사용하고, 학교에서 ACT를 사용할 수 있도록 임상가와 교사들에게 ACT를 교육하고 있다.

* 이 책의 추천 글을 쓴 Russ Harris는 ACT 치료자이자 코치이며, 호주 정신과의사이다. 그는 세계적으로 유명한 ACT 트레이너로서 『트라우마 초점 심리치료 ACT』, 『수용전념치료 핵심과 적용』, 『행복 전환 연습』, 『역경 마주하기』, 『행동으로 사랑하라』 등의 치료 분야의 베스트셀러 작가이다.

옮긴이

심리학자 **송승훈**

한국인지행동치료학회 전문가, 수련감독자, 이사

한국심리학회 공인 건강 및 임상심리전문가, 수련감독자

보건복지부 공인 정신건강임상심리사1급

마음사랑의 집, 수용전념치료 익스턴과정 1기

자유ON 심리상담센터/ACT인지행동치료연구소 대표

ACT인지행동치료연구회 회장, ACT트레이너

이메일: actcure@hanmail.net

심리학자 **한송이**

한국인지행동치료학회 전문가, 수련감독자

한국심리학회 공인 건강 및 상담심리전문가, 수련감독자

보건복지부 공인 임상심리사1급

마음사랑의 집, 수용전념치료 익스턴과정 1기

ACT인지행동치료연구회

심리학자 류은영

한국심리학회 공인 임상심리전문가, 수련감독자

보건복지부 공인 정신건강임상심리사1급

마음사랑의 집, 수용전념치료 익스턴과정 1기

ACT인지행동치료연구회

심리학자 김명지

한국심리학회 공인 임상심리전문가, 수련감독자

보건복지부 공인 정신건강임상심리사1급

ACT인지행동치료연구소 수용전념치료 익스턴과정 1기

ACT인지행동치료연구회

심리학자 김민정

한국심리학회 공인 건강심리전문가

보건복지부 공인 정신건강임상심리사1급

ACT인지행동치료연구소 수용전념치료 익스턴과정 1기

ACT인지행동치료연구회

심리학자 진시영

교육부 공인 전문상담교사

한국심리학회 및 한국인지행동치료학회 정회원

ACT인지행동치료연구소 수용전념치료 익스턴과정 1기

ACT인지행동치료연구회

ACT인지행동치료연구회

ACTA(Acceptance commitment & Cognitive behavioral Therapy Association)는 인지행동치료 우산 아래 수용전념치료, 마음챙김, 과정 기반 심리치료를 공부하고 상담 및 임상에 적용하며 연구하는 국내의 심리치료자 모임이다. 역서로는 『우울과 수치심의 수용전념치료』, 『트라우마 초점 심리치료 ACT』 등이 있다.

이메일: libertyon@naver.com

아동·청소년을 위한 수용전념치료

초판 1쇄 발행 2024년 5월 10일
초판 2쇄 발행 2024년 12월 23일

지은이 | Tamar D. Black
옮긴이 | 송승훈, 한송이, 류은영, 김명지, 김민정, 진시영, ACT인지행동치료연구회
펴낸이 | 소정영

펴낸곳 | 도서출판 하나의학사
출판신고 | 1988년 4월 1일 제2022-000082호

주소 | 서울특별시 송파구 동남로 159, 302호(한흥빌딩)
전화 | 02-730-2555, 2556 **팩스** | 02-730-2557
이메일 | hanampc1@naver.com
홈페이지 | www.hanampc.co.kr

ISBN 979-11-91658-41-5 93180